U0855543

全面推进乡村振兴

十个怎么看

黄承伟　著

CNS | 湖南人民出版社 · 长沙

前言

中国共产党的初心和使命是为中国人民谋幸福，为中华民族谋复兴。百年党史，就是中国共产党带领中国人民谋求民族独立、人民解放和国家富强、人民幸福的光辉奋斗历程，是不断开辟中国特色社会主义事业新境界、走好中国特色社会主义道路的奋斗历程。在百年奋斗历程中，中国共产党一以贯之高度重视解决“三农”问题，在革命、建设、改革各个历史时期，领导亿万农民谱写了“三农”的时代华章，实现了翻身解放、解决温饱、摆脱贫困、全面小康的历史性跨越。党的十八大以来，以习近平同志为核心的党中央，坚持把解决好“三农”问题作为全党工作的重中之重，把脱贫攻坚作为全面建成小康社会的标志性工程，组织推进人类历史上规模空前、力度最大、惠及人口最多的脱贫攻坚战，启动实施乡村振兴战略，推动农业农村取得历史性成就、发生历史性变革。

脱贫攻坚取得胜利后，我国“三农”工作重心历史性转移到全面推进乡村振兴。习近平总书记深刻指出，全面建设社会主义现代化国家，实现中华民族伟大复兴，最艰巨最繁重的任务依然在农村，最广泛最深厚的基础依然在农村。党的二十大明确了新时代新征程中国共产党的使命任务，就是团结带领全国各族人民全面建成社会主义现代化强国、实现第二个百年奋斗目标，以中国式现代化全面推进中华民族伟大复兴；强调“全面推进乡村振兴”“坚持农业农村优先发展，坚持城乡融合发展，畅通城乡要素流动。加快建设农业强国，扎实推动乡村产业、人才、文化、生态、组织振兴”。深刻领会、准确把握中央关于全面推进乡村振兴、加快农业农村现代化、建设农业强国的战略部署，就需要我们在习近平新时代中国特色社会主义思想的指导下，立体式、多维度、系统深入地认识和理解全面推进乡村振兴的方方面面，这正是创作本书的主要动因和时代背景。

《全面推进乡村振兴：十个怎么看》分十章写作，每章一个主题。按照“全面推进乡村振兴”的内在逻辑，“十个怎么看”实际上是回答了全面推进乡村振兴的三个关键问题。

第一个问题：全面推进乡村振兴是怎么来的？脱贫攻坚的伟大胜利为全面推进乡村振兴奠定了坚实基础。全面总结脱贫攻坚的伟大实践与成就，是更加深入认识全面推进乡村振兴的起点和基础。脱贫攻坚目标任务完成后，全面推进乡村振兴，这是“三农”工作重心的历史性转移，是中国共产党深刻把握我国新发展阶段农村发展新特征新要求作出的决策部署。以理论视野和大历史观深入分析从脱贫攻坚到全面推进乡村振兴历史性转移相关问题很有必要。为此，本书第一章“怎么看从脱贫攻坚到全面推进乡村振兴的历史性转移”、第二章“怎么看乡村振兴的时代特征与前沿问题”，以党的二十大精神为指引，以新时代十年伟大变革为主线，系统阐述脱贫攻坚的里程碑意义，全面解读实现从脱贫攻坚到全面推进乡村振兴历史性转移的理论、实践、历史逻辑，及乡村振兴的时代特征与前沿问题，提出相关思考，旨在为深刻认识和深入研究实现巩固拓展脱贫攻坚成果同乡村振兴有效衔接、全面推进乡村振兴提供理论基础与参考，帮助读者从理论、历史层面读懂全面推进乡村振兴。

第二个问题：怎样全面推进乡村振兴？首先，坚持科学理论指引。习近平总书记关于“三农”工作的重要论述，为全面推进乡村振兴提供了根本遵循和行动纲领。本书第三章“怎么看全面推进乡村振兴行动纲领的理论体系和实践要求”，对这一行动纲领蕴含着的历史方位、理论渊源、实践基础、丰富内涵、精神实质、理论品格、实践价值、时代贡献、世界意义进行了系统阐述，旨在凝聚思想共识。第四章“怎么看全面推进乡村振兴的基本问题”，对当前乡村振兴理论研究和实践推进中所面临的一些基本问题，如乡村振兴的历史方位、乡村振兴的顶层设计、乡村发展、乡村建设、乡村治理、要素保障等，进行了系统梳理和分析，旨在为深入研究全面推进乡村振兴的理论与实践提供参考。第五章“怎么看巩固拓展脱贫攻坚成果同乡村振兴有效衔接的理论逻辑与战略路径”，针对当前实现巩固拓展脱贫攻坚成果同乡村振兴有效衔接在实践、学术研究方面存在的问题与不足，深入阐述了巩固拓展脱贫攻坚成果同乡村振兴有效衔接的理论逻辑、战略演进过程、战略研究路径，要求坚持系统推进。第六章“怎么看全面推进乡村振兴的新动能”，从创新工作理念、深化农村改革、凝聚帮扶力量、增强内生发展动力、促进数字乡村建设、统筹城乡发展六个方面，概要阐述了激发乡村振兴新动能的进展、难点和方法路径。第七章“怎么看乡村振兴的示范创建与实践创新”，从客观必然性、方法论价值、改革创新重要路径、多重功能四个方面系统阐述示范创建的理论逻辑，从凝聚共识、明确目标要求、统筹推进三个维度重点分析乡村振兴示范创建工作的推进路径，从强化示范创建的责任落实、基本遵循、过程管理、监测评价四个方面提出了对策建议。并以陕西省为例，总结了省域推进巩固拓展脱贫攻坚成果同乡村振兴有效衔接的创新实践。第八章“怎么看中国式现代化的乡村振兴道路”，以党的二十大报告关于中国式现代化理论和习近平总书记关于“三农”工作的重要论述为指引，阐述了中国式现代化与乡村振兴道路的理论逻辑和以农业高质高效发展推进农业现代化、以乡村宜居宜业建设为中心推进农村现代化、以农民富裕富足为目标推进农民现代化的中国式现代化的乡村振兴道路。第九章“怎么看新时代乡村振兴战略的全面推进”，回顾乡村振兴战略提出的理论逻辑，系统总结新时代乡村振兴战略全面推进的进展及成效，深入分析巩固拓展脱贫攻坚成果同乡村振兴有效衔接面临的问题与挑战，全面展望新征程乡村振兴发展道路。

第三个问题：抓党建促乡村振兴怎样实现？集中体现在第十章“怎么看抓党建促乡村振兴的理论与实践”。本章总结了党领导脱贫攻坚取得全面胜利为抓党建促乡村振兴积累的六个方面的历史经验；深刻阐述了习近平总书记关于抓党建促乡村振兴的重要论述；提出了抓党建促乡村振兴的发展方向和强化理论武装、强化班子建设、强化基层基础、强化人才支撑、强化完善治理、强化责任落实六个方面的精准发力点；并以兰考县为例，总结了县域把加强党对乡村振兴的全面领导、抓党建促乡村振兴落到实处的做法和经验。

本书按照通俗理论读物的规范，全书力求体现理论性与实践性相结合、学理性与操作性相统一、普遍性与特殊性相内洽等特点，既是适用于乡村振兴干部培训的教材，可为相关研究深化提供基础，也是一本供广大读者理解全面推进乡村振兴、参与乡村振兴的参考读物。

目录

第四章 怎么看全面推进乡村振兴的基本问题 / 080

○ 对当前乡村振兴理论研究和实践推进中所面临的一些基本问题，如乡村振兴的历史方位、乡村振兴的顶层设计、乡村发展、乡村建设、乡村治理、要素保障等，进行了系统梳理和分析。基于实践更全面认识乡村振兴的基本理论问题，旨在为深入研究全面推进乡村振兴的理论与实践提供参考。

第五章 怎么看巩固拓展脱贫攻坚成果同乡村振兴有效衔接的理论逻辑与战略路径 / 105

○ 针对当前实现巩固拓展脱贫攻坚成果同乡村振兴有效衔接在实践、学术研究方面存在的问题与不足，深入阐述了巩固拓展脱贫攻坚成果同乡村振兴有效衔接的理论逻辑、战略演进过程、战略研究路径，要求

第九章　怎么看新时代乡村振兴战略的全面推进 / 200

○　回顾乡村振兴战略提出的理论逻辑，系统总结新时代乡村振兴战略全面推进的进展及成效，深入分析巩固拓展脱贫攻坚成果同乡村振兴有效衔接面临的问题与挑战，全面展望新征程乡村振兴发展道路。

第十章　怎么看抓党建促乡村振兴的理论与实践 / 223

○　总结了党领导脱贫攻坚取得全面胜利为抓党建促乡村振兴积累的六个方面的历史经验；深刻阐述了习近平总书记关于抓党建促乡村振兴的重要论述；提出了抓党建促乡村振兴的发展方向和要围绕强化理论武装、强化班子建设、强化基层基础、强化人才支撑、强化完善治理、强化责任落实六个方面精准发力；并以兰考县为例，总结了县域把加强党对乡村振兴的全面领导、抓党建促乡村振兴落到实处的做法和经验。

第一章

怎么看从脱贫攻坚到全面推进乡村振兴的历史性转移

导读

民族要复兴，乡村必振兴。“三农”工作重心从脱贫攻坚转向全面乡村振兴，是我们党深刻把握我国新发展阶段农村发展新特征新要求作出的决策部署。以理论视野和大历史观深入分析从脱贫攻坚到全面推进乡村振兴历史性转移相关问题具有现实的实践意义。本章从脱贫攻坚理论的历史意义、脱贫攻坚和乡村振兴的理论实践逻辑等方面，全面解读实现从脱贫攻坚到全面推进乡村振兴历史性转移的理论、实践、历史逻辑，提出相关思考，旨在为深刻认识和深入研究实现巩固拓展脱贫攻坚成果同乡村振兴有效衔接、全面推进乡村振兴提供理论基础与参考。

习近平总书记在党的二十大报告中总结新时代十年的伟大变革时首先强调：“十年来，我们经历了对党和人民事业具有重大现实意义和深远历史意义的三件大事：一是迎来中国共产党成立一百周年，二是中国特色社会主义进入新时代，三是完成脱贫攻坚、全面建成小康社会的历史任务，实现第一个百年奋斗目标。”并指出：“这是中国共产党和中国人民团结奋斗赢得的历史性胜利，是彪炳中华民族发展史册的历史性胜利，也是对世界具有深远影响的历史性胜利。”党的十八大以来，以习近平同志为核心的党中央，把脱贫攻坚摆在治国理政的突出位置，把脱贫攻坚作为全面建成小康社会的底线任务，组织实施了人类历史上规模空前、力度最大、惠及人口最多的脱贫攻坚战，确定精准扶贫、精准脱贫方略，采取一系列战略性举措，推进一系列变革性实践，实现一系列突破性进展，取得一系列标志性成果，取得脱贫攻坚全面胜利，为全面建成小康社会、实现第一个百年奋斗目标、开启建设社会主义现代化国家新征程，为人类减贫事业发展和人类发展进步作出了重大贡献。这既是新时代伟大变革的重要内容，也是伟大变革的最生动实践。

2020 年如期打赢脱贫攻坚战、全面建成小康社会，2021 年中国“三农”工作重心由脱贫攻坚转入全面推进乡村振兴。做好巩固拓展脱贫攻坚成果同乡村振兴有效衔接，成为脱贫地区必须完成好的首要任务。2021 年中央一号文件明确指出：民族要复兴，乡村必振兴。全面建设社会主义现代化国家，实现中华民族伟大复兴，最艰巨、最繁重的任务依然在农村，最广泛、最深厚的基础依然在农村。为此，中共中央、国务院出台的《关于实现巩固拓展脱贫攻坚成果同乡村振兴有效衔接的意见》对脱贫攻坚有效衔接乡村振兴作出全面政策安排。实践表明，从脱贫攻坚到全面推进乡村振兴的历史性转移，不仅是工作重心的简单转移，更涉及相关发展目标、战略任务和工作体系等方面的系统继承和创新。用理论视野和大历史观，对我国“三农”工作重心实现从脱贫攻坚到全面推进乡村振兴历史性转移进行深入分析和解读，并以习近平总书记关于“三农”工作的重要论述为指引，阐述乡村振兴理论研究的前沿问题与未来发展方向，无疑有助于我们更深刻理解和更准确把握这一历史性转移的必然和规律。

一、脱贫攻坚的伟大胜利为全面推进乡村振兴奠定了坚实基础

党的十八大以来，以习近平同志为核心的党中央高度重视扶贫开发工作，将其摆在治国理政的突出位置。脱贫攻坚作为全面建成小康社会的底线任务被纳入“五位一体”总体布局和“四个全面”战略布局。历经砥砺奋进的八年，全国上下广泛动员社会各界力量，有力有序推进建档立卡、持续加强扶贫资金管理、开展最严格的考核评估等重点工作，深入推进脱贫攻坚政策体系精准落实见效，脱贫攻坚取得全面胜利，困扰中华民族几千年的绝对贫困问题得到历史性解决。

（一）脱贫攻坚的历史性成就为实现全面建成小康社会作出了关键性贡献，为全面推进乡村振兴、加快农业农村现代化、建设农业强国奠定了坚实基础

国家统计局发布的《党的十八大以来经济社会发展成就系列报告》，呈现了脱贫攻坚的伟大成就。一是农村贫困人口全部脱贫，如期打赢脱贫攻坚战。2013—2020 年，全国农村贫困人口累计减少 9899 万人，年均减贫 1237 万人，贫困发生率年均下降 1.3 个百分点。贫困人口收入水平显著提高，“两不愁三保障”全面实现。国家脱贫攻坚普查结果显示，中西部 22 省（自治区、直辖市）建档立卡户全面实现不愁吃、不愁穿，义务教育、基本医疗、住房安全有保障，饮水安全也有保障，农村贫困人口如期全部脱贫。从不同贫困区域看，贫困人口相对集中、贫困程度相对较深的集中连片特困地区农村贫困人口累计减少 5067 万人、年均减贫 633 万人，国家扶贫开发工作重点县农村贫困人口累计减少 5105 万人、年均减贫 638 万人。这些深度贫困地区同全国一起如期完成脱贫攻坚任务，区域性整体贫困得到解决。二是贫困地区农村居民收入

持续较快增长，生活水平不断提高。2020年贫困地区农村居民人均可支配收入12588元，2013—2020年年均增长11.6%，比全国农村年均增速快2.3个百分点，贫困地区农村居民收入增长持续快于全国农村，与全国农村平均水平的差距进一步缩小。就业扶贫成效显著，工资性收入成为收入首要来源，贫困地区农村居民收入结构持续优化。2020年，贫困地区农村居民人均消费支出是全国农村平均水平的78.5%，比2012年提高了8.0个百分点，交通通信、教育文化娱乐和医疗保健等发展改善型消费支出较快增长，贫困地区农村居民消费水平明显提高。三是贫困地区生产生活条件显著改善，整体面貌焕然一新。贫困地区通硬化路的行政村比重达99.6%，通动力电、通信信号覆盖、通宽带互联网、广播电视信号覆盖、有村级综合服务设施的行政村比重都在99%以上，有电子商务配送站点的行政村比重占62.7%，贫困地区基础设施持续完善。贫困地区教育文化设施及服务水平提升。县域医疗卫生服务能力全面提升，实现贫困人口看病有地方、有医生、有医疗保险制度保障，看病难、看病贵问题有效解决，贫困地区医疗卫生服务体系不断健全。贫困人口居住环境持续向好，村庄环境基本干净整洁有序，村容村貌显著提升，贫困地区农村居住条件明显改善。总之，贫困地区农村基础设施显著改善，"四通"覆盖面不断扩大，社会事业长足进步，文化教育卫生资源逐渐丰富，人民吃穿不愁，上学难、就医难、居住难以及吃水难、行路难、用电难、通信难等问题得到历史性解决。四是脱贫攻坚成果巩固拓展，脱贫地区农村居民生活质量继续提升。打赢脱贫攻坚战后，各地区各部门继续认真落实党中央、国务院决策部署，统筹疫情防控和经济社会发展，健全落实防止返贫动态监测和帮扶机制，强化易地扶贫搬迁后续扶持，加强脱贫劳动力就业帮扶，脱贫县农村居民收入实现较快增长，消费水平继续提高，脱贫攻坚重要机制、重大政策、重点工作平稳过渡。2021 年，脱贫县农村居民人均可支配收入名义增速和实际增速均比全国农村快 1.1 个百分点，脱贫县农村居民收入增长继续快于全国农村。在牢牢守住不发生规模性返贫的基础上，脱贫县农村居民生活水平稳步提升，乡村产业蓬勃发展，农村道路、供水、电网等基础设施提档升级，农村教育、医疗等基本公共服务水平提标扩面，农村人居环境整治工作全面推开，乡村治理能力逐步增强。

脱贫攻坚以“两不愁三保障”加饮水安全为底线要求。打赢脱贫攻坚战，实际上补齐了脱贫地区基础设施、公共服务的短板，一批以脱贫人群增收为目的的扶贫产业及各种新业态新模式迅速发展。这些变化不仅为全面推进乡村振兴提供了前提，而且有力促进了脱贫地区农业农村现代化的进程，也奠定了建设农业强国的基础。

（二）脱贫攻坚的历史性成就有力夯实了党的执政基础、全方位体现了党的领导能力

“我们始终坚定人民立场，强调消除贫困、改善民生、实现共同富裕是社会主义的本质要求，是我们党坚持全心全意为人民服务根本宗旨的重要体现，是党和政府的重大责任。”[①] 脱贫攻坚的全面胜利，14 亿多人共同迈向全面小康，书写了人类历史上“最成功的脱贫故事”，是全面建成小康社会的标志性指标，是实现第一个百年奋斗目标的重要里程碑，标志着我们党在团结带领人民创造美好生活、实现共同富裕的道路上迈出了坚实的一大步。脱贫攻坚丰富发展了共同富裕进程中的中国特色减贫道路，是中国特色社会主义道路的重要体现，是中国共产党不忘初心、牢记使命的生动实践。在脱贫攻坚中，始终坚持党对脱贫攻坚

① 习近平：《在全国脱贫攻坚总结表彰大会上的讲话（2021 年 2 月 25 日）》，《人民日报》，2021 年 2 月 26 日 02 版。

的集中统一领导，强化中央统筹、省负总责、市县抓落实的工作机制，实行五级书记抓脱贫攻坚，抓好以村党组织为核心的村级组织配套建设，选派第一书记和驻村工作队集中精锐力量投向脱贫攻坚主战场，把全面从严治党落实到脱贫攻坚的全过程、各环节，强化党建引领，充分发挥基层党组织的战斗堡垒作用和共产党员的先锋模范作用，农村基层党组织凝聚力和战斗力明显增强，农村基层治理能力和管理水平明显提高，党群干群关系更加密切，党在农村的执政基础得到空前提升。脱贫攻坚成为新时代全面加强党的领导、深入推进党的建设伟大工程的重要力量，增强了农村党的组织和党的先进性建设，提高了党的执政能力。

同时，脱贫攻坚的全面胜利全方位体现了党的领导能力。

一是组织领导能力。完善“中央统筹、省负总责、市县抓落实”的扶贫开发管理体制。中央和国家有关部门按照工作职责，落实脱贫攻坚责任；省级党委和政府对本地区脱贫攻坚工作负总责，建立层层落实责任机制；市级负责上下衔接、域内协调、督促检查工作；县级党委和政府承担主体责任。构建合理分工、各司其职、有序推进的工作局面。建立并完善“五级书记一起抓扶贫”的领导责任体制，以脱贫攻坚统揽经济社会发展全局。各级党委是脱贫攻坚的第一责任主体。建立并完善新时代全党全社会广泛参与的帮扶责任体制。深化强化东西部扶贫协作、中央单位定点帮扶工作，带动全社会帮扶责任的落实汇聚成磅礴的新时代脱贫攻坚合力。

二是改革创新能力。创新扶贫理论，从中国特色社会主义发展全局明确扶贫开发的战略地位。深刻总结党的十八大以来中国反贫困宝贵经验，从携手消除贫困、共建人类命运共同体的高度指明全球减贫合作的方向，丰富发展了中国特色反贫困理论。创新扶贫方略，坚持做到“六个精准”，实施“五个一批”工程，解决好“四个问题”，建立健全脱贫攻坚制度体系，为打赢脱贫攻坚战提供制度保障。创新精准扶贫工作机制，逐村逐户开展贫困识别，解决好“扶持谁”的问题；选派县级以上机关、国有企事业单位数百万干部参加驻村帮扶，解决好“谁来扶”的问题；全面实施“五个一批”工程，解决好“怎么扶”的问题；严格贫困退出的程序、标准、办法，解决好“如何退”的问题；实现巩固拓展脱贫攻坚成果同乡村振兴有效衔接，解决好“如何稳”的问题。

三是社会动员能力。拓展完善中国特色社会扶贫体系，构建起社会扶贫“人人皆愿为、人人皆可为、人人皆能为”的参与机制。开展宣传培训活动，营造了全社会共同参与脱贫攻坚的社会环境。

四是贯彻落实能力。建立与脱贫任务相适应的投入体系，政府主导、金融辅助、全社会参与，确保投入持续增加，奠定了贯彻落实中央决策部署的投入基础；完善政策体系，党中央国务院、中央和国家机关各部门出台一系列政策文件或实施方案，形成完整的脱贫攻坚政策体系，为中央决策部署的贯彻落实奠定了政策基础；实行最严格的考核评估，印发严格办法，科学开展考核，充分运用考核成果，为中央决策部署的贯彻落实奠定了质量基础；加强脱贫攻坚监督，建设完备的监督体系：党中央开展脱贫攻坚专项巡视，国务院扶贫开发领导小组开展巡查，8个民主党派中央开展脱贫攻坚民主监督，加强审计、财政等部门和媒体、社会等监督力量的全方位合作，综合运用各方面监督结果，为中央决策部署的贯彻落实奠定了效能基础；持续推进作风和能力建设，党中央持续加强作风建设，持续加强各级干部脱贫攻坚能力建设，干部队伍作风和能力的不断加强，为中央决策部署的贯彻落实奠定了效率基础。党的领导能力在脱贫攻坚中的全方位提升，为从脱贫攻坚历史性转向全面推进乡村振兴提供了重要保障。

（三）脱贫攻坚的历史性成就有力推进了乡村治理体系和治理能力现代化

改革开放以来的实践成就证明，改革开放是中国繁荣发展的必由之路，是我国实现经济快速发展和社会长期稳定两大奇迹的重要法宝。消除贫困是全人类的共同目标，是当今时代发展的重要课题。发展是减贫的基础，但发展不能自动减贫。改革开放之初，国家启动了有组织有计划大规模的扶贫行动。此后，中国经济社会每发展前进一步，扶贫标准就提高一次，扶贫工作就推进一步，保持了经济发展与减贫的同步推进，较好避免了两极分化的扩大，有效防止了掉入中等收入陷阱。脱贫攻坚战全面打响后，党中央围绕精准扶贫精准脱贫，改革创新扶贫体制机制，构建了完善的中国特色脱贫攻坚制度体系，包括各负其责、各司其职的责任体系，精准识别、精准脱贫的工作体系，上下联动、统一协调的政策体系，保障资金、强化人力的投入体系，因地制宜、因村因户因人施策的帮扶体系，广泛参与、合力攻坚的社会动员体系，多渠道全方位的监督体系和最严格的考核评估体系。这套体系为打赢脱贫攻坚战、巩固拓展脱贫攻坚成果提供了制度保障，为全面推进乡村振兴制度体系完善提供了基础，有力促进了国家治理体系和治理能力现代化的进程。集中力量脱贫攻坚，促进了脱贫地区农村生产力的极大解放和发展，特色乡村产业初具规模，农业产业发展基础不断夯实，乡村一二三产业发展加快融合，农民自我发展内生动力和能力增强，多种形式适度规模经营多样化发展，有力促进了农业农村发展实现由数量、规模向质量、效益的转变。乡村治理体系和治理能力现代化程度正是乡村治理有效的重要体现。

（四）脱贫攻坚的历史性成就充分彰显了科学社会主义的强大生机活力

社会主义的优越性不仅体现在要有比资本主义更高的社会生产力水平上，而且最终要体现在社会主义更能保证促进社会公平正义，实现共同富裕，促进社会全面进步，实现每个人的自由全面发展。中国的脱贫攻坚力度之大、规模之广、影响之深，前所未有。其取得的举世瞩目的成就，是对社会主义制度优越性最有力的诠释和最有效的宣介。社会主义的本质是解放生产力，发展生产力，消灭剥削，消除两极分化，最终达到共同富裕。脱贫攻坚正是在对社会主义本质进行科学认识基础上的实践坚守。通过解放生产力、发展生产力，脱贫奠定了重要的物质基础；通过坚持社会主义的本质要求，坚决打赢脱贫攻坚战，实现了现行标准下农村贫困人口全部脱贫。脱贫攻坚的全面胜利，在实践上深化了对社会主义本质特征的认识，证明了社会主义没有辜负中国，中国也没有辜负社会主义。脱贫攻坚的全面胜利，坚定了走中国特色社会主义乡村振兴道路的信心。

（五）脱贫攻坚的历史性成就标志着我们向中华民族伟大复兴迈出了关键一步。脱贫攻坚目标任务完成后，“三农”工作重点历史性转向全面推进乡村振兴，将成为以中国式现代化推进中华民族伟大复兴的题中之意和重要力量

脱贫攻坚历史性地解决了千百年来困扰中华民族的绝对贫困问题，创造了中华民族发展史上的伟大奇迹，这是中国共产党带领中国人民创造的一项彪炳中华民族发展史册的伟大事业，是中华民族发展史上前所未有的伟大实践。脱贫攻坚为全面建成小康社会、全面建设社会主义现代化强国、实现中华民族伟大复兴，创造了重要条件，打下了坚实基础，积累了宝贵经验，是中华民族伟大复兴进入到不可逆转历史进程的重要力量。脱贫攻坚的全面胜利，让我们坚信，我们比历史上任何时期都更接近、更有信心和能力实现中华民族伟大复兴的目标。

二、脱贫攻坚实践基础上的理论创新对全面推进乡村振兴具有重大意义

党的十八大以来，为确保如期实现全面建成小康社会、实现党的第一个百年奋斗目标，习近平总书记亲自发动、亲力亲为高位推进脱贫攻坚战，作出一系列新决策新部署，提出一系列新思想新观点，逐步形成了中国特色反贫困理论。这一理论所蕴含的人民性、科学性、实践性与开放性的基本特征闪烁着马克思主义理论光辉，开辟了马克思主义反贫困理论的新境界。中国特色反贫困理论是在脱贫攻坚实践基础上党的重大理论创新，是准确把握习近平新时代中国特色社会主义思想世界观和方法论，并运用好贯穿其中的立场观点方法的生动体现。这一理论是马克思主义基本原理同中国具体实际相结合、同中华优秀传统文化相结合的理论结晶，是马克思主义反贫困理论中国化的最新成果，是中国共产党历代领导人关于反贫困思想在新时代的继承和发展，是中国共产党百年反贫困理论的集大成，是习近平新时代中国特色社会主义思想的重要组成部分。

党的二十大报告指出："继续推进实践基础上的理论创新，首先要把握好新时代中国特色社会主义思想的世界观和方法论，坚持好、运用好贯穿其中的立场观点方法。"把握好新时代中国特色社会主义思想的世界观和方法论，需要坚持人民至上、自信自立、守正创新、问题导向、系统观念、胸怀天下。中国特色反贫困理论作为脱贫攻坚最重要的理论

成果，其形成发展、完善成熟过程，生动体现了对习近平新时代中国特色社会主义思想世界观和方法论的准确把握以及对贯穿其中的立场观点方法的坚持和运用。在全面推进乡村振兴的历史进程中，同样需要把握运用好上述世界观和方法论。

（一）中国特色反贫困理论生动体现了人民至上的价值导向。人民性是马克思主义的本质属性，人民立场是中国共产党的根本政治立场。为人民而生，因人民而兴，始终同人民在一起，为人民利益而奋斗，是中国共产党立党兴党强党的根本出发点和落脚点

“党的理论是来自人民、为了人民、造福人民的理论。”[①] 中国共产党是为中国人民谋幸福、为中华民族谋复兴的党。党代表中国最广大人民根本利益，没有任何自己特殊的利益，从来不代表任何利益集团、任何权势团体、任何特权阶层的利益。中国特色反贫困理论深刻回答了发展依靠谁、为了谁、成果由谁共享的根本问题，体现了以习近平同志为核心的党中央坚持发展依靠人民、一切为了人民的根本信念，体现了心系民生、心系贫困地区和贫困群众的政治信守，体现了中国共产党人的根本立场，诠释了中国共产党全心全意为人民服务的根本宗旨，体现了为中华民族谋复兴、为中国人民谋幸福的不变初心，蕴含了人民是推动发展根本力量的唯物史观，指明了新时代中国特色社会主义的根本追求，是中国共产党始终以人民为中心的发展思想的最充分、最生动的体现。全面推进乡村振兴就是要尊重人民主体地位，乡村振兴为农民而兴，乡村建设为农民而建。

---

① 习近平：《高举中国特色社会主义伟大旗帜，为全面建设社会主义现代化国家而团结奋斗——在中国共产党第二十次全国代表大会上的报告》（2022 年 10 月 16 日），人民出版社，2022 年版，第 18 页。

（二）中国特色反贫困理论生动体现了自信自立的精神品格

“党的百年奋斗成功道路是党领导人民独立自主探索开辟出来的，马克思主义的中国篇章是中国共产党人依靠自身力量实践出来的，贯穿其中的一个基本点就是中国的问题必须从中国基本国情出发，由中国人自己来解答。”① 中国特色反贫困理论是马克思主义反贫困理论中国化、时代化的最新成果。习近平总书记充分运用马克思主义立场、观点、方法，深入分析我国贫困现状、准确把握中国特色社会主义进入新时代之际的贫困演进规律，对社会主义初级阶段下农村贫困问题特征、反贫困深层次矛盾问题以及系统治理贫困进行了深入研究，得出了符合辩证唯物主义和历史唯物主义的反贫困客观规律，提出了精准扶贫、精准脱贫的基本方略，深化了对社会主义制度下农村贫困问题的认识，开创了社会主义制度下反贫困理论新境界。中国特色反贫困理论的产生、发展和完善，彰显了中国道路、中国理论、中国制度和中国文化的优势。中国特色反贫困理论是马克思主义基本原理同中国特色社会主义制度下反贫困最新实践相结合的理论创新成果，体现了中国的道路自信和理论自信，为解决世界贫困问题尤其是发展中国家贫困问题提供了中国方案和中国智慧。同样，全面推进乡村振兴将继续彰显“四个自信”，为全球乡村发展贡献中国力量。

（三）中国特色反贫困理论生动体现了守正创新的理论特质

“我们从事的是前无古人的伟大事业，守正才能不迷失方向、不犯颠覆性错误，创新才能把握时代、引领时代。”② 中国特色反贫困理论继承了马克思主义反贫困理论，丰富了马克思主义反贫困思想，创新了马

① 习近平：《高举中国特色社会主义伟大旗帜，为全面建设社会主义现代化国家而团结奋斗——在中国共产党第二十次全国代表大会上的报告》（2022 年 10 月 16 日），人民出版社，2022 年版，第 19 页。

② 习近平：《高举中国特色社会主义伟大旗帜，为全面建设社会主义现代化国家而团结奋斗——在中国共产党第二十次全国代表大会上的报告》（2022 年 10 月 16 日），人民出版社，2022 年版，第 20 页。

克思主义反贫困路径。中国特色反贫困理论立足脱贫攻坚的伟大实践，对西方减贫理论进行辩证地吸收，“扬”精华、“弃”糟粕，实现了对西方减贫理论的创新与超越。中华优秀传统文化是中华民族的根和魂，中国特色反贫困理论转化和发展了中华传统文化中的“民本”“大同”和“互助”思想，丰富了传统文化的理论内涵和思想深度，转化与发展了中华优秀传统文化。乡村是实现马克思主义基本原理同中国国情农情、中华优秀传统文化农耕文明结合的重要载体，全面推进乡村振兴必将有力推动马克思主义中国化最新成果的丰富发展。

（四）中国特色反贫困理论生动体现了问题导向的创新动力

马克思曾深刻指出:“问题就是公开的、无畏的、左右一切个人的时代声音。问题就是时代的口号，它是表现自己精神状态的最实际的呼声。”坚持问题导向是马克思主义的鲜明特点。坚持问题导向，培养自觉的问题意识，聚焦实践中遇到的问题，不断提出真正解决问题的新理念、新思路、新办法，是马克思主义哲学的方法论。在新时代脱贫攻坚战中，为解决过去扶贫不够精准的问题，提出精准扶贫方略，通过建档立卡，精准识别、动态管理，解决好“扶持谁”的问题；派驻扶贫工作队加强一线攻坚力量，解决好“谁来扶”的问题；坚持因人因地制宜，实施“五个一批”,解决好“怎么扶”的问题；严格退出标准、程序及严格执行，解决好“如何退”的问题。做到因人因户因村施策，对症下药、精准滴灌、靶向治疗，扶贫扶到点上扶到根上。为解决贫困人口“等、靠、要”的 世界难题，坚持扶贫同扶志、扶智相结合，激发脱贫人口内生动力，帮助贫困群众用自己的双手创造美好明天。为解决提高脱贫攻坚成效的问题，坚持与时俱进创新体制机制，不断推进制度创新、政策创新、方式创新，及时发现问题解决问题。为凝聚更大脱贫攻坚合力，坚持充分发挥政府和社会两方面的力量作用，构建专项扶贫、行业扶贫、社会扶贫互为补充的大扶贫格局，引领市场、社会协同发力。为解决脱贫过程扎实、脱贫结果真实问题，坚持把全面从严治党要求贯穿脱贫攻坚工作全过程和各环节，实施经常性的督察巡查和最严格的考核评估，使脱贫攻坚成效经得起实践和历史检验。脱贫攻坚实践探索形成的方法论充分运用于全面推进乡村振兴，既是坚持问题导向的体现，也是实现高质量发展的客观要求。

（五）中国特色反贫困理论生动体现了系统观念的科学方法

系统观念是马克思主义认识论和方法论的重要范畴，是马克思主义政党基础性的思想方法和工作方法。“万事万物是相互联系、相互依存的。只有用普遍联系的、全面系统的、发展变化的观点观察事物，才能把握事物发展规律。”[①] 不断推进实践基础上的理论创新，必须坚持系统观念。在脱贫攻坚中完整、准确、全面贯彻新发展理念，充分体现了中国特色反贫困理论对系统观念科学方法的运用。新发展理念科学回答了关于发展的目的、动力、方式、路径等一系列理论和实践问题，阐明了中国共产党关于发展的政治立场、价值导向、发展模式、发展道路等重大政治问题。具体而言，创新理念引领深化扶贫领域改革和扶贫方式路径创新，指导健全脱贫攻坚体制机制；协调理念要求统筹整合各类资源促进资源高效利用，加大东西部扶贫协作促进区域协调发展；绿色理念要求实现脱贫攻坚与生态文明建设双赢，充分落实“两山”理论；共享理念的目的就是要确保贫困群众共享改革发展成果，在小康路上不掉队，不断增强获得感、幸福感、安全感；开放理念要求贫困地区发展融入新发展格局，加强国际国内交流合作，助力共建人类命运共同体。乡村振

① 习近平：《高举中国特色社会主义伟大旗帜，为全面建设社会主义现代化国家而团结奋斗——在中国共产党第二十次全国代表大会上的报告》（2022 年 10 月 16 日），人民出版社，2022 年版，第 20 页。

兴是一项复杂的系统工程，涉及方方面面，这就决定了只有坚持系统观念，才能实现乡村的全面振兴。

（六）中国特色反贫困理论生动体现了胸怀天下的格局境界

坚持胸怀天下，是中国共产党在正确认识中国与世界关系的基础上，将马克思主义基本原理同中国具体实际相结合、同中华优秀传统文化相结合的生动实践。习近平总书记在党的二十大报告中指出："我们要拓展世界眼光，深刻洞察人类发展进步潮流，积极回应各国人民普遍关切，为解决人类面临的共同问题作出贡献，以海纳百川的宽阔胸襟借鉴吸收人类一切优秀文明成果，推动建设更加美好的世界。"同时指出："中国共产党是为中国人民谋幸福、为中华民族谋复兴的党，也是为人类谋进步、为世界谋大同的党。"中国共产党始终以"为解决人类面临的共同问题作出贡献"作为自己的使命担当。消除贫困是全世界共同使命。中国是全球最大的发展中国家，始终秉承大国责任和担当，一直致力于消除自身贫困和帮助其他贫困国家摆脱贫困，是世界减贫事业的积极倡导者和有力推动者。中国特色反贫困理论，为人类提供了动力强大、内容精准、形式丰富的反贫困方案。中国的成功经验不仅印证了自身选择的正确性，而且给世界上那些既希望加快发展又希望保持自身独立性的国家和民族提供了全新参照，为全球减贫事业指明了发展方向。中国实现乡村的全面振兴，必将为全球更好实现城乡融合发展、人的自由全面发展提供有效路径和模式。

脱贫攻坚是应对世界百年未有之大变局的重要底气。当今世界百年未有之大变局加速演进，中国正处于实现中华民族伟大复兴的关键时期，国内改革发展稳定任务艰巨繁重。在全面打赢脱贫攻坚战的实践中，中国积累了重要经验，收获了深刻启示。这场波澜壮阔的伟大斗争再次证明：中国共产党所具有的无比坚强的领导力、中国人民所具有的不屈不挠的意志力、中国特色社会主义制度所具有的显著优势以及新中国成立以来所积累的坚实国力，是中国人民站在“两个一百年”奋斗目标的历史交汇点上，面对百年未有之大变局的重要底气。

三、从脱贫攻坚到全面推进乡村振兴的理论实践逻辑

打赢脱贫攻坚战和全面实施乡村振兴战略都是新时代中国共产党决胜全面建成小康社会的重要战略部署，是在建设社会主义现代化国家进程中，解决发展不平衡不充分突出问题、不断满足人民日益增长的美好生活需要的重要途径。2020 年打赢脱贫攻坚战后，我国整体消除绝对贫困现象，夯实了向共同富裕迈进的基础，而实现“全体人民共同富裕”是一个长期的历史过程，脱贫攻坚是这一过程的阶段性任务。全面实施乡村振兴战略既是巩固拓展脱贫攻坚成果的必要举措，也是“全体人民共同富裕取得更明显的实际性进展”的必然要求。

（一）从理论逻辑看，脱贫攻坚和乡村振兴都体现了中国特色社会主义本质要求和坚持以人民为中心的发展思想，同属于迈向共同富裕的两大关键步骤，是补齐发展短板底线思维的实践要求

从脱贫攻坚到全面推进乡村振兴是中国特色社会主义本质的具体体现。习近平总书记强调：“如果贫困地区长期贫困，面貌长期得不到改变，群众生活长期得不到明显提高，那就没有体现我国社会主义制度的优越性，那也不是社会主义。”[①]“如果在现代化进程中把农村 4 亿多人落下，到头来‘一边是繁荣的城市、一边是凋敝的农村’，这不符合我们党的执政宗旨，也不符合社会主义的本质要求。”[②]在实现

① 《实现中华民族伟大复兴中国梦的关键一步》，执笔：黄一兵，《人民日报》，2020 年 5 月 12 日 09 版。
② 习近平：《把乡村振兴战略作为新时代“三农”工作总抓手（节选）》，《求是》，2019 年第 11 期。

了现行标准下农村贫困人口全部脱贫后，以习近平同志为核心的党中央始终不忘中国农村数亿人口的发展问题，作出全面推进乡村振兴的决策部署，“三农”工作重心转向全面推进乡村振兴。以此为总抓手推进农村建设，生动体现了中国特色社会主义的本质要求。

从脱贫攻坚到全面推进乡村振兴是坚持以人民为中心的发展思想的重要实践。习近平总书记指出：“群众参与是基础，脱贫攻坚必须依靠人民群众，组织和支持贫困群众自力更生，发挥人民群众主动性。”①“要充分尊重广大农民意愿，调动广大农民积极性、主动性、创造性。”②精准扶贫的根本宗旨就是确保党的各项政策能够精准落实到每一个贫困群众，做到脱贫“一个不能少”，让贫困群众最大限度分享改革发展成果，帮助他们融入共同发展的主流。无论是打赢脱贫攻坚战，还是全面实施乡村振兴战略，都需要坚持群众主体，依靠群众力量，激发内生动力。

从脱贫攻坚到全面推进乡村振兴是迈向共同富裕的关键步骤。脱贫攻坚与乡村振兴共同承载了促进社会公平正义和缩小区域、群体、城乡发展差距的使命，是让改革发展成果更多、更公平惠及全体人民的重大战略举措。脱贫攻坚是乡村振兴的优先任务，全面推进乡村振兴则是脱贫攻坚的延续和发展，两者从根本上都是为了实现全体人民共同富裕的奋斗目标。

从脱贫攻坚到全面推进乡村振兴是补齐发展短板底线思维的实践要求。面对人民日益增长的美好生活需要和不平衡不充分发展之间的社会主要矛盾，“补短板”已成为中国经济社会发展诸领域重要的方法论和基本要求。脱贫攻坚瞄准发展滞后的贫困乡村，补齐贫困群

---

① 2017年2月21日，习近平总书记在中共十八届中央政治局第三十九次集体学习时的讲话。

② 习近平总书记在参加十三届全国人大一次会议山东代表团的审议时的讲话（2018年3月8日），《人民日报》，2018年3月9日01版。

众的民生短板；乡村振兴覆盖整个乡村，重在补齐农业农村发展短板，促进城乡、区域发展差距及不同群体之间生活水平差距的持续缩小。二者均以补齐发展短板的底线思维作为指导实践的重要准则。

（二）从实践逻辑看，从脱贫攻坚到全面推进乡村振兴是统一发展进程的持续，既要继承，更要创新

从脱贫攻坚到全面推进乡村振兴是一个历史过程。“党中央决定，脱贫攻坚目标任务完成后，对摆脱贫困的县，从脱贫之日起设立5年过渡期。过渡期内要保持主要帮扶政策总体稳定。对现有帮扶政策逐项分类优化调整，合理把握调整节奏、力度、时限，逐步实现由集中资源支持脱贫攻坚向全面推进乡村振兴平稳过渡。”“脱贫攻坚取得胜利后，要全面推进乡村振兴，这是‘三农’工作重心的历史性转移。要坚决守住脱贫攻坚成果，做好巩固拓展脱贫攻坚成果同乡村振兴有效衔接，工作不留空档，政策不留空白。”习近平总书记这些重要论述，为确保平稳有序实现巩固拓展脱贫攻坚成果同乡村振兴有效衔接提供了遵循和指引。

要从历史延续的视角看待“三农”工作重心的历史性转移。从脱贫攻坚到全面推进乡村振兴，其工作体系、工作方法、工作内容和工作主体都有继承性，需要根据新的要求进行创新性发展。在工作体系上，要坚持“一张蓝图绘到底”，确保平稳有序，逐步实现巩固拓展脱贫攻坚成果同乡村振兴有效衔接。在工作方法上，要逐步实现从精准、特惠到共享、普惠有效衔接。在工作内容上，要将精准扶贫的“五个一批”有效衔接到乡村振兴的“五个振兴”，促进乡村全面发展。在工作主体上，要从脱贫攻坚时期聚焦帮助贫困群体转移到乡村振兴战略覆盖全体农村居民。

案例

内蒙古赤峰市创新乡村组织振兴模式的有益探索

内蒙古赤峰市是农业大市，也是内蒙古脱贫攻坚的主战场。为加强党组织的政治功能和组织能力，赤峰市立足融合党建，创新跨领域联建共建、跨行业联建共建、跨层级联建共建、跨地域联建共建、跨产业联建共建等五种党组织联建共建方式，通过全域发力组织融合，突破“块块分割”、“条条限制”、层

赤峰市松山区大夫营子乡大碾子村党总支领办合作社大力推动土地流转托管经营

级隶属、地域限制和城乡壁垒，推动实现党的基层组织设置和活动方式创新。为真正让党组织和党员成为脱贫攻坚与乡村振兴的主心骨、贴心人，赤峰市探索党建联合体相融载体，通过党建引领资源融合，开展党员共管、活动共联、资源共享、难题共解、文化共融，推动实现各类资源向脱贫攻坚与乡村振兴一线倾斜。为提升党组织号召力、战斗力、推动力和凝聚力，赤峰市通过共享共赢目标融合，汇聚了全面脱贫和乡村振兴新动能，村集体经济实现大幅增长，有效破解了党组织工作弱化、虚化、边缘化等问题，实现了基层党建对产业选择、政策资金、能力培训、技术服务、组织方式、产销对接、利益联结等要素的统筹调配和优化配置，探索出推进乡村组织振兴的地方实践经验，为广大乡村提供了一种村庄再组织化的可复制、可操作的创新模式。

第二章

怎么看乡村振兴的时代特征与前沿问题

导读

以习近平同志为核心的党中央从党和国家事业全局出发、着眼于实现“两个一百年”奋斗目标、顺应亿万农民对美好生活的向往，在党的十九大报告中提出实施乡村振兴战略，在党的二十大报告中对全面推进乡村振兴作出新部署。本章从理论和历史两个维度，全面总结乡村振兴的时代特征，深入分析乡村振兴面临的理论前沿问题，系统理清乡村振兴理论建构的发展方向，旨在帮助读者从理论、历史层面读懂全面推进乡村振兴。

党的十九大把乡村振兴战略作为国家战略，摆在了治国理政的突出位置。习近平总书记关于“三农”工作、关于乡村振兴的重要论述，明确了乡村振兴的历史战略定位、前进方向、发展目标、重点任务、主要方略、保障体系等。全面推进乡村振兴，需要以理论视野和大历史观全面认识乡村振兴的时代特征、深入理解乡村振兴面临的理论前沿问题、准确把握乡村振兴理论研究的发展方向。

一、以理论视野和大历史观理解乡村振兴的时代特征

2021年6月1日《中华人民共和国乡村振兴促进法》正式实施。中共中央2018年以来每年的一号文件均强调，乡村振兴是全面建设社会主义现代化国家的全局性、历史性任务，是新时代“三农”工作总抓手，具有显著的时代特征。

（一）全面推进乡村振兴需要科学理论指导、走中国特色社会主义乡村振兴道路

习近平总书记关于乡村振兴的重要论述为全面实施乡村振兴战略提供了科学指引。党的十九大以来，围绕加快发展乡村产业、加强社会主义精神文明建设、实施乡村建设行动、推动城乡融合发展等内容，习近平总书记对实施乡村振兴战略作出一系列深刻阐述。同时，以习近平同志为核心的党中央采取了一系列重大举措推动乡村振兴战略的落实落地，制定了多个以乡村振兴为主题的中央文件，发布了乡村振兴五年规划等一系列政策。这些重要论述和战略部署深刻地把握了时代发展趋势和农村发展规律，为全面推进乡村振兴提供科学指引。

中国特色社会主义乡村振兴道路是马克思主义发展理论中国化最新成果。从全球发展角度上看，城市化已成为各国乡村建设普遍追求的目标。但中国的农业和农村发展有着特殊的国情，这就决定了中国的乡村振兴道路必然是区别于世界上大多数国家的中国式乡村振兴道路。习近平总书记基于长期主政地方的实践积淀和对中国“三农”工作的深邃思考，反复强调指出，要走中国特色社会主义乡村振兴道路。这实际上正是马克思主义发展理论中国化的具体表现。中国特色社会主义乡村振兴道路必将创新发展马克思主义的城乡发展理论，同时为全球发展理论作出贡献。

（二）以大历史观看，推进乡村振兴具有深远的历史意义，全面推进需要遵循其发展规律

乡村振兴是中华民族五千年农耕文明的时代赓续。中华民族几千年以来的乡土生产、村庄生活孕育了源远流长的古代农耕文明。农耕文明是中华民族的根，是中华民族传统文化的底色。换言之，中华文明根植于厚重的农耕文化，广阔的乡村是中华文明的基本载体。而实施乡村振兴战略是传承中华优秀传统文化的有效途径。因此作为乡村振兴的目标和保障，乡风文明被摆在了重要的位置。《中共中央　国务院关于实施乡村振兴战略的意见》要求："切实保护好优秀农耕文化遗产，推动优秀农耕文化遗产合理适度利用。深入挖掘农耕文化蕴含的优秀思想观念、人文精神、道德规范，充分发挥其在凝聚人心、教化群众、淳化民风中的重要作用。"全面推进乡村振兴，深入挖掘农耕文化背后蕴含的优秀思想观念、人文精神、道德规范，在保护传承的基础上对农耕文化进行创造性转化、创新性发展，有助于在新发展阶段丰富和传承中华优秀传统文化，发挥优秀传统文化在贯彻新发展理念、构建新发展格局中的特殊作用。

乡村振兴是国家民族发展的普遍规律。乡村振兴并非中国特有，而是世界城市发展的必然一环。乡村振兴是中国城市化快速推进背景下多战略并举的一部分。乡村衰落与拯救是个世界性难题。从大历史观看，中国的乡村振兴不是孤立存在的。从国内外实践看，中国新时代的乡村振兴具有以下特点：一是从数量上看，不是所有乡村都能振兴，投入需要有重点。二是从内容上看，乡村振兴需要发展实现质的升级，而不是把目标定位在要留下数亿农民。乡村要富裕起来，就必须提高农村的劳动生产率，农业人力投入完全可以继续下降。美国和日本从事农业的人口比例均已不足2%。三是从时间上看，乡村要真正实现全面振兴，

需要打一场持久战，要有历史耐心。

乡村振兴是实现人的自由全面发展的路径探索。实现人的自由全面发展，是贯穿马克思主义发展史的主线，也是马克思主义的最高价值。中国共产党明确把促进人的全面发展作为治国理政的重要目标和价值追求。按照产业兴旺、生态宜居、乡风文明、治理有效、生活富裕的总要求，习近平总书记对乡村振兴战略作出产业振兴、人才振兴、文化振兴、生态振兴和组织振兴五大战略部署，强调中国乡村振兴要走中国特色社会主义乡村振兴道路，也就是走城乡融合发展之路、走共同富裕之路、走质量兴农之路、走乡村绿色发展之路、走乡村文化兴盛之路、走乡村善治之路、走中国特色减贫之路。中国特色乡村振兴道路必将为农村居民智力、体力的充分发展提供良好的内外部条件，是实现人的自由全面发展路径的有益探索。

二、全面推进乡村振兴需要加强理论构建

乡村振兴战略是党的十九大提出的国家战略，是关系全面建设社会主义现代化国家的全局性、历史性任务。在“新发展阶段、新发展理念、新发展格局”战略下，深化农业农村供给侧结构性改革，巩固拓展脱贫攻坚成果，实现高质量发展，都对乡村振兴战略实施提出了新的要求。中国广阔的地域及发展的差异性，也对全面推进乡村振兴提出了新的挑战。这些时代背景决定了乡村振兴的艰巨性、复杂性和长期性。脱贫攻坚的实践证明，打好乡村振兴持久战，加强顶层设计、抓好基层落实是两个最关键的环节。

（一）完善的顶层设计需要坚实的理论支撑

学习领会习近平总书记关于乡村振兴的重要论述是乡村振

兴理论研究的前提基础和主要内容。习近平总书记站在党和国家事业发展全局的高度，深入阐释了实施乡村振兴战略的重大意义和深刻内涵，提出了关于推进乡村振兴战略的一系列新理念新思想新论断，为全面推进乡村振兴，促进农业全面升级、农村全面进步、农民全面发展提供了根本遵循和行动指南。加强新时代乡村振兴重要论述的研究，深入分析新时代乡村振兴重要论述和共同发展理论的理论渊源、实践基础、理论内涵、精神实质、理论创新、时代价值和世界意义，对于实现巩固拓展脱贫攻坚成果同乡村振兴有效衔接，走中国特色社会主义乡村振兴和共同富裕道路，有力推进农业农村现代化进程，全面建设社会主义现代化国家具有重大理论意义和深远的历史意义。

加强乡村振兴理论研究，就是要从理论与实践、历史与现实、国内与国际等层面出发，深入研究阐释乡村振兴重要论述的形成渊源、实践基础、理论内涵、精神实质、时代价值、世界意义；分析论证乡村振兴重要论述的理论创新和贡献，及其对新时代“三农”工作的实践指导。通过系统、全面、深入的研究，进一步呈现乡村振兴重要论述的科学性、内容的丰富性、逻辑的严密性和实践的指导性。基于此，为深入研究乡村振兴重要论述提供学理基础，为学习宣传这一重要论述提供成果支撑。比如，如何理解乡村振兴是新时期“三农”工作的总抓手？简单而言，新阶段的“三农”工作主要通过乡村振兴战略推动，包括粮食问题、农村生态、人居环境等问题都是乡村振兴议题，解决这些问题当然需要以乡村振兴为总的抓手。但在新形势下，乡村振兴“总的抓手”更加强调乡村发展的整体性，强调乡村与城镇的良性互动、融合发展。从国家整体协调发展的角度看，乡村振兴必须着力于如何促进不同地区不同行业更加平衡、更加充分发展。乡村和城镇的融合发展，必然需要以乡村振兴作为总的抓手来推动。

构建乡村振兴理论体系，做好顶层设计、总体布局，是中央及有关部门做好统筹协调、整体推进、督促落实等工作的基础。理论上的清醒是领导力、组织力、执行力的基础。乡村振兴理论体系的构建将贯穿乡村振兴全过程。习近平新时代中国特色社会主义思想在乡村发展领域的创新、习近平总书记关于乡村振兴的重要论述、乡村振兴彰显的政治制度优势、城乡融合发展，以及乡村治理体系和治理能力现代化等重大内容，都是乡村振兴理论研究的聚焦点和着力点。

（二）理解和把握乡村振兴理论研究的前沿问题

习近平总书记指出："到二〇五〇年把我国建成富强民主文明和谐美丽的社会主义现代化强国，基础在'三农'，必须让亿万农民在共同富裕的道路上赶上来，让美丽乡村成为现代化强国的标志、美丽中国的底色。"[①] 实施乡村振兴战略是以共同富裕为目标指引的极其复杂的系统工程，面临诸多的理论前沿问题。在党的"三农"工作创新理论和共同富裕理论的框架下，梳理出全面推进乡村振兴需要深化研究的十个乡村振兴理论前沿问题。

中国特色的反贫困理论和脱贫攻坚精神。脱贫攻坚取得全面胜利后，"三农"工作重心历史性转移到全面推进乡村振兴，对于脱贫地区而言，脱贫攻坚战所形成的理论成果——中国特色反贫困理论和精神成果——脱贫攻坚精神，必然会影响乡村振兴。乡村振兴战略是2017年党的十九大提出的，当时脱贫攻坚战已经全面打响两年多，正纵深推进，此时提出实施乡村振兴战略，就意味着脱贫攻坚、乡村振兴两大战略之间必然有交叉、重合，也存在衔接问题。可见，研究乡村振兴问题离不开脱贫攻坚战，脱贫攻坚与乡村振兴之间相互交集形成的理论问题，

---

① 2017年12月28日，习近平总书记在中央农村工作会议上的讲话。

也是乡村振兴需要系统研究的理论问题。中国特色反贫困理论和脱贫攻坚精神如何影响全面推进乡村振兴，以及如何用好脱贫攻坚理论成果、精神成果，成为乡村振兴理论研究前沿问题中的重要内容。研究中国特色反贫困理论和脱贫攻坚精神，需要回答三个层面的问题：一是中国特色反贫困理论如何指导乡村振兴？二是中国特色反贫困理论如何在乡村振兴实践中创新发展？三是脱贫攻坚精神如何成为乡村振兴的重要推动力量？

从脱贫攻坚到全面推进乡村振兴历史性转移的理论思考。设立脱贫攻坚过渡期，是中央在脱贫攻坚之后作出的重要决策部署。过渡期是贫困县脱贫摘帽后继续给予支持的特殊期限，主要任务就是落实党的十九届五中全会关于实现巩固拓展脱贫攻坚成果同乡村振兴有效衔接的有关政策。巩固拓展脱贫攻坚成果、乡村振兴两者之间是有内在逻辑关系的。基于过渡期、基于有效衔接的议题存在需要从理论上认识的问题。比如说从脱贫攻坚到全面推进乡村振兴的历史性转移，有何理论含义？巩固脱贫攻坚成果最根本的目的是防止返贫，防止返贫和乡村振兴从理论上有怎样的逻辑关系？从概念上，巩固拓展脱贫攻坚成果、全面推进乡村振兴是两件事或者两项工作，但其内在理论逻辑以及实践需要均必须一体化推进，这就需要从理论上回答如何一体化推进。答案集中在两个方面：首先是，需要厘清健全防止返贫动态监测和帮扶机制的相关理论认识。防止返贫是巩固拓展脱贫攻坚成果的首要任务。对不同的情况采取不同对策。比如对易返贫农户要实施常态化监测，做到早发现早干预早帮扶，精准施策；对于有劳动能力的农户，要坚持开发式帮扶工作方针，帮助他们用自己的双手勤劳致富，不能靠发钱养人，防止陷入福利陷阱，政策养懒汉；对没有劳动能力的人口，要做好兜底保障，及时纳入现有社保体系，并逐步提高保障水平。对脱贫地区的产业要技术帮扶，补上技术、设施、营销等短板，促进产业提档升级。对易地扶贫搬迁安置区，要强化后续扶持，多渠道促进就业，加强配套基础设施建设和公共服务，搞好社会管理，确保搬迁群众稳得住、有就业、逐步能致富。对扶贫资产要摸清底数，加强监管，确保持续发挥作用。其次是，对摆脱贫困的县，从脱贫之日起设立5年过渡期。主要的理论问题包括：如何保持主要帮扶政策总体稳定？如何坚持和完善向重点乡村选派驻村第一书记和工作队制度，继续坚持东西部协作、对口支援、社会帮扶等机制？如何平稳有序地做好各级扶贫办机构职能的调整优化？如何压实责任，把巩固拓展脱贫攻坚成果纳入市县党政领导班子和领导干部推进乡村振兴战略实绩考核范围？等等。这些看似是实践问题，实则是为认识、解决从脱贫攻坚到全面推进乡村振兴提供理论支撑。

乡村振兴的理论基础。乡村振兴是一个多学科、跨学科的议题。从理论基础视角，至少包括以下方面：经济学（经济增长）视角下的乡村振兴理论、马克思主义政治经济学视角下的乡村振兴理论、地理学（区域、系统）视角下的乡村振兴理论、社会学（社会）视角下的乡村振兴理论、管理学（组织、管理）视角下的乡村振兴理论，这些构成了中国新时代乡村振兴理论的基础。比如，马克思主义政治经济学是乡村振兴理论研究的主要视角，主要从生产力和生产关系的矛盾的本质出发揭示城乡分化的根源。涉及马克思、恩格斯城乡关系理论、马克思主义共享理论、马克思社会交往理论、马克思产业理论、马克思经济循环理论等。马克思主义共享理论、马克思社会交往理论、马克思经济循环理论主要从人的全面发展的角度出发揭示了人与人、人与社会、人与自然之间的辩证关系。马克思产业理论揭示了产业发展的客观规律，为乡村振兴中的产业兴旺提供理论指导和基本遵循。马克思、恩格斯的城乡关系理论厘清了实施乡村振兴战略的理论逻辑与理论路径，是实施乡村振兴战略的核心理论，为我国城乡融合发展提供指引。具体来看，马、恩城乡关系理论批判地继承了18世纪以来圣西门、傅立叶、欧文等空想社会主义学者关于城乡结合的思想，从生产力和生产关系矛盾的本质揭示了城乡分化的根源，认为随着生产力水平的不断提高，城乡关系演进要依次经历城乡依存、城乡分离、城乡融合三个阶段。马克思关于乡村发展相关的理论既是乡村振兴理论的基础，也是习近平总书记关于“三农”工作重要论述的理论渊源。再比如，地理学主要从空间和系统的角度来理解乡村振兴，认为城市和乡村是一个系统下的有机体，城乡差异是乡村地域系统与外界发展主导因素交互作用的结果。城乡融合发展就是要在空间结构和制度供给创新下实现城乡系统内部的经济、社会、环境的全面协调发展。乡村地理学涉及人地关系地域系统理论、区位论、后生产主义/多功能理论等，这些理论形成乡村振兴的理论基础。社会学中的结构功能主义理论、社会嵌入理论、社会网络理论、社会资本理论、行动者网络理论、赋权理论等，管理学中的治理理论、公共服务理论、社会质量理论等，都已经广泛应用于乡村振兴前沿问题的研究。

全面推进乡村振兴的理论意涵。这一问题的主要意义在于如何用理论思维认识乡村振兴，凝聚参与乡村振兴的共识。主要的议题，一是从理论上回答为什么要推进？——就是要全面、深刻理解乡村振兴的理论逻辑、实践逻辑、历史逻辑、国际逻辑。二是怎样推进乡村振兴？——就是要从理论上理解乡村振兴的总目标，也就是农业、农村、农民的现代化。为什么是三个现代化？各自有哪些重点？相互之间有何逻辑关联？等等，都是需要从理论上回答的问题。三是乡村振兴重点干什么？——就是要从理论上明确乡村振兴重点任务及其内在逻辑，奠定政策设计和落地见效的基础。比如，巩固拓展脱贫攻坚成果是首要任务，需要有效衔接乡村振兴，衔接机理是什么？如何在聚焦产业发展、乡村建设、乡村治理推进中衔接、嵌入？等等。四是如何保障乡村振兴战略实施？——就是依照《中华人民共和国乡村振兴促进法》推进乡村振兴、促进观念转变、实现相关机制政策衔接、创新工作方式、确保工作机制队伍转型。

防止返贫与乡村振兴的理论逻辑。脱贫攻坚任务完成后，一方面是巩固拓展脱贫攻坚成果，这是首要的任务；另一方面是全面实施乡村振兴战略。如何正确理解和认识既要防止返贫、拓展脱贫攻坚成果，又要乡村振兴，对于贯彻落实中央有关决策部署具有重要的决定性影响。习近平总书记关于防止返贫、关于乡村振兴的一系列重要论述为理解和做好相关工作指明了方向、提供了遵循。一是需要深刻认识防止返贫与乡村振兴的理论逻辑。比如巩固拓展脱贫攻坚成果、防止返贫是中国共产党执政规律的具体体现，从脱贫攻坚到全面推进乡村振兴是历史性转移，巩固拓展（防止返贫）、有效衔接、乡村振兴是一个有机联系的整体，实施乡村振兴战略是一项系统工程，乡村全面振兴是实现共同富裕的底线任务。比如要用底线思维，以共同富裕为目标方向，推进巩固拓展脱贫攻坚成果同乡村振兴有效衔接，进而全面振兴乡村，为推进全民共富、全面共富、共建共富、逐步共富奠定基础。二是从理论上认识防止返贫与乡村振兴面临的理论层面的挑战，提高运用理论思维应对挑战、解决问题的能力和水平。比如防止返贫就是要坚持发展的思维，坚持系统观念，坚持精准思维；就是要采取战略与战术有机结合的措施体系。还需要从理论上系统认识有效衔接需要大力弘扬脱贫攻坚的精神，需要建立统筹做好领导体制衔接、工作体系衔接、发展规划衔接、政策举措衔接、考核机制衔接等理论话语。从全面推进乡村振兴维度看，主要是要夯实全面推进乡村振兴的思想基础。防止返贫是乡村振兴的一项基础工作，为什么防止返贫与乡村振兴需要统筹起来？这需要相应的思想的认识，这个思想的认识就构成了全面推进乡村振兴的思想基础。从理论认识上要牢牢守住保障国家粮食安全和不发生规模性返贫两条底线，构建统筹推进农业、农村、农民现代化进程，协调推进乡村发展、乡村建设和乡村治理的理论体系，为持续提升全面推进乡村振兴的有效性奠定理论基础。

脱贫攻坚、乡村振兴与共同富裕的理论议题。脱贫攻坚、乡村振兴与共同富裕，在中华民族伟大复兴的历史进程中、在新的发展阶段都是三个极其重要、不可或缺的概念。三个概念之间存在内在严密的逻辑关系。比如，脱贫攻坚、乡村振兴是在不同的发展阶段实施的国家战略，虽分不同的时期，有不同的目标，但都是统一在共同富裕的框架下推进的。脱贫攻坚结束，历史性地解决了全国范围内的绝对贫困问题，但是返贫的风险依然存在。随着发展水平的提升，脱贫的标准不断提高，防止返贫就成为长期的战略问题。防止返贫是乡村振兴的基础和前提，伴随着乡村振兴的全过程。农业、农村、农民的发展及现代化是国家实现现代化的基础、难点和重点。现代化的重要特征是共同富裕，基于此，乡村振兴是共同富裕的最大短板、底线任务。从政治上看，乡村振兴实际关系到“四个自信”的支撑，关系到中国为全球乡村发展贡献中国智慧，关系到继续为人类文明新形态建设贡献中国力量、提供中国方案。

乡村振兴的动力论。为打赢脱贫攻坚战，习近平总书记提出两个动力论，就是政府、市场、社会要联动，行业扶贫、专项扶贫、社会扶贫要互动。这一理论在乡村振兴领域的运用，就是把举全党全社会之力推动乡村振兴落到实处。从理论上就是要构建乡村振兴动力理论。乡村振兴的动力具有多重来源，比如政府、市场、社会，也来源于中央的专项支持、各行各业的支持、全社会力量的动员。习近平总书记在脱贫攻坚期间始终强调扶贫同扶志扶智相结合，要激发脱贫群众的内生动

力，培育增强脱贫地区的自我发展能力。这一理论具有普遍性。全面推进乡村振兴同样需要激发和培育脱贫群众、广大农民振兴乡村的内生动力，需要在广大乡村培育增强自我发展的能力，这也是乡村振兴动力论的重要内容。习近平总书记反复强调，要加强“三农”工作机构和“三农”工作队伍的能力和作风建设，实际上明确了“三农”工作机构及其干部队伍是乡村振兴的重要动力。这种动力的高与低取决于“三农”工作机构及其干部队伍的能力和作风建设，这就需要从理论上研究“三农”工作领域的能力建设、作风建设有怎样的特殊性、规律性。只有在弄清楚这些基本认识问题的基础上，才有可能更有针对性地解决好乡村振兴队伍的能力作风建设问题。总之，乡村振兴动力论是一个系统，内在的各子系统之间存在相互支持、相互促进的逻辑关系，需要从理论上深化认识。

*融合发展与乡村全面振兴的理论框架。*根据新时代党的“三农”工作创新理论和共同富裕理论，要把乡村振兴战略这篇大文章做好，必须走城乡融合发展之路。振兴乡村，不能就乡村论乡村，还是要强化以工补农、以城带乡，加快形成工农互促、城乡互补、协调发展、共同繁荣的新型工农城乡关系。要紧紧围绕发展现代农业，围绕农村一二三产业融合发展，构建乡村产业体系，实现产业兴旺。城乡融合发展、产业融合发展都和乡村全面振兴密切相关，存在丰富、多维的理论逻辑。深化研究、正确理解这些理论逻辑，是更加有效理解、执行中央决策部署、推进各项工作的基础和关键。从城乡融合发展看，这是实施乡村振兴战略的核心内容之一，也是破解新时代社会主要矛盾的关键抓手。中央反复强调，要建立健全城乡融合发展体制机制和政策体系，加快推进农业农村现代化。要强化以工补农、以城带乡，推动形成工农互促、城乡互补、协调发展、共同繁荣的新型工农城乡关系。以城乡融合引领乡村振兴，

走中国特色社会主义乡村振兴道路，是全面建设社会主义现代化强国的关键环节。目前学术界主要围绕城乡融合内涵、城乡融合模式、城乡融合水平测度等内容，对城乡融合问题作出有益探索，这些研究大多都停留在一般问题、个案研究上，如何深化研究空间很大。比如，既有研究重点谈论在经济社会发展水平较高的条件下如何实现城乡融合，至于发展落后的山区能否和怎样实现城乡融合，仍然是一个在理论上有争议、在实践中有困难的重要课题，需要加强研究的针对性、精准度。从产业融合发展看，推进农村一二三产业融合发展，是推动乡村产业振兴、实现高质量发展的需要，是促进农民持续增收、决胜全面建成小康社会的迫切需要，是进一步提升农村发展水平、促进城乡融合发展的迫切需要，其中存在诸多理论难题需要破解。

国际乡村发展理论与战略的演进。中国的乡村振兴是全球乡村发展的重要组成部分。中国乡村振兴必然体现出中国特色，也必然有与国际乡村发展在理论上开展对话的必要，国际乡村发展理论的战略演进也就成为乡村振兴理论研究的一个前沿问题。全球的乡村发展有需要遵循的共同规律。从发达国家来看，如德国，其乡村是从 20 世纪 70 年代才开始全面振兴，但乡村的公共服务均等化发展很快。再如英国，目前已经以数据为主要的驱动力来推动全国乡村的建设，在数据乡村的建设上、在数据乡村的发展道路上，有不少经验可以借鉴。还有东亚地区的日本、韩国，乡村发展同样存在普遍性规律，比如人口的迁移、空虚化、老龄化等都是韩国、日本，特别是日本面临的突出难题，在解决过程中有很多经验，也有不少教训。梳理国际上特别是第二次世界大战以来国际乡村发展的理论和战略演进，并和我国的乡村振兴开展对话，无疑十分必要，有助于更好地认识我们面临的相关理论问题。

中国特色乡村振兴道路论纲。习近平总书记在 2017 年中央的农村工作会议上系统阐述了中国特色社会主义乡村振兴道路。重塑城乡关系，走城乡融合发展之路；巩固和完善农村基本经营制度，走共同富裕之路；深化农业供给侧结构性改革，走质量兴农之路；坚持人与自然和谐共生，走乡村绿色发展之路；传承发展提升农耕文明，走乡村文化兴盛之路；创新乡村治理体系，走乡村善治之路；打好精准脱贫攻坚战，走中国特色减贫之路。这七个“之路”实际上构成了中国特色社会主义乡村振兴的道路。如何去解读、怎么去阐释七个“之路”中蕴含的丰富内涵如何形成乡村发展理论的中国体系，以更好地阐述中国特色乡村振兴道路，这都是值得深入研究的课题。

三、认识和理清乡村振兴理论研究的发展方向

以上十个问题中蕴含着更深层次的理论认识，需要更为系统、深入地研究，以下（但不限于）十个方面，决定了乡村振兴理论研究的发展方向。

（一）从中国共产党“三农”工作的理论逻辑来研究乡村振兴的理论

目前关于中国共产党百年“三农”工作的历史逻辑，已经有了比较丰富的研究成果，解决了历史逻辑的问题。也有不少学者就“三农”政策的演变进行了梳理，解决了工作层面的理论问题。但是，总体上看，党的百年“三农”工作，理论演进的背景、影响因素、来源、构成、时代价值、指导意义、历史评价等还缺少全面、深入、系统、权威的研究，尚不足以支撑乡村振兴的理论，还需要进一步的加强。

（二）党的十九大提出乡村振兴战略的理论背景

习近平总书记在2017年中央农村工作会议上对为什么实施乡村振兴战略、有什么样的基础条件、总体考虑是什么等进行了系统阐述。但是，还有哪些更深层次的理论考虑？比如为什么在党的十九大要提出乡村振兴，而不是提新发展阶段的“三农”工作？为什么乡村振兴是新阶段“三农”工作的总抓手？从理论上如何认识？准确理解习近平总书记提出实施乡村振兴战略的理论背景，无疑是准确把握中央关于新发展阶段“三农”工作决策部署的思想基础。

（三）中国共产党新时代“三农”理论的新发展

这与第一个方面有一定关联，不同的是第一个研究方向是对已经过去的百年历史的总结，而本研究方向是面向未来的，就是在新阶段“三农”工作、全面推进乡村振兴、中华民族伟大复兴实践中，党的新时代“三农”理论如何创新发展。

（四）乡村振兴与马克思主义中国化

中国的乡村振兴是全球乡村发展的一部分，中国共产党不仅要为14亿中国人谋幸福，还把全球人类发展也作为自己的使命。党的宗旨使命必然要求党在领导中国“三农”工作实践的同时，要探索并总结出更适合人类发展的道路、更有效的发展智慧，为人类更好发展贡献中国智慧。马克思主义中国化在乡村振兴领域的创新与发展所形成的理论创新成果就是可供全球发展借鉴参考的中国智慧。

（五）乡村振兴与“两个大局”

习近平总书记从中华民族伟大复兴的大局和世界百年未有之大变局的现实，深刻阐述了新发展阶段“三农”工作的重大意义，实际上也就是乡村振兴的重大意义。如何以此为框架和指引，深化乡村振兴和“两个大局”之间全方位、多维度、立体式、网络化的关系，是乡村振兴理论研究的重要方向。

（六）乡村振兴与国家现代化

全面建设社会主义现代化国家，就是立足新发展阶段、贯彻新发展理念、构建新发展格局、实现高质量发展、扎实推动共同富裕的历史进程。那么，乡村振兴作为现代化进程中的重要组成部分，其地位作用如何确定、怎样呈现？国家现代化需要乡村振兴在哪些方面发挥作用？这些必然联系，都需要加大研究力度。

（七）乡村振兴与共同富裕

基于乡村振兴与共同富裕之间的理论议题进行分析，从两者关系总体上、从理论体系构建上，特别是从马克思主义中国化的发展上怎么看乡村振兴与共同富裕，怎么看乡村振兴与社会主义的本质要求，怎么看乡村振兴与中国特色社会主义的道路，等等，都有许多需要系统、深入研究的理论问题。

（八）中国乡村振兴与全球乡村发展理论对话

中国乡村振兴和全球乡村发展是一个共同体。全球乡村发展需要中国智慧、中国方案，发现中国在乡村发展领域的理论、方案、模式的普遍性，就必然需要和全球乡村发展开展对话。实践经验的借鉴是技术层面的具体活动，如果没有思想、价值观上的共识，那么技术层面的努力就难以持续。

（九）中国乡村振兴与人类文明新形态

中国乡村振兴的直接目标是解决中国数亿农民实现更好发展、共同富裕的问题。在此历史进程中，基于几千年中华民族农耕文明、优秀传统文化的传承发展，乡村价值必然呈现多种新形态，乡村振兴成为人类生存、人类生活的文明新形态。作为人类文明传承的形态，乡村振兴发挥什么作用、如何发挥作用？许多领域值得深入研究。

（十）中国共产党领导乡村振兴的理论创新和实践创新

国家性质与国情不同、国家政治制度差异决定了国家发展模式的多样性，但是领导国家发展的政党或组织都有领导促进乡村更好发展的责任。中国共产党在实施乡村振兴战略过程中领导人民共同探索，由此实现理论上的发展、实践上的创新，都有助于我们为全球乡村发展提供经过实践检验的、具有普遍性的中国方案。

案例

辽宁省庄河市改善农村人居环境的有益经验

党的十九大以来，辽宁省庄河市秉持“两山”理念，以农村垃圾治理为抓手，深入实施农村人居环境整治三年行动和“百村示范、千村清洁”行动，进一步完善乡村基础设施和公共服务机制，打造秀美宜居的农村人居环境。一是坚持“领”，高位推动，压实责任。形成市、乡、村、组、村民五级联动的人居环境整治工作格局，合力解决农村人居环境整治难题。二是坚持“带”，广泛动员，凝聚合力。发动党员干部入户宣传，

庄河市兰店乡元和村美丽乡村图景

引导人民群众积极参与，实现共建共治。三是坚持“控”，精准施策，源头减量。将末端治理与源头减量相结合、日常保洁与定期清理相结合，实现垃圾“零增长”。四是坚持“治”，加强联动，祛除顽疾。将村庄清洁行动与各部门建设工作结合，统筹推进脏乱差综合整治。五是坚持“补”，深化改厕，补齐短板。抓好“小厕所大民生”，进一步完善管护体系。六是坚持“建”，建好设施，打造美丽乡村。在增强体制机制“软实力”建设的同时，着力推进农村人居环境“硬件”建设。2019 年获得了“四好农村路”全国示范县国家级荣誉称号，2021 年获评辽宁省政府农村人居环境整治成效明显激励县。“美丽庭院”建设活动为乡村旅游打造了新的人气增长点。庄河市农村人居环境整治向我们生动展示了人居环境整治对于乡村振兴的带动价值，探索了改善农村人居环境的有益经验，特别是践行绿色发展理念、坚持高位引领推动、发挥农民主体作用、因地制宜分类指导，具有较强的借鉴意义。

第三章

怎么看全面推进乡村振兴行动纲领的理论体系和实践要求

导读

习近平总书记关于“三农”工作的重要论述，是全面推进乡村振兴的行动纲领，蕴含着发展的历史方位、丰富的理论渊源、厚实的实践基础、严密的思想内涵、深邃的精神实质、鲜明的理论品格、科学的实践价值、突出的时代贡献、重要的世界意义。深刻领会和准确把握全面推进乡村振兴行动纲领的理论体系及实践要求，对于进一步深刻领悟习近平新时代中国特色社会主义思想、学习宣传贯彻党的二十大精神，全面推进乡村振兴，加快建设农业强国，扎实推进中国式现代化进程具有重要理论和实践价值。

新时代十年，我国农业农村发展取得历史性成就、发生历史性变革，最根本的原因在于以习近平同志为核心的党中央坚持农业农村优先发展方针。习近平总书记就做好新时代“三农”工作、打赢脱贫攻坚战、实施乡村振兴战略、加快农业强国建设提出一系列新观点新思想，科学回答了建设农业强国、加快推进农业农村现代化、全面推进乡村振兴的一系列重大理论和实践问题，形成了习近平总书记关于“三农”工作的重要论述，为推进新时代新征程农业农村现代化提供了行动纲领。这一行动纲领根植于习近平总书记深切的“三农”情怀，是党的农村工作经验的集大成，是一个思想深邃、内涵丰富、逻辑严密的科学理论体系，是习近平新时代中国特色社会主义思想在“三农”领域的具体体现。

一、全面推进乡村振兴行动纲领的时代背景与历史方位

习近平总书记指出：“实施乡村振兴战略，是党的十九大作出的重大决策部署，是决胜全面建成小康社会、全面建设社会主义现代化国家的重大历史任务，是新时代做好‘三农’工作的总抓手。”[①] 并在党的二十大报告中对“全面推进乡村振兴”作出了新决策新部署：坚持农业农村优先发展，加快建设农业强国，全方位夯实粮食安全根基，树立大食物观，发展乡村特色产业，巩固拓展脱贫攻坚成果，统筹乡村基础设施和公共服务布局，巩固和完善农村基本经营制度，深化农村土地制度改革，保障进城落户农民合法土地权益，完善农业支持保护制度。习近平总书记关于“三农”工作的重要论述，是全面推进乡村振兴的行动纲领。全面认识这套行动纲领的提出与形成发展的历史方位，是深刻理解和准确把握这一理论体系的逻辑起点。

（一）全面推进乡村振兴行动纲领是在中国共产党领导解决“三农”问题百年成就及其历史经验的基础上形成的

从百年党史看，“三农”问题始终是革命、建设、改革各个时期关乎全局的重大问题。在新民主主义革命时期，工农联盟是革命的主要力量，

① 习近平总书记在参加十三届全国人大一次会议山东代表团的审议时的讲话（2018 年 3 月 8 日），《人民日报》，2018 年 3 月 9 日 01 版。

“三农”为夺取革命胜利提供了重要依靠；在社会主义革命和建设时期，农业是工业化物质积累的主要来源，“三农”为社会主义国家建立发展奠定了重要基础；在改革开放和社会主义现代化建设时期，农村率先发起改革，“三农”为中国经济腾飞发挥了重要助推作用；进入中国特色社会主义新时代，农村是全面建成小康社会的主战场，“三农”为实现第一个百年奋斗目标作出了重要贡献。党的十八大以来，习近平总书记关于“三农”工作的重要论述特别是对实施乡村振兴战略作出的一系列重要论述，围绕确保粮食安全、乡村产业发展、乡村建设、乡村治理、社会保障、巩固脱贫攻坚成果同乡村振兴有效衔接、文化传承、建设农业强国、全面推进乡村振兴、推进农业农村现代化、坚持党领导“三农”工作原则等内容，提出许多新思想新观点，这些思想高瞻远瞩、内涵丰富、要求明确，深刻回答了为什么要振兴乡村、怎样振兴乡村等一系列重大理论和实践问题，是新发展理念在农业农村工作中的全面贯彻，是中国特色社会主义道路在农村的创新实践，是党领导“三农”工作百年实践探索的新发展新总结，成为习近平新时代中国特色社会主义思想的重要组成部分。

（二）全面推进乡村振兴行动纲领确立了农业农村优先发展的总方针

坚持农业农村优先发展，对于确保经济社会平稳健康发展和社会大局稳定、推进实现第二个百年奋斗目标具有基础性和决定性作用。现阶段，我国发展最大的不平衡是城乡发展不平衡，最大的发展不充分是农村发展不充分。坚持农业农村优先发展，是解决不平衡不充分的根本之策，是系统解决经济结构性体制性矛盾、发展不平衡不充分不协调不可持续问题的必然选择，是实现共同富裕、全面建设社会主义现代化国家的必由之路。坚持农业农村优先发展，有利于整体提升农业农村农民发展水平。坚持农业农村优先发展，就是从根本上实现城乡均衡发展、农业充分发展、农民全面发展。坚持农业农村优先发展，有利于促进共同富裕目标实现。中国共产党的根本宗旨是全心全意为人民服务，我国社会主义的本质要求是解放和发展生产力，最终实现共同富裕。党的十九大报告明确了两个阶段的目标，一是到 2035 年，全体人民共同富裕迈出坚实步伐；二是到 2050 年，全体人民共同富裕基本实现。与共同富裕目标相对应，中央明确，到 2035 年，乡村振兴取得决定性进展，农业农村现代化基本实现；到 2050 年，乡村全面振兴，农业强、农村美、农民富全面实现。可见，共同富裕是乡村振兴战略的终极目标，乡村振兴是实现共同富裕的必需的历史过程，农业农村现代化是现代化强国的重要组成部分，是扎实推进共同富裕的根本支撑。

（三）全面推进乡村振兴行动纲领回答了乡村发展的中国之问、世界之问、人民之问、时代之问

实施乡村振兴战略是解决中国新时代社会主要矛盾、实现党的宗旨和社会主义本质要求的具体实践。中国共产党始终坚持以人民为中心，把人民放在最高位置，践行立党为公、执政为民的执政宗旨，扎实推动共同富裕。全面推进乡村振兴，是确保亿万农民在全面建成社会主义现代化国家新征程中不掉队，确保共同富裕目标最终实现的应有之策。实施乡村振兴战略是实现中华民族伟大复兴的重要支撑。实现中华民族伟大复兴，就是要实现中国强、中国美、中国富，而全面推进乡村振兴的最终目标是实现农业强、农村美、农民富。前者是后者的引领和带动，后者是前者的重要内容、具体呈现和重要标志。实施乡村振兴战略是构建人类文明新形态的重要实践。在发展中处理好城乡关系一直是世界性

难题。中国的乡村振兴，是要通过重塑城乡关系，坚持以工补农、以城带乡，逐渐形成工农互促、城乡互补、全面融合、共同繁荣的新型工农城乡关系格局。坚持工农互补理念，把实施乡村振兴战略与城市化工业化发展结合起来，相互促进、共同提高，为乡村如何更好地建设与发展提供了路径选择。实施乡村振兴战略是推进并实现我国农业农村现代化的战略布局，是以三产融合为核心的经济现代化、以农民为中心的内生现代化、以农民再组织的现代化，最终实现农业农村的现代化。通过推进农业供给侧结构性改革，把各种现代元素注入农业农村，推动农业农村的历史性变革，实现农村社会的一二三产业融合、城乡融合以及生产要素集合，把现代农业的食物保障、原料供给、就业收入、生态保育、文化传承等多重功能进行有效融合，形成新的发展动力。实施乡村振兴战略，着力补齐农业农村短板，满足广大农民日益增长的美好生活需要，其根本目的在于更好地为人民服务，充分发挥人民群众的主体作用，让人民群众更充分地共享发展成果。

二、全面推进乡村振兴行动纲领的理论渊源与实践基础

从理论渊源看，全面推进乡村振兴行动纲领来源于马克思主义关于城乡发展的思想，来源于对中华优秀传统农耕文化的创造性转化和创新性发展，承续于中国共产党的乡村建设理论。从实践基础看，这一行动纲领是中国共产党领导乡村建设实践的发展，是习近平同志在不同地方主政期间乡村建设实践经验的升华。

（一）从理论渊源看：马克思主义关于城乡发展的思想为行动纲领提供了理论基础

马克思主义认为生产力决定生产关系，生产力在推动人类社会历史不断向前发展的同时，也决定着城乡关系的产生、发展和变化过程。城乡关系的产生和发展都是由生产力发展水平所决定的。实现城乡融合发展需要满足两个条件：消灭资本主义私有制，破除城乡对立的社会条件和制度根源；社会生产力的高度发展。马克思主义认为，人的发展程度与城乡关系的发展程度有着必然的联系。只有随着社会生产力的高度发展，城乡对立走向城乡融合的同时，个人超越畸形、片面发展走向自由而全面的发展才会实现。随着城乡融合发展不断推进，人不再被区分为城市居民和农村居民，所有的人口以及工业和农业等一切生产部门都将按照自身发展的需要在世界范围内均衡地分布。人与自然的关系将超越统治与被统治、支配与被支配的关系，实现和谐共生和共同发展。

中华优秀传统农耕文化中乡村治理文化的继承性发展和创造性转化为行动纲领提供了理论支撑。首先，中国几千年的乡土社会生产和生活方式以聚族而居和精耕细作为典型特征；中国传统社会基于人与自然、人与人及人与社会之间的关系所形成的乡村文化，蕴含的优秀文化品格不仅孕育出农民的精神家园，也塑造了中华民族的精神世界和心灵归宿。中国乡村在数千年的村落文化累积中孕育形成了许多优秀的风俗礼仪和文化传统，传统乡风礼俗文化所包含的伦理道德、价值追求、处世态度、行为规范等不仅是乡村文化价值理念的体现，更是五千年来乡村社会得以良性运转与和谐发展的文化基础。其次，中国数千年所形成的乡村治理中的自治、法治、德治等基本要素，以及乡村治理中一直传承的乡约及乡贤文化，为健全我国当代乡村治理体系提供了借鉴。“健全自治、法治、德治相结合的乡村治理体系，是实现乡村善治的有效途径”[①]，正是说明实现乡村善治需要对中国古代乡村治理优秀文化进行创造性转化和创新性发展。正是对传统社会“乡约”与“礼治”的创新性发展，法治为促进乡村治理体系和治理能力的现代化提供了支撑。此外，中国传统农耕文化中蕴含的农事节气、大道自然、天人合一等生态伦理，为全面推进乡村振兴行动纲领提供了重要的历史基础和文化基因。比如“推行绿色发展方式和生活方式，让生态美起来，环境靓起来，再现山清水秀、天蓝地绿、村美人和的美丽画卷”[②]，就是新时代对传统社会人与自然和谐相处的生产生活方式的发展认识。

全面推进乡村振兴行动纲领是对党历届领导人关于乡村建设重要思想的继承与发展。一是继承了毛泽东关于农业走社会主义道路的重要思想。毛泽东指出：“因此农民问题，就成了中国革命的基本问题，农民的力量，是中国革命的主要力量。”[③]这就是要求必须把“三农”问题作为关系国计民生的根本性问题，把解决好“三农”问题作为全党工作的重中之重，把让广大农民过上更加美好的生活作为根本任务。新中国成立后，毛泽东多次指出组织农民走集体化道路是解决农民共同富裕问题的唯一途径，这就指明了中国农村必须走社会主义现代化道路、走全体人民共同富裕的道路。毛泽东还重视农村现代化，“必须实行工业与农业同时并举，逐步建立现代化的工业和现代化的农业。过去我们经常讲把我国建成一个工业国，其实也包括了农业的现代化”[④]。这些理论认识为中国农村走出一条不同于西方国家的农业发展道路提供了保证，也为改革开放时期乡镇企业的崛起打下了基础，为把实现农业农村现代化作为乡村振兴总目标提供了理论来源。二是继承了邓小平提出

① 中共中央党史和文献研究院编：《习近平关于“三农”工作论述摘编》，中央文献出版社，2019年，第135页。

② 中共中央党史和文献研究院编：《习近平关于“三农”工作论述摘编》，中央文献出版社，2019年，第111页。

③ 《毛泽东选集》（第二卷），人民出版社，1991年，第692页。

④ 《毛泽东文集》（第七卷），人民出版社，1999年，第310页。

的“两个飞跃”、发展多种经营、尊重农民主体地位等重要理论。邓小平指出：“中国社会主义农业的改革和发展，从长远的观点看，要有两个飞跃。第一个飞跃，是废除人民公社，实行家庭联产承包为主的责任制。这是一个很大的前进，要长期坚持不变。第二个飞跃，是适应科学种田和生产社会化的需要，发展适度规模经营，发展集体经济。这是又一个很大的前进，当然这是很长的过程。”① 这揭示了我国农村生产力和生产关系矛盾运动的规律，指明了我国农村改革和发展的方向。邓小平要求乡村发展必须充分尊重农民的首创精神，坚持农民的主体地位。三是继承了江泽民关于高度重视维护农民利益的重要思想。江泽民强调“农民和农村问题始终是中国革命和建设的根本问题。……没有农业的现代化，就不可能有整个国民经济的现代化。”② 要求把维护广大农民根本利益、促进广大农民共同富裕作为出发点和落脚点。四是继承了胡锦涛关于建设社会主义新农村的重要理论。胡锦涛提出了建设社会主义新农村的总要求，即“生产发展、生活宽裕、乡风文明、村容整洁、管理民主”，并首次提出培养一批有文化、懂技术、会经营的新型农民，作为新农村建设的主力军。强调把以人为本作为“三农”工作的根本目的，要“统筹城乡发展”“走中国特色农业现代化道路”。习近平总书记提出的“产业兴旺、生态宜居、乡风文明、治理有效、生活富裕”的乡村振兴的总要求，以及促进城乡融合发展、促进人的全面发展和全体人民共同富裕等重要论述，正是对胡锦涛农村发展理论的深化、发展。

（二）从实践基础看：中国共产党领导乡村建设，进行了百年探索实践

中国是具有悠久农耕文明的农业社会，乡村一直是农业社会的基本

① 《邓小平文选》（第三卷），人民出版社，1993 年，第 355 页。

② 中共中央文献研究室：《十三大以来重要文献选编（下）》，人民出版社，1993 年，第 1758 页。

单元、国家治理的基石。中国共产党成立之始，就传承了自古以来重视乡村建设、乡村发展的优良传统，立足中国国情农情，把乡村建设和发展作为新民主主义革命的首要问题，发动农村广大农民参加革命，建立革命根据地，走出了一条农村包围城市的新民主主义革命道路。新中国成立后，农村、农业、农民问题始终是党和国家工作的重中之重。可以说，中国共产党百年奋斗史，就是一部党团结领导中国农民推进乡村发展的奋斗史。在乡村改造时期（1921—1949 年），以毛泽东同志为主要代表的中国共产党人领导人民从井冈山革命根据地的建立开始乡村改造实践，通过采取变封建的土地所有制为农民的土地所有制，改善农业农村发展的基础条件。在根据地实行减租减息和精兵简政政策，推动农村文化教育事业的发展，改善农村的医疗卫生状况等措施，保障了农村群众的生存权，为最终取得新民主主义革命胜利奠定了民众基础。在乡村建设时期（1949—1978 年），这一时期中国共产党在农村的主要任务是如何领导广大农民实现农业社会主义现代化，解决广大农民的“吃饭穿衣”问题。推动乡村建设主要是推行农业合作社，强调“在农村中消灭富农经济制度和个体经济制度，让全体农村人民共同富裕起来”[①]，从根本上缓解了农村的贫困落后面貌；党和国家将医疗卫生工作重点放到了农村，广大农民以集体经济为依托自发创立了合作医疗制度，群众的基本医疗有了保障；积极开展农村的扫除文盲活动和普及教育事业，多种形式满足农民学习新文化的需求；初步建立新中国社会保障制度，“五保救济”成为减缓贫困的重要手段。这一时期全国范围第一次缓解了农村普遍的绝对贫困状况，推动农村建设事业迈出一大步。乡村改革时期（1978—2012 年），是改革开放和社会主义现代化建设新时期，这一时期乡村发展的中心任务是通过改革开放解决“三农”问题，缩小城乡发

① 《毛泽东文集》（第六卷），人民出版社，1999 年，第 437 页。

展差距。20 世纪八九十年代，通过实行家庭联产承包责任制，改革农产品统派购制度，中央连续出台“一号文件”推动农村经济体制改革等一系列举措，极大地调动了广大农民的生产积极性，解放了农村生产力，粮食产量大幅提高，农村的商品经济较快发展，农民收入增加，基本解决了农民吃饭的问题。进入 21 世纪，关注农村、关心农民、支持农业成为全党工作的重中之重。全面建设小康社会最艰巨、最繁重的任务在农村。2005 年 10 月，以“生产发展、生活宽裕、乡风文明、村容整洁、管理民主”为主要内容的“社会主义新农村建设”拉开序幕。社会主义新农村建设是全面建设小康社会的应有之义和重中之重，是党中央统筹新时期城乡发展、推动“工业反哺农业、城市支持农村”方针具体落实的重要举措。随着社会主义新农村建设的深入推进，农村生产生活水平明显提高，农村基层民主制度、法制、公共文化建设得到加强，义务教育和职业教育、医疗卫生体系和社会保障制度持续发展。进入新时代乡村振兴时期（2012 年至今），乡村发展的主要任务转变为实现城乡融合发展、解决发展不平衡不充分的矛盾。党中央高度重视乡村发展，2013 年以来的中央一号文件均围绕“三农”问题，对乡村发展进行顶层设计，注重推进农业现代化，激发农业农村发展原动力，破解“三农”难题。如 2016 年提出发展特色小镇，2017 年提出田园综合体建设，党的十九大正式提出以“产业兴旺、生态宜居、乡风文明、治理有效、生活富裕”为目标的乡村振兴战略总要求。在脱贫攻坚取得全面胜利后，中共中央、国务院发布《关于全面推进乡村振兴加快农业农村现代化的意见》，将“三农”工作重心历史性地从脱贫攻坚转移到全面推进乡村振兴。新时代十年，历史性地解决了我国绝对贫困问题，推进巩固拓展脱贫攻坚成果同乡村振兴有效衔接，守住了不发生规模性返贫的底线，乡村发展、乡村建设、乡村治理实现良好开局。纵观中国共产党百年探索，从“乡村改造”“乡村建设”“乡村改革”到“乡村振兴”，伴随着中国共产党在不同历史时期的时代使命，循序发展，有机演进，逐步提升，浑然一体。百年来，中国共产党始终将为亿万农民谋幸福作为初心使命，根据不同阶段的发展目标，制定相应的政策措施，领导全国人民取得乡村建设重大成就，积累了坚持党对乡村建设工作的领导、坚持以人民为中心的发展理念、坚持农村工作服务国家大局、坚持一切从实际出发的工作原则等重要历史经验，形成了全面推进乡村振兴行动纲领的重要实践基础。

习近平同志不同时期特别是主政不同地方时推动乡村建设的实践经验。从陕北梁家河大队党支部书记到河北正定县委书记、福建宁德地委书记、浙江省委书记、上海市委书记等，多地基层和地方工作、主政的丰富历练，孕育了习近平总书记对“三农”的深厚情怀。他所进行的解决“三农”问题、推进乡村建设的创新性探索与实践，奠定了全面推进乡村振兴行动纲领的实践基础。

1969—1975 年，在陕西梁家河插队的青年习近平，积极参与梁家河农业农村建设实践，在农村劳动过程中，同当地农民学习农作经验，积极参与村里决策。当选为梁家河村支书后，带领村民打淤地坝、兴办铁业社和缝纫社、兴办代销点和磨坊，结合实际鼓励农民发展沼气，一系列乡村建设实践，磨炼了习近平坚忍的意志品质，厚植了他的“三农”情怀，开启了他思考中国乡村建设、解决农村贫困问题的历程，使他萌发了让农村摆脱贫困、让农民生活幸福的决心，这是习近平乡村建设思想的萌芽时期。

1982—1985 年，习近平在河北正定工作，特别是担任正定县委书记以后，开始了领导乡村建设的实践探索。在农村发展思路上，创造性地提出正定县要积极探索“半城郊型”经济发展方式。利用正定县自身优势资源，借助农村临近于城市的优越地理位置，依托城市、服务城市，推动经济发展；对农工商各业进行综合研究和整体规划，搞好农工商综合经营，总结形成了“投其所好”“供其所需”“取其所长”“补其所短”“应其所变”促进“半城郊型”经济的发展经验。在发展现代农业方面，提出要摆脱“小农业”思想，走农林牧副渔全面发展和农工商综合经营的道路。[①] 在深化农村改革方面，全面推广“统分结合”经营模式，在河北率先开展扶持“两户一体”的试点工作，积极推动供销社体制改革，基本完成了农村土地确权。在生态环境方面，提出保持农业发展过程中的生态协调与生态稳定，推动正定县打造开放式的“农业生态—经济系统”，发展满足城市和乡村居民需求的多种生产类型，促进生态和经济良性循环。

1985—2002年，习近平在福建工作期间，曾主政福建宁德市、福州市，担任福建省政府主官，站在更大的平台上思考和探索城乡发展问题，对于城市和农村发展战略问题的认识有了更进一步的延伸和拓展。在农业发展问题上，首次提出了“大农业”的概念，指出：“大农业是朝着多功能、开放式、综合性方向发展的立体农业。”[②] 在农村富余劳动力转移问题上，提出在山海引进富余劳动力，对农副产品进行深加工，大力发展外向型经济。注重发展综合大农业，推进山海开发，促进剩余劳动力因地制宜转移；在空间层面上，要提倡就地消化，离土不离乡，进厂不进城；鼓励同时进行多种经营，比如从事饮食服务、服装加工、运输等。在依靠科技方面，提出要以科技为导向，实行配套服务；以教育兴农为基础，提高农民科学文化素质；充实科技力量，加强科研工作；等等。在脱贫致富方面，提出扶贫先要扶志，在思想上淡化“贫困意识”、摆脱“贫困观念”。脱贫的手段和措施必须明确有效。扶贫资金要相对集中一部

① 习近平：《知之深　爱之切》，河北人民出版社，2015年版，第141页。

② 习近平：《摆脱贫困》，福建人民出版社，1992年版，第132页。

分用于扶持乡村集体经济实体，要把脱贫与农村社会主义精神文明建设结合起来。

2002—2007年，习近平在浙江省担任省委书记，提出了大量关于“三农”发展、脱贫开发、生态文明建设等的重要论述和思想，为全面推进乡村振兴行动纲领提供了实践支撑。在“三农”地位以及发展战略问题上，强调：“始终把解决好‘三农’问题作为全党工作的重中之重，在任何时候都不动摇。”[①] 提出跳出“三农”抓“三农”这一解决“三农”问题的新思路。在推进农村建设方面，提出把“千村示范，万村整治”工程作为“基础工程”“龙头工程”“生态工程”“民心工程”。同时，着力引导城市基础设施和公共服务向农村延伸覆盖。在推进农业现代化上，指出在工业化城镇化进程中无论如何都不能忽视要推进农业发展。要重点扶持高效生态农业，贯彻经济生态化和农业工业化的价值理念，推进农业结构的战略性调整，切实提高农业市场竞争力和可持续发展能力。在提高浙江农民收入和扶贫方面，提出“要把农民增收放在整个国民经济发展中统筹考虑”，强调“坚持富民为本，富民为先”“加快农业与二、三产业融合发展”，要培养新型经营主体和新型职业农民，大力扶持农民回乡创业，扶贫要因地制宜“真扶贫、扶真贫”，要在增强贫困地区的自我发展能力上发力。在生态文明建设方面，指出“如果能够把这些生态环境优势转化为生态农业、生态工业、生态旅游等生态经济的优势，那么绿水青山也就变成了金山银山”[②]，阐述了“两山”理论。在深化农村改革问题上，提出要深化市场取向的改革，提供农业农村农民发展的体制性保障，消除“三农”发展的制度障碍，着眼于突破城乡二元结构，优化资源配置，加快经济增长，让土地、劳动、资本、知识等要素

① 习近平：《之江新语》，浙江人民出版社，2007年版，第100页。
② 习近平：《之江新语》，浙江人民出版社，2007年版，第153页。

能在农村焕发活力，并为农民提供平等的发展机会，推动农村经济发展。推动浙江率先开始农村综合改革，开展“城乡一体的新型工农城乡关系”试点建设。

2012年担任党的总书记以后，习近平始终关注乡村建设发展问题，对乡村建设发展进行了深入思考，提出一系列新思想新判断，关于“三农”工作重要论述的理论体系逐步成熟，为全面推进乡村振兴提供了理论指导和价值遵循。亲自领导人类发展史上规模最大的脱贫攻坚战，完成了消除绝对贫困的艰巨任务，历史性地解决了困扰中华民族几千年的绝对贫困问题。加快推进农业现代化建设，强调以创新推进农业升级转型，以协调推进农业均衡发展，以绿色理念推进乡村可持续发展，以开放推进农业对外合作，以共享促进农民共同富裕。部署建设美丽乡村，将生态文明建设与美丽中国建设相结合，改善农村生态环境、改善农村百姓生活、提升乡村建设水平。提出田园综合体建设，鼓励发展乡村旅游。要求健全“三治融合”乡村治理体系，指出村民自治是“三治融合”的核心，法治是“三治融合”的根本保障，德治是“三治融合”的坚实基础。

三、全面推进乡村振兴行动纲领的丰富内涵

全面推进乡村振兴行动纲领具有丰富的内涵，从十一个方面明确了全面推进乡村振兴的战略定位、目标要求、基础前提、实现路径、根本保障等主要特征和基本内涵。

（一）明确全面推进乡村振兴的战略定位是实施乡村振兴战略，这是决胜全面建成小康社会、全面建设社会主义现代化国家的重大历史任务

习近平总书记指出：“实施乡村振兴战略，是党的十九大作出的重

大决策部署，是决胜全面建成小康社会、全面建设社会主义现代化国家的重大历史任务，是新时代做好‘三农’工作的总抓手。农业强不强、农村美不美、农民富不富，决定着全面小康社会的成色和社会主义现代化的质量。要深刻认识实施乡村振兴战略的重要性和必要性，扎扎实实把乡村振兴战略实施好。”[①] 这是总书记站在全面建设社会主义现代化国家的战略高度，把乡村振兴摆在了治国理政的突出位置进行决策部署。乡村振兴作为一项国家重大战略，必然关系到党和国家的持续稳定发展，关系到国家现代化建设进程，关系到中华民族伟大复兴大业。全面推进乡村振兴必须在历史进程中把握好乡村振兴的战略定位和新的历史方位，提高各个方面的自觉性、主动性。

（二）明确全面推进乡村振兴的根本保障是加强党对乡村振兴工作的领导

习近平总书记指出：“全面建设社会主义现代化国家、全面推进中华民族伟大复兴，关键在党。”[②]“办好农村的事情，实现乡村振兴，关键在党。”[③]“要加强党对‘三农’工作的全面领导。各级党委要扛起政治责任，落实农业农村优先发展的方针，以更大力度推动乡村振兴。县委书记要把主要精力放在‘三农’工作上，当好乡村振兴的‘一线总指挥’。要选优配强乡镇领导班子、村‘两委’成员特别是村党支部书记。要突出抓基层、强基础、固基本的工作导向，推动各类资源向基层下沉，为基层干事创业创造更好条件。”[④] 总书记的重要论述深刻指出，

---

① 习近平总书记在参加十三届全国人大一次会议山东代表团的审议时的讲话（2018 年 3 月 8 日），《人民日报》，2018 年 3 月 9 日 01 版。

② 习近平：《高举中国特色社会主义伟大旗帜，为全面建设社会主义现代化国家而团结奋斗——在中国共产党第二十次全国代表大会上的报告》（2022 年 10 月 16 日），人民出版社，2022 年版，第 63 页。

③ 中共中央党史和文献研究院编：《习近平关于“三农”工作论述摘编》，中央文献出版社，2019 年版，第 190 页。

④ 习近平：《论“三农”工作》，中央文献出版社，2022 年版，第 17 页。

深入实施乡村振兴战略，必须加强和改善党对“三农”工作的集中统一领导，充分发挥党在把方向、谋大局、定政策、促改革的主心骨作用，关键是要提高党全面领导新时代“三农”工作的能力和水平。具体体现为广大各级领导干部、普通干部、驻村帮扶工作队干部、乡村干部等领导和推动乡村振兴工作的能力和水平，具体体现在抓党建促乡村振兴工作效果上。

（三）明确全面推进乡村振兴的目标要求是加快推进农业现代化

习近平总书记指出：“要抓住实施乡村振兴战略的重大机遇，坚持农业农村优先发展，夯实农业基础地位，深化农村改革。要加快高标准农田建设，强化农业科技和装备支撑，深化农业供给侧结构性改革，加快发展绿色农业，推进农村三产融合。”①“要发展现代农业，确保国家粮食安全，调整优化农业结构，加快构建现代农业产业体系、生产体系、经营体系，推进农业由增产导向转向提质导向，提高农业创新力、竞争力、全要素生产率，提高农业质量、效益、整体素质。”②这些重要论述为全面推进乡村振兴指明了方向，阐述了乡村振兴的实现路径。总而言之，没有农业现代化、没有农村繁荣富强，就没有农民安居乐业，国家的现代化也将是不完整、不全面、不牢固的。由此，农业现代化是乡村振兴的重要任务和重要目标。实现农业现代化必须多措并举、多途径并行，走中国特色农业现代化道路。

（四）明确全面推进乡村振兴的前提是发展壮大乡村产业

习近平总书记指出：“要推动乡村产业振兴，紧紧围绕发展现代农

① 习近平总书记在吉林考察时的讲话（2020年7月22日至24日），《人民日报》，2020年7月25日01版。
② 习近平总书记在参加十三届全国人大一次会议山东代表团的审议时的讲话（2018年3月8日），《人民日报》，2018年3月9日01版。

业，围绕农村一二三产业融合发展，构建乡村产业体系，实现产业兴旺，把产业发展落到促进农民增收上来，全力以赴消除农村贫困，推动乡村生活富裕。”[①]“乡村振兴，关键是产业要振兴。要鼓励和扶持农民群众立足本地资源发展特色农业、乡村旅游、庭院经济，多渠道增加农民收入。”[②]“依托丰富的红色文化资源和绿色生态资源发展乡村旅游，搞活了农村经济，是振兴乡村的好做法。”[③]总书记的系列重要论述为加快发展绿色农业、发展乡村特色产业、推动乡村产业融合、构建现代乡村产业体系指明了前进方向，提供了行动指南。要深刻认识和领悟，发展壮大乡村产业是乡村发展的核心，只有乡村产业发展壮大，实现产业兴旺，乡村才能真正实现发展、实现振兴。

（五）明确全面推进乡村振兴的基础是强化乡村振兴人才支撑

习近平总书记指出："要推动乡村人才振兴，把人力资本开发放在首要位置，强化乡村振兴人才支撑，加快培育新型农业经营主体，让愿意留在乡村、建设家乡的人留得安心，让愿意上山下乡、回报乡村的人更有信心，激励各类人才在农村广阔天地大施所能、大展才华、大显身手，打造一支强大的乡村振兴人才队伍，在乡村形成人才、土地、资金、产业汇聚的良性循环。”[④]“要积极培养本土人才，鼓励外出能人返乡创业，鼓励大学生村官扎根基层，为乡村振兴提供人才保障。”[⑤]“人才振兴是乡村振兴的基础，要创新乡村人才工作体制机制，充分激发乡村现

---

① 习近平总书记在参加十三届全国人大一次会议山东代表团的审议时的讲话（2018 年 3 月 8 日），《人民日报》，2018 年 3 月 9 日 01 版。

② 习近平总书记在海南考察时的讲话（2018 年 4 月 11 日—13 日），《人民日报》，2018 年 4 月 14 日 01 版。

③ 习近平总书记在河南考察调研时的讲话（2019 年 9 月 16 日—18 日），《人民日报》，2019 年 9 月 19 日 01 版。

④ 习近平总书记在参加十三届全国人大一次会议山东代表团的审议时的讲话（2018 年 3 月 8 日），《人民日报》，2018 年 3 月 9 日 01 版。

⑤ 习近平总书记在山东考察时的讲话（2018 年 6 月 12 日—14 日），《人民日报》，2018 年 6 月 15 日 01 版。

有人才活力，把更多城市人才引向乡村创新创业。”[①]总书记的系列重要论述，明确提出了人才振兴在乡村振兴整体布局中的关键地位。要通过培养人才队伍，创新乡村人才工作体制机制，为乡村振兴奠定坚实的人才基础和保障。国内外实践证明，没有人才振兴，乡村振兴就无从谈起。同时，如果留在农村的人口都是没有劳动能力、文化素质偏低的群体，也同样谈不上乡村振兴。乡村振兴，最终还是要靠有知识、有文化，懂农业、爱农业，能创业、善发展的人才队伍作为支撑才能实现。

（六）明确全面推进乡村振兴的紧迫任务是走乡村文化兴盛之路、焕发乡村文明新气象

习近平总书记指出：“农村精神文明建设很重要，物质变精神、精神变物质是辩证法的观点，实施乡村振兴战略要物质文明和精神文明一起抓，特别要注重提升农民精神风貌。”[②]“乡村振兴，既要塑形，也要铸魂。”[③]“要推动乡村文化振兴，加强农村思想道德建设和公共文化建设，以社会主义核心价值观为引领，深入挖掘优秀传统农耕文化蕴含的思想观念、人文精神、道德规范，培育挖掘乡土文化人才，弘扬主旋律和社会正气，培育文明乡风、良好家风、淳朴民风，改善农民精神风貌，提高乡村社会文明程度，焕发乡村文明新气象。”[④]围绕乡村文化振兴，习近平总书记多次强调，要加强农村思想道德建设和公共文化建设，培育文明、传承乡风、弘扬优秀传统文化，着力提高乡村社会的文明程度，焕发乡村文明的新气象。

---

① 习近平：《论“三农”工作》，中央文献出版社，2022 年版，第 280—281 页。

② 习近平总书记在江苏徐州市考察时的讲话（2017 年 12 月 12 日—13 日），《人民日报》，2017 年 12 月 14 日 01 版。

③ 习近平：《走中国特色社会主义乡村振兴道路》（2017 年 12 月 28 日），《论坚持全面深化改革》，中央文献出版社，2018 年版，第 405 页。

④ 习近平总书记在参加十三届全国人大一次会议山东代表团的审议时的讲话（2018 年 3 月 8 日），《人民日报》，2018 年 3 月 9 日 01 版。

（七）明确全面推进乡村振兴的内在要求是建设生态宜居和美乡村

习近平总书记指出："要推动乡村生态振兴，坚持绿色发展，加强农村突出环境问题综合治理，扎实实施农村人居环境整治三年行动计划，推进农村'厕所革命'，完善农村生活设施，打造农民安居乐业的美丽家园，让良好生态成为乡村振兴支撑点。"[①]"要以实施乡村建设行动为抓手，改善农村人居环境，建设宜居宜业美丽乡村。"[②]"统筹乡村基础设施和公共服务布局，建设宜居宜业和美乡村。"[③]总书记这一系列论述，强调"环境美，则乡村美；生态兴，则乡村兴"。明确要求开展农村人居环境整治行动、完善农村公共基础设施、解决农村突出生态环境问题，改进和完善乡村治理体系，为建设生态宜居和美乡村提供了根本遵循和目标方向。在一定程度上说，生态文明思想、中国式现代化理论在乡村发展中的实践，就是全面推进乡村振兴，建设美丽生态宜居和美乡村。

（八）明确全面推进乡村振兴的重要保障是加强农村基层党组织建设

习近平总书记指出："要推动乡村组织振兴，打造千千万万个坚强的农村基层党组织，培养千千万万名优秀的农村基层党组织书记，深化村民自治实践，发展农民合作经济组织。"[④]"要加强和改进党对农村基层工作的全面领导，提高农村基层组织建设质量，为乡村全面振兴提供

① 习近平总书记在参加十三届全国人大一次会议山东代表团的审议时的讲话（2018年3月8日），《人民日报》，2018年3月9日01版。

② 习近平总书记在福建考察时的讲话（2021年3月22日至25日），《人民日报》，2021年3月26日01版。

③ 习近平：《高举中国特色社会主义伟大旗帜，为全面建设社会主义现代化国家而团结奋斗——在中国共产党第二十次全国代表大会上的报告》（2022年10月16日），人民出版社，2022年版，第31页。

④ 习近平总书记在参加十三届全国人大一次会议山东代表团的审议时的讲话（2018年3月8日），《人民日报》，2018年3月9日01版。

坚强政治和组织保证。”[1]总书记的一系列重要论述，深刻阐述了乡村治理中基层党组织的核心地位和作用，农村基层组织是实现乡村振兴战略的“主心骨”。在接续推进乡村振兴中，一定要重视基层党组织的作用，切实加强基层党组织建设，提高基层党组织的政治素质和战斗力，为全面推进乡村振兴提供组织保障。

（九）明确全面推进乡村振兴的关键是健全乡村治理体系、加快推进乡村治理体系和治理能力现代化

习近平总书记指出：“建立健全党委领导、政府负责、社会协同、公众参与、法治保障的现代乡村社会治理体制，确保乡村社会充满活力、安定有序。”[2]“要在实行自治和法治的同时，注重发挥好德治的作用，推动礼仪之邦、优秀传统文化和法治社会建设相辅相成。”[3]“加强法治乡村建设是实施乡村振兴战略、推进全面依法治国的基础性工作。”[4]总书记在党的十九大报告中明确要求，要加强农村基层基础工作，健全自治、法治、德治相结合的乡村治理体系，这为我国推进乡村治理指明了方向，提供了根本遵循。乡村振兴要实现“治理有效”的目标，就必须坚持法治为纲、德治为魂、自治为本，不断推进乡村治理能力和水平现代化。

（十）明确全面推进乡村振兴的兜底性保障是保障和改善农村民生

习近平总书记指出：“重视农村‘三留守’问题，搞好农村民生保

---

① 习近平总书记在基层代表座谈会上的讲话（2020年9月17日），《人民日报》，2020年9月20日01版。总书记

② 习近平总书记在参加十三届全国人大一次会议山东代表团的审议时的讲话（2018年3月8日），《人民日报》，2018年3月9日01版。

③ 习近平：《把乡村振兴战略作为新时代“三农”工作总抓手（节选）》，《求是》，2019年第11期。

④ 习近平：《推进全面依法治国，发挥法治在国家治理体系和治理能力现代化中的积极作用（节选）》，《求是》，2020年第22期。

障和改善工作。……要抓紧完善相关政策措施，健全农村留守儿童、留守妇女、留守老年人关爱服务体系，围绕留守人员基本生活保障、教育、就业、卫生健康、思想情感等实施有效服务。”[①]“农业农村工作，说一千、道一万，增加农民收入是关键。要加快构建促进农民持续较快增收的长效政策机制，让广大农民都尽快富裕起来。”[②]总书记这一系列围绕着保障和改善农村民生的重要论述，深刻阐述了人民群众是社会历史主体的基本原理、发展规律。乡村振兴就是要实现广大农民对美好生活的向往。为此，要通过增加农民收入，加强农村基础设施建设，完善农村医疗社会保障制度，不断搞好农村民生保障和改善工作。乡村振兴的基本要求就是要保障和改善农村群众的基本民生。

（十一）明确全面推进乡村振兴的必然途径是建立健全城乡融合发展体制机制和政策体系

习近平总书记指出：“要把乡村振兴战略这篇大文章做好，必须走城乡融合发展之路。我们一开始就没有提城市化，而是提城镇化，目的就是促进城乡融合。要向改革要动力，加快建立健全城乡融合发展体制机制和政策体系。”[③]“要构建新型城乡关系，建立健全城乡融合发展体制机制和政策体系，促进城乡协调发展、融合发展。”[④]总书记的重要论述，指明了改革创新、推动城乡融合发展对于乡村振兴的重要作用。城镇和乡村是互促互进、共生共存的，能否处理好城乡关系，关乎社会主义现代化建设全局。推进乡村振兴战略、构建新型城乡关系，缩小城乡差距、实现城乡一体化发展，必须建立健全城乡融合发展体制机制和政策体系。

---

① 习近平：《在中央农村工作会议上的讲话》（2013 年 12 月 23 日），《十八大以来重要文献选编》（上），中央文献出版社，2014 年版，第 681 页。

② 习近平总书记在山东考察时的讲话（2018 年 6 月 12 日—14 日），《人民日报》，2018 年 6 月 15 日 01 版。

③ 习近平：《论“三农”工作》，中央文献出版社，2022 年版，第 279 页。

④ 习近平总书记在江西考察时的讲话（2019 年 5 月 20 日—22 日），《人民日报》，2019 年 5 月 23 日 01 版。

理解乡村振兴，不仅要深刻理解“五大振兴”的目标任务、推进要求，同时也要理解“健全城乡融合发展的体制机制和政策体系”的重要论断。事实上，只有在“城乡融合发展”中推进“五大振兴”，才能完整地体现乡村振兴战略总要求和推进路径。

四、全面推进乡村振兴行动纲领的精神实质与理论品格

全面推进乡村振兴的行动纲领体系严整、内涵丰富、博大精深，蕴含着强大真理力量、独特思想魅力、巨大实践伟力、深厚为民情怀。其精神实质主要体现为：集中体现了中国共产党人民至上的根本立场，彰显了社会主义实现共同富裕的本质要求，反映了新时代新征程中国式现代化的乡村振兴道路，推动了马克思主义城乡融合发展思想中国化、时代化。全面推进乡村振兴的行动纲领以其深厚的理论渊源、科学的理论体系及一系列创新的理论观点，回答了新时代我国农业、农村、农民现代化进程中的重大理论实践问题，深化了党对新发展阶段“三农”工作的规律性认识，丰富发展了新时代党的农村工作理论，呈现了鲜明的理论品格。

（一）全面推进乡村振兴行动纲领的精神实质集中体现在以下四个方面

一是集中体现了中国共产党人民至上的根本立场。习近平总书记在党的二十大报告中指出：“全面建设社会主义现代化国家，最艰巨最繁重的任务仍然在农村。”“坚持农业农村优先发展。”[①] 中国共产党始终把解决好“三农”问题作为全党工作的重中之重，“为广大农

① 习近平：《高举中国特色社会主义伟大旗帜，为全面建设社会主义现代化国家而团结奋斗——在中国共产党第二十次全国代表大会上的报告》（2022 年 10 月 16 日），人民出版社 2022 年版，第 30—31 页。

民谋取更多物质利益，让广大农民过上更加美好的生活”[①]。这是由中国共产党的初心和使命所决定的。实施乡村振兴战略就是“要统筹推进农村经济建设、政治建设、文化建设、社会建设、生态文明建设和党的建设，促进农业全面升级、农村全面进步、农民全面发展”[②]，既要解决好“物”的问题，又要解决好“人”的问题；既要继续把发展作为第一要务，又要着力解决发展不平衡不充分问题，特别是补齐农业农村短板。做到乡村振兴为了人民、乡村振兴依靠人民、乡村振兴成果由人民共享，努力汇聚起乡村振兴的强大合力。“要发挥亿万农民的主体作用和首创精神”[③]，把“坚持农民主体地位”[④]作为实施乡村振兴战略的基本原则之一。确保农民的受益主体地位，赋予广大农民切实的知情权、参与权、决策权、监督权，在乡村振兴中保障农民的切身利益，充分调动并保护他们推进乡村振兴的积极性、主动性、创造性。把乡村振兴着力点放在优先解决农民最关心最直接最现实的利益问题，补齐医疗、养老、教育、环境、卫生、社会保障等农村民生短板，提高农村美好生活保障水平，着力提升农民获得感。“按照产业兴旺、生态宜居、乡风文明、治理有效、生活富裕的总要求”[⑤]全面推进乡村振兴，让农民有持续稳定的收入来源，经济宽裕，衣食无忧，生活便利，共同富裕，着力提升广大农民的幸福感。让广大农民在安全的生产环境、生活环境中参与乡村振兴，充分保障他们在安全生产、食品安全、医疗安全、社会安全、网络安全和金融安全等方面的利益，着力提升广大农民的安全感。

---

① 中共中央党史和文献研究院编：《习近平关于“三农”工作论述摘编》，中央文献出版社，2019年版，第5页。

② 中共中央党史和文献研究院编：《习近平关于“三农”工作论述摘编》，中央文献出版社，2019年版，第23页。

③ 中共中央党史和文献研究院编：《习近平关于“三农”工作论述摘编》，中央文献出版社，2019年版，第24页。

④ 《中共中央 国务院关于实施乡村振兴战略的意见》，新华社，2018年2月4日。

⑤ 中共中央党史和文献研究院编：《习近平关于“三农”工作论述摘编》，中央文献出版社，2019年，第5页。

二是彰显了社会主义实现共同富裕的本质要求。共同富裕不是一部分人和一部分地区的富裕，而是全体人民的共同富裕。“促进共同富裕，最艰巨最繁重的任务仍然在农村。”[1]全面推进乡村振兴就是在摆脱绝对贫困、全面建成小康社会的基础上，进一步提升全体农民的生活水平，确保共同富裕路上农民不掉队。乡村振兴强调勤劳致富，积极调动全体农民参与热情，让全体农民共享发展成果。乡村振兴要求持续提高收入积累物质财富，同时注重农村精神文明建设，坚持在发展中保障和改善民生，创造人与自然和谐共生的生态环境，增强脱贫地区和脱贫群众内生发展动力。乡村振兴是产业、人才、文化、生态、组织五个方面都振兴，具有整体性、协同性、关联性，与共同富裕的“全面性”相契合。乡村全面振兴必然促进城乡融合发展，逐步缩小城市与乡村发展差距，实现城乡居民共同富裕。实现共同富裕从根本上需要全体人民通过辛勤劳动和相互帮助，共建美好家园，实现共享美好生活。乡村振兴正是全党全社会全体人民的共同行动。全面推进乡村振兴，既要求农业生产效率持续提高，又要求发展成果的分享公平公正，这正是实现社会主义共同富裕的关键。“到二〇三五年基本实现社会主义现代化，大头重头在‘三农’，必须向农村全面发展进步聚焦发力，推动农业农村农民与国家同步基本实现现代化。到二〇五〇年把我国建成富强民主文明和谐美丽的社会主义现代化强国，基础在‘三农’，必须让亿万农民在共同富裕的道路上赶上来，让美丽乡村成为现代化强国的标志、美丽中国的底色。”[2]坚持共享发展理念引领乡村振兴：以共享发展理念为指导，以农民为主体，充分发挥农民的首创精神；全力推进乡村振兴，让农村人人共享发展成果；全方位、各领域推进，使得人人享受全方面

① 习近平：《扎实推动共同富裕》，《求是》，2021年第20期。

② 习近平：《论“三农”工作》，中央文献出版社，2022年版，第238页。

建设的成果；发动农民人人参与建设，共同推进乡村振兴；立足农村的实际情况，因村因户施策，逐步实现共同富裕。发展共享经济激发乡村振兴活力：以共享促进乡村现有资源的充分利用，吸引更多的资本和资源流向乡村，提供更多的就业创业机会，为乡村全面振兴注入活力。

三是反映了新时代新征程中国式现代化的乡村振兴道路。全面推进乡村振兴，加快建设农业强国，建设宜居宜业和美乡村，实现农业农村农民现代化，是中国式现代化的重要内容；乡村振兴道路是中国式现代化道路的重要组成部分。中国式现代化的乡村振兴道路立足“人口规模巨大”的基本国情，帮助农村近亿脱贫人口逐步步入中等收入群体，加快发展新产业新业态，延长产业链，提升价值链，打造供应链。中国式现代化的乡村振兴道路以实现“全体人民共同富裕”为目标，深化农业供给侧结构性改革，转变农业发展方式，构建现代农业产业体系、生产体系、经营体系，激活农村各类生产要素，推动农业从增产导向转向提质导向，从传统农业转向现代农业，为实现全体人民共同富裕提供高质量的农业支撑。中国式现代化的乡村振兴道路必然要求“物质文明与精神文明相协调”，以推动高质量发展为主题，统筹发展和安全，落实加快构建新发展格局要求，巩固和完善农村基本经营制度，深入推进农业供给侧结构性改革，充分发挥农业产品供给、生态屏障、文化传承等功能，促进农业高质高效、乡村宜居宜业、农民富裕富足、城乡融合发展。物质文明建设为精神文明建设奠定基础。中国式现代化的乡村振兴道路着力打造“人与自然和谐共生”的发展格局，坚持绿色低碳方式，加强乡村生态环境综合治理，创新乡村生态监管长效机制，以绿色发展引领乡村振兴，引导群众积极参与乡村生态环境监督。乡村全面振兴是实现中华民族伟大复兴的重要基础，中国式现代化的乡村振兴道路践行“走和平发展道路”的治理理念。

四是推动了马克思主义城乡融合发展思想中国化、时代化。马克思主义认为城乡融合发展要以生产力发展为物质基础，乡村振兴战略的重要任务就在于促进乡村生产力向高质量、高水平、高层次发展。创造农民需要的丰富的物质文化生活，根本在于促进乡村生产力发展，这为实现农村繁荣、农民增收奠定了坚实的物质基础。这些重要论述与马克思主义城乡融合思想一脉相承，指引我国开启城乡共建共享、共生共荣的融合发展新格局。生产资料公有制是实现城乡融合发展的所有制基础，实施乡村振兴战略，破除城乡分割的体制机制弊端，把工与农、城与乡、市民与农民作为一个整体加以统筹协调发展，其制度前提在于坚持社会主义公有制。“把城镇和乡村贯通起来”“要以城带乡、以乡促城，实现城乡一体化发展”①；“我国城镇化必须同农业现代化同步发展，城市工作必须同‘三农’工作一起推动”②；要“健全城乡融合发展体制机制”“坚持新型城镇化和乡村振兴两手抓”③。这些重要论述为城乡融合发展指明了方向，提供了遵循。城乡融合发展更深层次的目标指向在于消除资本主义生产方式对人的束缚，使社会成员共享财富，促进人的自由全面发展。全面推进乡村振兴，要“坚持农业农村优先发展，坚持城乡融合发展，畅通城乡要素流动”④。“农村现代化既包括‘物’的现代化，也包括‘人’的现代化。”⑤

（二）可以从以下五个方面理解全面推进乡村振兴行动纲领的理论品格

政治性——坚持中国共产党领导是全面推进乡村振兴的根

① 中共中央党史和文献研究院编：《习近平关于“三农”工作论述摘编》，中央文献出版社，2019年，第31页。

② 中共中央党史和文献研究院编：《习近平关于“三农”工作论述摘编》，中央文献出版社，2019年，第37页。

③ 中共中央党史和文献研究院编：《习近平关于“三农”工作论述摘编》，中央文献出版社，2019年，第38页。

④ 习近平：《高举中国特色社会主义伟大旗帜，为全面建设社会主义现代化国家而团结奋斗——在中国共产党第二十次全国代表大会上的报告》（2022年10月16日），人民出版社，2022年版，第31页。

⑤ 中共中央党史和文献研究院编：《习近平关于“三农”工作论述摘编》，中央文献出版社，2019年，第45页。

本特征和根本保障。“办好农村的事情，实现乡村振兴，关键在党。必须提高党把方向、谋大局、定政策、促改革的能力和定力，确保党始终总揽全局、协调各方，提高新时代党全面领导农村工作能力和水平。”[①]“全面推进乡村振兴，必须健全党领导农村工作的组织体系、制度体系、工作机制。”[②]这些重要论述，是“中国式现代化，是中国共产党领导的社会主义现代化”[③]的具体体现，继承和发扬党管农村工作的优良传统，深刻阐述了党在乡村振兴中的领导地位，为加强党对乡村振兴的领导指明了方向、提出了明确要求，体现了全面推进乡村振兴行动纲领的政治性品格。全面推进乡村振兴行动纲领的政治性在实践推动中集中呈现在：一是完善党领导“三农”工作体制机制。二是实行中央统筹、省负总责、市县抓落实的工作机制。三是切实加强党的农村基层组织建设。四是建设一支政治过硬、本领过硬、作风过硬的乡村振兴干部队伍。五是把全面从严治党要求贯彻乡村振兴各方面各环节。

人民性——乡村振兴是以人民为中心发展思想的外在彰显。人民至上是中国共产党的价值立场，在全面推进乡村振兴中的体现就是一切为了农民、一切依靠农民。“乡村建设是为农民而建，必须真正把好事办好、把实事办实。”[④]《中国共产党农村工作条例》明确，党的农村工作必须“坚持以人民为中心，尊重农民主体地位和首创精神，切实保障农民物质利益和民主权利，把农民拥护不拥护、支持不支持作为制定党的农村政策的依据”[⑤]。全面推进乡村振兴所具有的人民性理论特质和品格，为新时代新征程乡村振兴提供了价值方向指引。乡村振兴为农

① 习近平：《论“三农”工作》，中央文献出版社，2022年版，第261页。
② 习近平：《论“三农”工作》，中央文献出版社，2022年版，第17页。
③ 习近平：《高举中国特色社会主义伟大旗帜，为全面建设社会主义现代化国家而团结奋斗——在中国共产党第二十次全国代表大会上的报告》（2022年10月16日），人民出版社，2022年版，第22页。
④ 习近平：《论“三农”工作》，中央文献出版社，2022年版，第15页。
⑤ 《中国共产党农村工作条例》，《人民日报》，2019年9月2日第01版。

民而兴，乡村建设为农民而建，这是乡村振兴的出发点和落脚点。深化农村改革推进乡村振兴，最根本的是“要尊重农民意愿和维护农民权益，把选择权交给农民，由农民选择而不是代替农民选择，可以示范和引导，但不搞强迫命令、不刮风、不一刀切”[①]。坚持农民主体地位，充分尊重农民意愿，多听农民呼声，多从农民角度思考，更充分调动广大农民自主参与的积极性。在推进城乡基本公共服务均等化上持续发力，注重加强普惠性、兜底性、基础性民生建设。加快构建党组织领导的乡村治理体系，深入推进平安乡村建设，用好现代信息技术，创新乡村治理方式，提高乡村善治水平。

系统性——乡村振兴是我国正在经历的广泛而深刻的社会变革的重要组成部分。从内容维度看，乡村振兴是产业、人才、文化、生态、组织的全面振兴，不仅仅是某一个方面的振兴；从建设维度看，是农村经济建设、政治建设、文化建设、社会建设、生态文明建设和党的建设的统筹推进；从空间维度看，是坚持城乡融合发展，畅通城乡要素流动；从时间维度看，实施乡村振兴战略是一项长期而艰巨的任务，要求尊重乡村建设规律，一年接着一年干，久久为功。全面推进乡村振兴行动纲领的系统性特征集中体现为乡村振兴统筹推进的路径方法。按照产业兴旺、生态宜居、乡风文明、治理有效、生活富裕的总要求，扎实推动乡村产业、人才、文化、生态、组织“五大振兴”。顺应农业农村经济市场需求变化、加快优化升级、促进产业融合的新要求，推进产业振兴，逐步实现产业兴旺；顺应农村生态文明建设提质和广大农民群众对建设美丽家园的追求，推进生态振兴，逐步实现生态宜居；按照弘扬社会主义核心价值观、保护和传承农村优秀传统文化、加强农村公共文化建设、提高乡村社会文明程度的发展需要，推进文化振兴，逐步实

① 中央党史和文献研究院编：《习近平关于“三农”工作论述摘编》，中央文献出版社，2019年版，第59页。

现乡风文明；以让农村既充满活力又和谐有序为目标，推进乡村治理能力和治理水平现代化，推进人才振兴，逐步实现治理有效；围绕广大农民群众日益增长的美好生活需要，持续增加农民收入，增强内生发展动力，逐步实现生活富裕。统筹推进乡村发展、乡村建设和乡村治理。加强社会主义精神文明建设，加强农村生态文明建设，通过县域统筹逐步提高乡村基础设施和公共服务水平，深化农村改革，实施乡村建设行动，加强和改进乡村治理。协同推进乡村振兴战略和新型城镇化战略的实施，以县域为重要切入点加快城乡融合发展，推进空间布局、产业发展、基础设施、基本公共服务等县域统筹。

科学性——行动纲领蕴含着丰富的方法论、具有鲜明的科学性特征和品格。习近平总书记基于党领导人民推进城乡发展的长期实践探索，科学总结了中国特色社会主义乡村振兴道路，就是重塑城乡关系，走城乡融合发展之路；巩固和完善农村基本经营制度，走共同富裕之路；深化农业供给侧结构性改革，走质量兴农之路；坚持人与自然和谐共生，走乡村绿色发展之路；传承发展提升农耕文明，走乡村文化兴盛之路；创新乡村治理体系，走乡村善治之路；打好精准脱贫攻坚战，走中国特色减贫之路。[①] 这七条“之路”，既是党领导“三农”工作的经验总结，也是对新时代乡村发展、乡村建设规律的揭示，对乡村发展中国之问、时代之问、人民之问的回答。全面推进乡村振兴行动纲领的科学性品格还体现在科学运用一系列思想方法谋划和推进乡村振兴。习近平总书记善于运用战略思维，坚持前瞻性思考、全局性谋划、整体性推进。善于运用历史思维：从百年党史看，乡村发展始终是革命、建设、改革各个时期关乎全局的问题，习近平总书记总结加强党对农村工作的领导、以人民为中心等历史经验，跳出“乡村”抓“乡村发展”，坚持改革开放，

① 习近平：《论“三农”工作》，中央文献出版社，2022 年版，第 241—260 页。

坚持因地制宜、分类推进等。善于运用辩证思维：根据“五大振兴”之间普遍联系的内在逻辑关系，强调“全面”推进而不是“片面”推进；根据矛盾的普遍性和特殊性，具体问题具体分析，注重地域特色，以多样化为美，不搞一刀切；运用重点论，抓住主要矛盾和矛盾的主要方面，用发展的思维统筹抓好巩固拓展、有效衔接等。善于运用系统思维：阐述长期目标和短期目标、顶层设计和基层探索、充分发挥市场决定性作用和更好发挥政府作用、增强群众获得感和适应发展阶段之间的关系，统筹做好巩固拓展脱贫攻坚成果同乡村振兴有效衔接，促进城乡融合发展。善于运用创新思维：坚持一切从农村实际出发、从农民需要出发，充分发挥主观能动性，创造性地细化具体工作举措；深化农村改革，创新基层管理体制机制，创新金融服务乡村振兴方式，创新数字乡村智慧农业，把创新思维贯穿乡村振兴全过程。善于运用法治思维：准确理解把握《中华人民共和国乡村振兴促进法》，下大力气增加农民收入、提高农民生活水平、提升农村文明程度，依法采取多种措施解决好农业农村承担的保障好农产品供给安全、保护好农村生态屏障安全、传承好中国农村优秀传统文化三大历史性任务，依法推进乡村振兴战略的实施。善于运用底线思维：把粮食安全、不发生规模性返贫和生态文明等重大问题作为发展底线，守住坚持农村土地集体所有的农村基本经营制度，稳定土地承包关系等政策底线，始终坚持农村基层党组织领导核心地位，持续夯实基层执政基础。

创新性——始终把改革创新作为全面推进乡村振兴的驱动力量。党的十八大以来，习近平总书记亲力亲为抓改革，部署推动了承包地“三权分置”改革、农村集体产权制度改革等一系列重大改革任务，强调“全面推进乡村振兴，必须用好改革这一法宝”[①]，指明了乡

① 习近平：《论“三农”工作》，中央文献出版社，2022年版，第14页。

村振兴的动力源泉。全面推进乡村振兴行动纲领的创新性在实践中集中体现为“改革是全面推进乡村振兴的重要法宝”。深化农村改革始终把改革创新作为农村发展的根本动力，从农业农村发展的深层次矛盾出发，坚持不懈地推进农村改革和制度创新，以处理好农民和土地的关系为主线，聚焦深化农村土地制度改革、巩固和完善农村基本经营制度、完善农业支持保护制度等重点领域和关键环节，有效解放和发展农村生产力，不断巩固和完善中国特色社会主义农村基本经济制度，为推进乡村全面振兴提供更有力的支撑。深化农村土地制度改革，就是要进一步丰富集体所有权、农户承包权、土地经营权的有效实现形式，促进农村土地资源优化配置，深化土地征收制度改革、集体经营性建设用地入市改革、农村宅基地制度改革，增强土地要素活力，助推乡村振兴大发展。巩固和完善农村基本经营制度，就是要深化农村承包地管理与改革，稳步推进农村承包地“三权分置”改革，健全农业专业化社会化服务体系，培育壮大新型农业经营主体。完善农业支持保护制度，就是要建立健全农村集体资产管理制度，完善农业投资管理机制，创新农村金融服务，创造良好的农产品国际贸易环境。

五、全面推进乡村振兴行动纲领的实践价值与时代贡献

全面推进乡村振兴行动纲领是一套科学理论体系，不仅深刻揭示了新时代“三农”发展的规律和趋势，明确了顶层设计和前进方向，而且为全面推进乡村发展、乡村建设、乡村治理提供了科学指南，在指导实践中展现了强大的真理力量和巨大的实践价值。这一理论体系的时代意义，可以从理论和实践两个维度来认识和理解。

（一）全面推进乡村振兴行动纲领的实践价值

指引完成实施乡村振兴战略的顶层设计。一是明确顶层设计的总遵循。二是构建起顶层设计的“四梁八柱”。2018年以来，党中央、国务院先后印发了五个以乡村振兴为主题的中央一号文件，还有《乡村振兴战略规划（2018—2022年）》《中国共产党农村工作条例》，以及2021年6月1日生效的《中华人民共和国乡村振兴促进法》，这些法规及政策文件，连同《中共中央　国务院关于实现巩固拓展脱贫攻坚成果同乡村振兴有效衔接的意见》以及各部门相关配套政策，共同构成实施乡村振兴战略的“四梁八柱”，标志着乡村振兴顶层设计的完成。三是明确实施乡村振兴战略的总目标、总方针、总要求。农业农村现代化是实施乡村振兴战略的总目标，坚持农业农村优先发展是总方针。实施乡村振兴战略的总要求就是产业兴旺、生态宜居、乡风文明、治理有效、生活富裕。这五个方面的要求构成乡村振兴战略实施的总要求，也决定了乡村振兴是包括产业、人才、文化、生态、组织振兴的全面振兴。四是明确乡村振兴战略的基本原则。包括：坚持和加强党对乡村振兴的全面领导，坚持农业农村优先发展，坚持农民主体地位，坚持乡村全面振兴，深化农村改革，坚持城乡融合发展，坚持人与自然和谐共生，坚持因地制宜、循序渐进。

指引巩固拓展脱贫攻坚成果守住不发生规模性返贫底线。首先，巩固拓展脱贫攻坚成果、坚决守住不发生规模性返贫底线是乡村振兴战略的底线任务。逐步实现由集中资源支持脱贫攻坚向全面推进乡村振兴平稳过渡。对易返贫致贫人口要加强监测，做到早发现、早干预、早帮扶。对脱贫地区的产业要进行长期培育和支持，促进内生动力的可持续发展。对易地扶贫搬迁群众要做好后续的扶持工作，通过多渠道促进就业，强化社会管理，推动他们积极融入社会。对脱贫县要“扶上马送一程”，设立相应的发展过渡期，持续保持主要的帮扶政策总体稳定。坚持和完善驻村第一书记和工作队、东西部协作、对口支援、社会帮扶等相关制度，并根据形势和任务变化不断进行完善。压紧压实巩固脱贫攻坚成果责任，坚决守住不发生规模性返贫的制度底线。其次，保持主要帮扶政策总体稳定。落实“四不摘”要求，确保政策连续性，继续保持兜底救助类政策的稳定，落实好教育、医疗、住房、饮水等民生保障普惠性政策，根据脱贫人口实际困难给予适度倾斜。优化产业就业等发展类政策。第三，建立健全巩固拓展脱贫攻坚成果的综合治理体系。把完善防止返贫动态监测帮扶机制作为基础工程，把增加脱贫群众收入和壮大集体经济作为防止返贫的根本路径，把构建持续提升“三保障”和饮水安全保障水平长效机制作为重要内容，把国家乡村振兴重点帮扶县和易地搬迁集中安置区作为巩固拓展脱贫攻坚成果的重中之重，把东西部协作、中央单位定点帮扶、民营企业参与作为重要力量，把考核评估问题整改和典型引路作为重要手段。

指引全面推进乡村振兴落地见效。聚焦产业促进乡村发展，把确保粮食安全作为实施乡村振兴战略的首要任务，持续推进农村一二三产业融合发展。坚持农业农村绿色发展，推行绿色发展方式和生活方式，让生态美起来、环境靓起来，再现山清水秀、天蓝地绿、村美人和的美丽画卷。扎实稳妥推进乡村建设，实施乡村建设行动，接续推进农村人居环境整治提升行动，农村人居环境显著改善，生态宜居美丽乡村建设取得新进步，农村基础设施建设取得新进展，数字乡村建设取得重要进展。突出实效改进乡村治理，完善现代乡村社会治理体制，健全“三治结合”的乡村治理体系，提升乡镇和村为农服务能力。

（二）全面推进乡村振兴行动纲领的时代贡献

推动形成了马克思主义城乡发展思想中国化的最新成果。马克思主义从人类社会发展的历史视角考察了城乡关系的变迁，科学预判了城乡关系的未来走向，提出了“城乡融合”的命题，形成了具有科学性和实践性的城乡融合思想。马克思主义认为，城市与乡村都有各自的优势和缺点，两者均需要彼此的资源和人口流动，从而带来新的生产力，避免模式固化。相对于城市，乡村发展也有许多优势。比如，中国乡村具有悠久的自治传统、德治传统和丰富的村规民约等。中国共产党成立以来，毛泽东吸取马克思的城乡关系理论，提出要把农村作为切入点，农业作为基础性产业，然后再进行工业化的发展。邓小平进一步发展了毛泽东的城乡关系理论，提出了城市化发展的思想。江泽民高度重视对“三农”问题的解决，把“三农”问题摆在更加重要的位置上。胡锦涛提出“统筹城乡发展”。习近平首次提出了“城乡融合发展”概念，并反复强调：“振兴乡村，不能就乡村论乡村，还是要强化以工补农、以城带乡，加快形成工农互促、城乡互补、协调发展、共同繁荣的新型工农城乡关系。”“要把县域作为城乡融合发展的重要切入点，推进空间布局、产业发展、基础设施等县域统筹，把城乡关系摆布好处理好，一体设计、一并推进。”[①] 总之，建党百年来，中国共产党始终以马克思主义城乡融合思想为指导，坚持从国情出发，从我国城乡发展不平衡和二元结构的现实出发，结合我国的自然禀赋、历史文化传统、制度体制等实际情况，创造性地走出了一条具有本国特色和时代特点的城乡融合发展道路。这条融合发展道路，既是中国共产党对马克思主义城乡融合发展思想的创造性运用，同时也是对这一思想的创新性发展。中国特色城乡融合发展道路是对我国城乡关系、城乡变化趋势、城乡发展规律的正

① 习近平：《论“三农”工作》，中央文献出版社，2022 年版，第 16 页。

确认识和科学把握，是从根本上破解城乡发展不平衡问题、不断满足中国人民对美好生活的期待、实现城乡协调发展、促进全体人民共同富裕的根本途径。

*丰富发展了习近平新时代中国特色社会主义思想。*习近平新时代中国特色社会主义思想开辟了马克思主义中国化时代化的新境界，是中国化时代化的马克思主义。习近平总书记关于乡村振兴的一系列新思想新论断新观点，是立足新时代实践不断发展和乡村振兴战略的具体实施、在解决中国发展重大实际问题过程中逐渐形成的，具有鲜明的时代性，是体现党和人民意愿的科学理论，成为习近平新时代中国特色社会主义思想的重要组成部分。这套思想实际上萌芽于青年习近平在梁家河插队的七年，形成于习近平在河北正定、福建、浙江工作特别是主政期间，集大成于担任党的总书记以后。乡村是具有自然、社会、经济特征的地域综合体，兼具生产、生活、生态、文化等多重功能，与城镇互促互进、共生共存，共同构成人类活动的主要空间。党的十八大以来，习近平总书记关于乡村振兴的重要论述，涵盖农村经济、政治、文化、生态文明和党的建设方方面面，是集世界观和方法论、理论总结和工作指导、战略部署和战术安排于一体的理论体系。这一科学理论，明确了乡村振兴的战略定位，明确全面推进乡村振兴，就是要守住粮食安全和不发生规模性返贫两条底线，聚焦产业促进乡村发展，坚持乡村建设为农民而建，健全党组织领导的乡村治理体系，坚持深化改革，巩固完善农村基本经营制度，促进城乡融合发展，坚持党对农村工作的全面领导。这一科学理论着眼于社会主义现代化建设大局，准确把握乡村振兴工作的时代定位，是全面建设社会主义现代化国家的根本遵循，成为习近平新时代中国特色社会主义思想的重要组成部分。

展现了乡村振兴在全面建设社会主义现代化国家中的全局性意义。一是全面推进乡村振兴是解决我国社会主要矛盾的必然路径。全面推进乡村振兴，就是要协调推进农村经济建设、政治建设、文化建设、社会建设、生态文明建设和党的建设，从而解决农业农村发展相对滞后的问题；通过促进乡村全面发展补齐现代化进程中的短板弱项。从城乡发展的不平衡性看，整体而言，乡村发展落在城市后面，只有实施乡村振兴战略，全面推进乡村振兴，才能够避免一边是越来越现代化的城市，一边却是越来越萧条的乡村的景象。只有让乡村尽快跟上国家发展步伐，中华民族伟大复兴才有可能真正实现，这就是“民族要复兴，乡村必振兴”的含义。二是全面推进乡村振兴是全面建设社会主义现代化国家的重要保障。从党的十九大提出实施乡村振兴战略开始，目前乡村振兴的制度框架和政策体系初步健全，乡村振兴取得积极成效：守住了不发生规模性返贫和粮食安全两条底线；现代农业体系初步构建，农业绿色发展全面推进，农村一二三产业融合发展格局初步形成，乡村产业加快发展，农民收入水平进一步提高；农村基础设施条件持续改善，城乡统一的社会保障制度体系基本建立，农村人居环境显著改善，生态宜居的美丽乡村建设扎实推进；城乡融合发展体制机制初步建立，农村基本公共服务水平进一步提升；乡村优秀传统文化得以传承和发展，农民精神文化生活需求基本得到满足；以党组织为核心的农村基层组织建设明显加强，乡村治理能力进一步提升，现代乡村治理体系初步构建；探索形成一批各具特色的乡村振兴模式和经验。乡村振兴的阶段性成果，为城市和乡村协调发展奠定了基础，为实现国家现代化提供了保障。三是全面推进乡村振兴是推动共同富裕的必由之路。中国人民自古以来对幸福生活、共同富裕的期盼和憧憬，在我国具有深厚的历史渊源和思想基础。人民群众既包含城市人口，也包含农村人口，如果没有乡村振兴，就不可能有全体人民的共同富裕。一方面，如果没有全体人民的共富，那就谈不上全面富裕；另一方面，共同富裕包括物质的富裕和精神的富裕，没有乡村的全面振兴，就谈不上全面富裕、共同富裕。同样地，只有全面推进乡村振兴才能推进共同建设共同富裕。缺少几亿农民的参与，谈不上共同富裕；乡村不振兴，总是落在发展后头，也就不可能实现共同富裕。

六、全面推进乡村振兴行动纲领的世界意义

中国乡村的发展为世界乡村的发展贡献了中国智慧和方案；中国城乡融合发展道路将为世界处理城乡关系提供借鉴。

（一）为世界乡村发展贡献了中国智慧和方案

中国脱贫攻坚成就为世界减贫作出了突出贡献并增强了全球减缓贫困加快发展的决心与信心。中国反贫困的历史性成就明显加快了全球减贫进程。中国在脱贫攻坚胜利后，及时作出巩固拓展脱贫攻坚成果同乡村振兴有效衔接的决策部署，建立监测机制，开展精准帮扶，巩固提升脱贫水平，守住了不出现规模性返贫的底线。中国在稳定解决绝对贫困问题方面的巨大成功，为其他发展中国家减缓贫困、加快发展，进而稳定消除绝对贫困，提供了中国方案和中国经验。习近平总书记指出："迄今为止，还没有哪个发展中大国能够解决好农业农村农民现代化问题。我国干好乡村振兴事业，本身就是对全球的重大贡献。""乡村衰退导致的'乡村病'、城市贫民窟是一个全球共同面临的挑战。……我国农村发展成就举世瞩目，很多方面对发展中国家具有借鉴意义。""实施乡村振兴战略也是为全球解决乡村问题贡献中国智慧和中国方案。""精准扶贫、精准脱贫被世界银行称为'世界反贫困事业最好的教科书'。"[①]

① 习近平：《论"三农"工作》，中央文献出版社，2022年版，第240页。

中国地域广大、发展类型丰富，乡村振兴呈现多种样态，形成各种类型的乡村发展模式，而蕴含其中的理论、制度、文化等元素，都是中国为世界乡村发展贡献的中国智慧、中国方案。

（二）城乡融合发展道路将为世界正确处理城乡关系提供借鉴

在现代化进程中，如何处理好工农关系、城乡关系，在一定程度上决定着现代化的成败。“我国作为中国共产党领导的社会主义国家，应该有能力、有条件处理好工农关系、城乡关系，顺利推进我国社会主义现代化进程。”[①]“党的十八大以来，我们下决心调整工农关系、城乡关系，采取了一系列举措推动‘工业反哺农业、城市支持农村’。党的十九大提出实施乡村振兴战略，就是为了从全局和战略高度来把握和处理工农关系、城乡关系。”[②]城乡融合发展是当今时代的新命题，标志着我国的发展方式转向高质量发展，转向多渠道、多样化发展。历史经验表明，当一个国家的经济发展到一定程度时，城市和乡村彼此的发展会从刚开始发展时的对立转向互相融合发展。在这种融合模式下，会充分发挥彼此的优势，城市、乡村取长补短，形成一个整体性而不是分离的社会综合体。城乡融合发展将打破原有的乡村习惯，带来更高效、更便利、更迅速的生活方式。中国发展的多样性带来了城乡融合发展的多种类型、多种模式，中国在城乡融合发展的进步及经验，将为其他发展中国家推进城乡融合发展提供经验。

此外，随着全面推进乡村振兴行动纲领指导乡村振兴实践深入推进，基于实践基础的持续的理论创新，将丰富发展全球乡村建设理论，成为其重要来源和推动力量，也必将在助力构建共同发展的人类命运共同体进程中发挥重要作用。

---

① 习近平：《论“三农”工作》，中央文献出版社，2022年版，第245页。

② 习近平：《论“三农”工作》，中央文献出版社，2022年版，第274页。

案例

浙江省常山县盘活资源走出共同富裕道路

2015年以来，浙江省常山县立足本地资源，引进农业企业，培育发展香柚产业，至今已打造香柚基地8000余亩，培育香柚苗60万株，成为国内最大的香柚种植基地。基本做法是：1.实施规模种植，集中盘活农村闲置土地；建设扶贫基地，创新优化多方利益分配。2.打造“共富”工厂，联动拓宽集体增收渠道。3.通过瞄准“双柚”市场，聚力补强胡柚加工链条及推动三产融合，多元拓展农民就业平台等一系列举措，

香柚丰收季节，村民在种植基地收剪香柚果

创新了“胡柚＋香柚”的“双柚”产业合作发展模式，拉动了村级经济发展，有效带动了农民致富增收。“一颗香柚”奇迹般地盘活了闲置土地与房产资源。截至2021年，全县已流转土地近1万亩用于香柚产业发展。引导企业在工业园区和白石村租赁闲置的厂房分别用于产品加工和仓储销售，盘活了集体资产，有效拉动了村级经济发展。项目区域吸纳本地用工800余人，草坪古驿、火车餐厅等业态基本成形，撬动了区域品牌效应。除研发“双柚”深加工产品，还开办了以“双柚”为主题的“YOUYOU音乐节”，进一步推动了产业强联补链、纵深发展。充分依托企业优势、创新利益分配方式，不仅在常山县打赢脱贫攻坚战中发挥了巨大作用，而且成为开辟共同富裕道路可供借鉴的做法经验。

第四章

怎么看全面推进乡村振兴的基本问题

导读

为全面理解党的二十大作出“全面推进乡村振兴”的决策部署，本章对当前乡村振兴理论研究和实践推进中所面临的一些基本问题进行了系统梳理和分析。其中，乡村振兴的历史方位，决定了乡村振兴的发展方向；乡村振兴的顶层设计，明确了乡村振兴战略实施的总体思路；乡村发展是推进乡村振兴的重要举措；乡村建设是推进乡村振兴的重要抓手，乡村治理是推进乡村振兴的重要标志；乡村振兴的要素保障是全面推进乡村振兴的重要支撑。对每一个问题，本书首先阐述该问题的理论实践意义，分析该问题理论认识的新发展、实践推动面临的新挑战，指出了深化问题认识的方向，提出了现阶段解决问题的建议，旨在为深入研究全面推进乡村振兴的理论与实践提供参考。

党的十九大以来，在乡村振兴取得积极成效、乡村振兴战略进入全面实施的基础上，在中国进入全面建成社会主义现代化强国、实现第二个百年奋斗目标，以中国式现代化全面推进中华民族伟大复兴的新征程之际，以中共二十大精神为指引，全面梳理和深化认识乡村振兴理论与实践的基本问题，对于继续推进实践基础上的乡村振兴理论创新，进一步凝聚共识，完善顶层设计，以更有力的举措、更强大的合力全面推进乡村振兴，走好中国式现代化的乡村振兴道路具有重要的理论和现实意义。

一、乡村振兴的历史方位

农业农村农民问题是关系国计民生的根本性问题。乡村振兴战略的提出具有深刻的时代背景。我国脱贫攻坚取得胜利后，全面推进乡村振兴，是“三农”工作重心的历史性转移。中国特色社会主义进入新时代，我国人民日益增长的美好生活需要和不平衡不充分的发展之间的矛盾突出表现在农村。我国全面建设社会主义现代化强国，农业农村农民现代化是最艰巨最繁重的任务，也是中国式现代化最广泛、最深厚、最大的潜力和后劲所在。乡村兴则国家兴，乡村衰则国家衰。党的十九大提出实施乡村振兴战略，并作为七大战略之一写入党章，这是以习近平总书记为核心的党中央从党和国家事业全局出发，着眼于实现“两个一百年”奋斗目标，顺应亿万农民对美好生活的向往作出的重大决策。党的二十大强调，全面推进乡村振兴，就是要扎实推动乡村产业、人才、文化、生态、组织振兴。乡村振兴战略的制定与实施对于全面建成社会主义现代化国家、实现第二个百年奋斗目标、实现中华民族伟大复兴的中国梦具有划时代的里程碑意义。

（一）实施乡村振兴战略是习近平新时代中国特色社会主义思想的伟大实践

以习近平同志为核心的党中央始终坚持把解决好“三农”问题作为全党工作的重中之重，加快推进农业农村现代化的建设。新时代十年，我国农业农村的发展取得了历史性成就，实现了历史性变革，为全面开创党和国家事业新局面提供了基础支撑。没有农业农村现代化，就没有整个国家的现代化。2017 年以来，习近平总书记关于实施乡村振兴战略的重要论述，主要围绕确保粮食安全、乡村产业发展、乡村建设、乡村治理、社会保障、巩固脱贫攻坚成果同乡村振兴有效衔接、文化传承、基层党建与组织振兴等问题展开，其中有许多新思想、新观点。这些思想高瞻远瞩、内涵丰富、要求明确，深刻回答了为什么要振兴乡村、怎样振兴乡村等一系列重大理论和实践问题，是新发展理念在农业农村工作中的全面贯彻，是中国特色社会主义道路在农村的创新实践，为新发展阶段做好“三农”工作、全面推进乡村振兴提供了根本遵循和行动指南，成为习近平新时代中国特色社会主义思想的重要组成部分。

（二）乡村振兴战略确立了农业农村优先发展的目标定位

首先，坚持农业农村优先发展，对于确保经济社会平稳健康发展和社会大局稳定、推进实现第二个百年奋斗目标具有基础和决定性作用。现阶段，我国发展最大的不平衡是城乡发展不平衡，最大的发展不充分是农村发展不充分。坚持农业农村优先发展，是解决不平衡不充分的根本之策，是系统解决经济结构性体制性矛盾、发展不平衡不充分不协调不可持续问题的必然选择，是实现共同富裕、全面建设社会主义现代化国家的必由之路。其次，坚持农业农村优先发展，有利于整体提升农业农村农民发展水平。当前，我国社会的主要矛盾是人民日益增长的美好生活需要和不平衡不充分的发展之间的矛盾，主要表现是城乡发展的不平衡和农村发展的不充分。坚持农业农村优先发展，就是从根本上实现城乡均衡发展、农业充分发展、农民全面发展。再次，坚持农业农村优先发展，有利于促进共同富裕目标实现。中国共产党的根本宗旨是全心全意为人民服务，我国社会主义的本质要求是解放和发展生产力，最终实现共同富裕。党的十九大报告明确了两个阶段的目标，一是到2035年，全体人民共同富裕迈出坚实步伐；二是到2050年，全体人民共同富裕基本实现。与共同富裕目标相对应，中央明确，到2035年，乡村振兴取得决定性进展，农业农村现代化基本实现；到2050年，乡村全面振兴，农业强、农村美、农民富全面实现。党的二十大进一步明确了此目标。可见，共同富裕是乡村振兴战略的终极目标，乡村振兴是实现共同富裕的必需的历史过程，农业农村现代化是现代化强国的重要组成部分，是扎实推进共同富裕的根本支撑。

（三）乡村振兴战略为发展阶段的“三农”工作指明了方向

一是确立了新时代城乡关系新格局。乡村振兴战略提出了“必须重塑城乡关系，走城乡融合发展之路”，通过以城带乡，以乡助城，实现城乡之间在经济、社会、文化、生态等方面的融合共生发展。二是确立了农业农村现代化的战略目标。乡村振兴战略是推进并实现我国农业农村现代化的战略布局，是以三产融合为核心的经济现代化、以农民为中心的内生现代化、以农民再组织的现代化，最终实现农业农村的现代化。三是为农村农业发展带来了新动能。乡村振兴战略通过推进农业供给侧结构性改革，把各种现代元素注入农业农村，推动农业农村的历史性变革，实现农村社会的一二三产业融合、城乡融合以及生产要素集合，把现代农业的食物保障、原料供给、就业收入、生态保育、文化传承等多重功能进行有效融合，形成新的发展动力。坚持农业农村优先发展，不仅“促消费惠民生”，而且“调结构增后劲”，促进构建新发展格局。农村新产业、新业态的不断发展必然创造出更多新的需求，吸引更多的城市居民下乡消费，乡村振兴成为中国消费、投资的“加速器”。四是系统解决乡村发展动力来源与发展为了谁的问题。实施乡村振兴战略，着力补齐农业农村短板，满足广大农民日益增长的美好生活需要，根本目的在于更好地为人民服务，充分发挥人民群众的主体作用，让人民群众更充分地共享发展成果。

（四）乡村振兴战略具有重要的时代意义

第一，乡村振兴战略是解决新时代社会主要矛盾、实现党的宗旨和社会主义本质要求的具体实践。中国共产党始终坚持以人民为中心，把人民放在最高位置，践行立党为公、执政为民的执政宗旨，扎实推动共同富裕。全面推进乡村振兴，是确保亿万农民在全面建成社会主义现代化国家新征程中不掉队，确保共同富裕目标实现的必由之路。第二，乡村振兴战略是实现中华民族伟大复兴的重要支撑。实现中华民族伟大复兴，就是要实现中国强、中国美、中国富，而全面推进乡村振兴的目标正是实现农业强、农村美、农民富。前者是后者的引领和带动，后者是前者的重要内容、具体呈现和重要标志。第三，乡村振兴战略是构建人类文明新形态的重要实践。在发展中处理好城乡关系一直是世界性难题。中国的乡村振兴，是要通过重塑城乡关系，坚持以工补农、以城带乡，逐渐形成工农互促、城乡互补、全面融合、共同繁荣的新型工农城乡关系格局。坚持工农互补理念，把实施乡村振兴战略与城市化工业化发展结合起来，相互促进、共同提高，为乡村如何更好地建设与发展提供路径选择。

二、乡村振兴的顶层设计

习近平总书记 2018 年 9 月在十九届中央政治局第八次集体学习时的讲话指出："我在党的十九大报告中对乡村振兴战略进行了概括，提出要坚持农业农村优先发展，按照产业兴旺、生态宜居、乡风文明、治理有效、生活富裕的总要求，建立健全城乡融合发展体制机制和政策体系，加快推进农业农村现代化。这其中，农业农村现代化是实施乡村振兴战略的总目标，坚持农业农村优先发展是总方针，产业兴旺、生态宜居、乡风文明、治理有效、生活富裕是总要求，建立健全城乡融合发展体制机制和政策体系是制度保障。"这实际上是为乡村振兴战略实施的顶层设计提供了总的遵循。2018 年以来，党中央、国务院先后印发了五个以乡村振兴为主题的中央一号文件、《乡村振兴战略规划(2018—2022 年)》、《中国共产党农村工作条例》。2021 年上半年，根据中央部署，全国扶贫工作机构重组为乡村振兴部门的工作基本完成。同年 6 月 1 日，我国第一部以"乡村振兴"命名的基础性、综合性法律——《中华人民共和国乡村振兴促进法》生效。上述法规及政策文件，连同《中共中央 国务院关于实现巩固拓展脱贫攻坚成果同乡村振兴有效衔接的意见》以及各部门相关配套政策，共同构成实施乡村振兴战略的"四梁八柱"，乡村振兴顶层设计完成，从脱贫攻坚到全面推进乡村振兴的历史性转移全面启动，乡村振兴战略的实施进入了新阶段。

（一）坚持农业农村优先发展是实施乡村振兴战略的总方针

重农固本是安民之基、治国之要。在全面建设社会主义现代化国家、实现中华民族伟大复兴的进程中，如果没有农业农村的现代化，就不会有国家的现代化。无论是全面建成小康社会，还是逐步实现共同富裕，最繁重、最艰巨的任务在农村，最深厚、最广泛的经济根基在农村，最重要的后备资源和最大的发展潜力也在农村。在国家战略资源优化配置过程中，只有坚持农业农村优先发展，深入实施乡村振兴战略，激活农村各类生产要素，促进农业全面升级、农村全面进步、农民全面发展，全面推动乡村振兴，让乡村发展与国家发展同步，才能够最终实现全国城乡一体化的均衡发展和充分发展。

（二）明确农业农村现代化是实施乡村振兴战略的总目标

习近平总书记指出，新时代“三农”工作必须围绕农业农村现代化这个总目标来推进。长期以来，为解决好吃饭问题，我们花了很大精力推进农业现代化，取得了长足进步。相比较而言，农村在基础设施、公共服务、社会治理等方面与城市差距相当大。农村现代化既包括“物”的现代化，也包括“人”的现代化，还包括乡村治理体系和治理能力的现代化。我们要坚持农业现代化和农村现代化一体设计、一并推进，实现农业大国向农业强国跨越。[①] 没有农业农村现代化，就没有整个国家现代化。要举全党全社会之力推动乡村振兴，促进农业高质高效、乡村宜居宜业、农民富裕富足。[②] 这些重要论述明确了推进农业农村现代化的思路和着力点，就是要以农业高质高效发展推进农业现代化，以乡村宜居宜业建设为中心推进农村现代化，以农民富裕富足为目标推进农民现代化。

（三）明确产业兴旺、生态宜居、乡风文明、治理有效、生活富裕是实施乡村振兴战略的总要求

产业兴旺，就是农村发展要有足够的产业支撑。产业发展要立足于构建现代农业产业体系、生产体系、经营体系，走一二三产业融合发展的独特道路。生态宜居，是农村环境优势的体现，主要指农村生态和人居环境质量要不断改善。生态宜居既强调人与自然和谐共处共生，要“望得见山，看得到水，记得住乡愁”，也是“绿水青山就是金山银山”理

① 习近平：《把乡村振兴战略作为新时代“三农”工作总抓手》，《求是》，2019 年第 11 期。
② 《习近平在中央农村工作会议上强调 坚持把解决好“三农”问题作为全党工作重中之重 促进农业高质高效乡村宜居宜业农民富裕富足》，《人民日报》，2020 年 12 月 30 日 01 版。

念在乡村振兴战略中的具体体现。同时，在乡村振兴过程中进一步强化乡村地区的生态环境优势，可以增强农民的获得感。乡风文明，是乡村振兴过程中对农村精神文明建设的要求，也是乡村振兴的紧迫任务。结合各地实际抓好乡风文明建设，保护和传承优秀乡土文化，大力弘扬社会主义核心价值观，不断提升农民科技文化素养，努力打造农民的精神家园，增加乡村地区发展的软实力。下大力气抓好农村移风易俗，打破不合时宜的陈规陋习，倡导和树立现代文明新风，用现代文明的雨露滋养美丽乡村。治理有效，是对基层组织建设的要求，体现乡村治理目标的新导向，强调治理体制与治理能力的改革与提升，注重治理效率和基层农民群众的主动参与，是乡村治理体系与治理能力现代化的具体体现。在党组织健全而且党组织领导人能力较强的农村，不仅治理有效，而且当地特色经济发展较快，乡村振兴的经济基础比较牢固。因此，农村基层党组织建设是否健全，是治理是否有效的关键。生活富裕，是农民生活水平不断提升的新标准，也是实施乡村振兴战略的主要目的。生活富裕最大的难点在于，不少地方缺乏产业支撑，生活富裕落实起来难度仍然较大。2020 年中央一号文件提出在农村发展富民乡村产业，比较符合实施乡村振兴战略的现实需要。

（四）明确乡村振兴是包括产业、人才、文化、生态、组织振兴的全面振兴

乡村产业振兴，即转变农业生产、组织、管理等方式，加快构建现代化的农业产业体系、生产体系以及经营体系，推动农业从传统意义上的增产导向向增产与提质并重的新导向进行转变；开展土地管理，进行农村土地改革，持续增强农业科技创新能力和核心竞争力，适应高质量发展的时代需要，培育新的经济增长点，为经济社会发展提供更多优质

农产品，提高乡村创造财富的能力，为农民增收拓展新空间。乡村人才振兴，主要是把人力资本开发放在首要位置，关键是要改善农村人才成长环境，想方设法留住农村优秀人才，畅通各类人才下乡回乡渠道，支持年轻大学生、退役军人、各类企业家等到农村干事创业、大展宏图，组织更多城市科技人员下乡服务。同时要培养更多知农爱农、扎根乡村的人才，推动更多科技成果真正应用到田间地头，造福于基层群众。以人才汇聚智慧的方式推动和促进乡村振兴，增强农业农村发展的内生能力，为乡村振兴注入新动能。乡村文化振兴，是乡村振兴的铸魂工程，主要途径是坚持同时抓物质文明和精神文明，深入、系统、全面地挖掘农村内涵丰富的优秀传统文化精髓。结合新时代农村发展的需要，在保护传承的基础上创造性转化、创新性发展，充分利用身边的人以及有正面教育意义的事，培育乡风文明新时尚，以充满活力、有地方特色的乡村文化，宣传乡风文明新亮点，更好满足广大农民精神文化生活的新需求，繁荣兴盛农村文化。乡村生态振兴，主要是坚持生态优先、绿色发展，让生态宜居成为乡村振兴的支撑点。通过系统的环境整治，优化产业结构，积极推进农业农村绿色发展，引导农民绿色消费，加快农村人居环境综合治理，严格控制化肥、农药的使用量，扩大农村自然环境优美的传统优势，让优美生态、幸福家园、诗意山水、蓝天白云成为乡村振兴的新支点，打造农民安居乐业的美丽图景。乡村组织振兴，主要是发挥把党组织建到基层的体制优势，以优秀基层党支部为支撑，不断强化农村基层党组织建设，着力培养农村基层党组织带头人队伍。积极发展农村集体经济和新型农民合作经济组织，提升农村基层党组织对乡村振兴的全面领导水平。依法完善村民自治制度，健全乡村治理体系，提高乡村治理水平，让乡村社会充满发展活力，为广大农民安居乐业、农村社会安定有序提供组织保障。

（五）明确乡村振兴战略的基本原则

一是坚持和加强党对乡村振兴的全面领导；二是坚持农业农村优先发展；三是坚持农民主体地位；四是坚持乡村全面振兴；五是深化农村改革；六是坚持城乡融合发展；七是坚持人与自然和谐共生；八是坚持因地制宜、循序渐进。

三、聚焦产业促进乡村发展

乡村发展是指在新发展理念引领下，各地因地制宜，集聚并形成新发展动能，开发当地各种有利的资源要素，激发乡村群众的积极性和主动性，充分发挥农民的主体性，实现乡村产业、生态环境、乡风文化、乡村治理、社会生活秩序等方面的全面发展。2022 年中央一号文件要求，聚焦产业促进乡村发展。因此，狭义的乡村发展内涵可以用乡村产业发展代替。

（一）确保粮食安全是实施乡村振兴战略的首要任务，也是乡村发展的基础

我国的农业发展问题首先是粮食生产问题，粮食产量能够稳住，农业其他问题都可以迎刃而解。必须坚持“以我为主、立足国内”，扛稳粮食安全这个重任，确保重要农产品特别是粮食供给，这是实施乡村振兴战略的首要任务。粮食安全既是经济问题，也是政治问题，是国家稳定与发展的“定海神针”。耕地是粮食生产的命根子。积极推进农业供给侧结构性改革，延伸粮食产业链、提升价值链、打造供应链，不断提高农业质量效益和竞争力，实现粮食安全和现代高效农业相统一。要树牢绿色发展理念，推动藏粮于地、藏粮于技，稳步提升粮食产能，在确保国家粮食安全方面有新担当新作为。确保粮食安全，第一，要坚持以

我为主、立足国内、确保产能、适度进口、科技支撑的国家粮食安全战略，建立全方位的粮食安全保障机制；第二，要推动藏粮于地、藏粮于技落实落地；第三，要推动粮食减损；第四，要树立大食物观。

（二）持续推进农村一二三产业融合发展

农村一二三产业融合发展，不仅是中国城乡一体化发展的重要组成部分，也是农民增收的重要手段和实现农村地区可持续发展的客观要求，是促进中国实现农业农村现代化的重要途径。当前从各地实践看，推进三产融合面临诸多问题，主要是：片面追求乡村产业规模扩张和数量增长，加剧部分乡村产业的同质竞争和产能过剩；产业融合主体的带动能力较弱，产业融合稳定性较差；与产业融合发展相关的基础设施建设和公共服务供给滞后；三产融合要素供给不足，社会服务体系支撑乏力。《中华人民共和国乡村振兴促进法》第二章第十二条明确表示："各级人民政府应当坚持以农民为主体，以乡村优势特色资源为依托，支持、促进农村一二三产业融合发展，推动建立现代农业产业体系、生产体系和经营体系，推进数字乡村建设，培育新产业、新业态、新模式和新型农业经营主体，促进小农户和现代农业发展有机衔接。"① 为此，一是要培育、打造主导优势产业；二是要培育乡村新产业新业态；三是要拉长产业链条，深度挖掘农业多功能价值；四是要逐步完善农村一二三产业融合发展的利益联结机制。

（三）坚持农业农村绿色发展

坚持农业农村绿色发展，乡村振兴，生态宜居是关键。良好的生态环境是农村的最大优势和宝贵财富，也是农村产业发展和农民生活提高

① 全国人大常委会办公厅供稿：《中华人民共和国乡村振兴促进法》，中国民主法制出版社，2021年版，第6页。

的重要基础。加强农村突出环境问题综合治理，是推进乡村绿色发展，打造人与自然和谐共生发展新格局的前提。[①] 实施乡村振兴战略，一个重要任务就是推行绿色发展方式和生活方式，让生态美起来、环境靓起来，再现山清水秀、天蓝地绿、村美人和的美丽画卷。[②] 农业绿色发展的目标是：到 2025 年，农业绿色发展全面推进，制度体系和工作机制基本健全，科技支撑和政策保障更加有力，农村生产生活方式绿色转型取得明显进展。具体体现在：资源利用水平明显提高；产地环境质量明显好转；农业生态系统明显改善；绿色产品供给明显增加；减排固碳能力明显增强。总之，到 2035 年，农业绿色发展取得显著成效，农村生态环境根本好转，绿色生产生活方式广泛形成，农业生产与资源环境承载力基本匹配，生产生活生态相协调的农业发展格局基本建立，美丽宜人、业兴人和的社会主义新乡村基本建成。[③] 进一步推进绿色发展的有效路径包括：第一，加大水土资源保护力度。严守 18 亿亩耕地红线，加强耕地质量建设，加强农业用水管理。第二，大力推动农业投入减量增效。主要从四个方面着力：着力完善农业农村生态环境保护制度体系，构建农业绿色发展制度体系、农业农村污染防治制度体系和多元环保投入制度体系；着力实施好农业绿色发展重大行动，强化化肥农药减量增效、秸秆地膜综合利用；着力推动农业资源养护，加快发展节水农业、加强耕地质量保护与提升、强化农业生物资源保护；着力推进农业清洁生产，提高资源利用效率，转变农业增长方式，实现农业生产降本增效增收。第三，多元举措发展生态循环农业。新时期发展生态循环农业，一要坚持统筹兼顾，优化产业结构；二要坚持减量优先，推进农业清洁生产；三要坚持用养结合，推进耕地质量保护与提升。第四，增强农村

① 刘焕鑫，王瑞贺编：《中华人民共和国乡村振兴促进法解读》，中国农业出版社，2021 年版，第 138 页。
② 习近平：《论坚持全面深化改革》，中央文献出版社，2018 年版，第 403 页。
③ 中华人民共和国中央人民政府：《“十四五”全国农业绿色发展规划》。

居民生态意识。加强生态文明宣传教育，强化公民环境意识，推动形成节约适度、绿色低碳、文明健康的生活方式和消费模式。第五，完善法律约束体系，建立多渠道投入机制。要完善相关法律法规体系，建立多渠道投入机制。

四、扎实稳妥推进乡村建设

习近平总书记强调，要实施乡村建设行动，继续把公共基础设施建设的重点放在农村，在推进城乡基本公共服务均等化上持续发力，注重加强普惠性、兜底性、基础性民生建设。要接续推进农村人居环境整治提升行动，重点抓好改厕和污水、垃圾处理。要合理确定村庄布局分类，注重保护传统村落和乡村特色风貌，加强分类指导。[①]2021 年，《中华人民共和国国民经济和社会发展第十四个五年规划和 2035 年远景目标纲要》进一步明确了“实施乡村建设行动”的规划内容，围绕“强化乡村建设的规划引领”“提升乡村基础设施和公共服务水平”和“改善农村人居环境”等方面进行部署。2022 年的中央一号文件《中共中央 国务院关于做好 2022 年全面推进乡村振兴重点工作的意见》作出“扎实稳妥推进乡村建设”的安排。

（一）乡村建设行动的目标任务

乡村建设的远景目标是，到 2035 年，城乡基本公共服务均等化基本实现，城乡融合发展体制机制更加完善；农村生态环境根本好转，生态宜居的美丽乡村基本实现。近期（“十四五”时期）的目标是，到 2025 年，乡村建设行动取得明显成效，乡村面貌发生显著变化，乡村发展活力充分激发，乡村文明程度得到新提升，农村发展安全保障更加有

① 2020 年 12 月 28 日至 29 日，习近平总书记在中央农村工作会议上发表重要讲话。

力，农民获得感、幸福感、安全感明显提高。具体体现在农村人居环境显著改善，生态宜居美丽乡村建设取得新进步；农村基础设施建设取得新进展；数字乡村建设取得重要进展。乡村建设行动的主要任务包括：一是强化乡村建设的规划引领。强化乡村建设规划引领是实施乡村建设行动的前提和基础。二是改善农村人居环境。这是推动乡村建设行动的重点。只有顺应农民对美好生活的期望，改善农村人居环境，才能提升农民生活质量，增进农民福祉，切实保障农民对美好生活的向往和追求，才能真正在推进乡村建设行动中赢得民心、守住人心。改善农村人居环境的重点包括：开展农村人居环境整治提升行动，稳步解决“垃圾围村”和乡村黑臭水体等突出环境问题；推进农村生活垃圾就地分类和资源化利用，以乡镇政府驻地和中心村为重点梯次推进农村生活污水治理；支持因地制宜推进农村厕所革命；推进农村水系综合整治；深入开展村庄清洁和绿化行动，实现村庄公共空间及庭院房屋、村庄周边干净整洁。三是提升乡村基础设施水平。提升乡村基础设施水平是推动乡村建设行动的动力引擎。只有提升乡村基础设施水平，才能改善乡村生产、生活、生态条件，为乡村建设行动提供动力支持。四是提升乡村公共服务水平。这是乡村建设行动实施的保障。

（二）持续强化乡村建设规划引领

强化乡村建设规划引领是实施乡村建设行动的前提和基础。目前乡村建设规划存在的主要问题：一是乡村规划理论脱离农村实际；二是法律法规无法适应乡村振兴的要求；三是规划实施中新问题不断呈现。进一步强化乡村建设规划引领，一是要完善县镇村规划布局。主要是强化县域国土空间规划管控、持续推动高标准农田规划和建设、优化乡村产业项目空间布局。二是要加快推进村庄规划。主要是合理划分县域村庄类型，统筹谋划村庄发展，充分发挥村民主体作用。

（三）持续改善农村人居环境

习近平总书记强调，要持续开展农村人居环境整治行动，实现全国行政村环境整治全覆盖，基本解决农村的垃圾、污水、厕所问题，打造美丽乡村，为老百姓留住鸟语花香田园风光。[①]《中华人民共和国乡村振兴促进法》明确规定：各级人民政府应当建立政府、村级组织、企业、农民等各方面参与的共建共管共享机制，综合整治农村水系，因地制宜推广卫生厕所和简便易行的垃圾分类，治理农村垃圾和污水，加强乡村无障碍设施建设，鼓励和支持使用清洁能源、可再生能源，持续改善农村人居环境。可见，改善农村人居环境是推动乡村建设行动的重点。近年来，农村人居环境整治取得明显成效的同时，也存在一些问题，主要是：农村改厕问题任重道远，农村生活污水处理中的“两难一低”问题突出，农村生活垃圾、厕所粪污等废弃物转运处理能力及资源化利用水平有待提升，村容村貌整治成效有待进一步稳固。根据《农村人居环境整治提升五年行动方案（2021—2025年）》的部署，改善农村人居环境的重点任务和主要举措包括：第一，因地制宜推进农村厕所革命，就是要逐步普及农村卫生厕所，切实提高改厕质量，加强厕所粪污无害化处理与资源化利用。第二，梯次推进农村生活污水治理，就是要分区分类推进治理，加强农村黑臭水体治理。第三，健全农村生活垃圾处理长效机制，包括健全生活垃圾收运处置体系和推进农村生活垃圾分类减量与利用。第四，整体提升村容村貌，要改善村庄公共环境，推进乡村绿化美化，加强乡村风貌引导。

① 2018年5月18日，习近平总书记在全国生态环境保护大会上的讲话。

（四）持续完善乡村基础设施

完善乡村基础设施，是实施乡村振兴战略的重要内容，是提升农业生产力、发展现代农业的物质保障，是增加农民收入、改善农民生活的基本途径，是建设新农村、改善农村面貌的重要推手。《中华人民共和国乡村振兴促进法》明确要求，县级以上地方人民政府应当统筹规划、建设、管护城乡道路以及垃圾污水处理、供水供电供气、物流、客运、信息通信、广播电视、消防、防灾减灾等公共基础设施和新型基础设施，推动城乡基础设施互联互通，保障乡村发展能源需求，保障农村饮用水安全，满足农民生产生活需要。提升乡村基础设施水平是推动乡村建设行动的动力引擎。乡村基础设施建设在取得显著成效的同时还存在一些问题，主要是乡村道路质量差，管护工作不到位；农村供水、供电等基础设施供给质量不高；基础设施带给农民的幸福感有待加强。进一步完善乡村基础设施，要围绕促进城乡基础设施互联互通的目标，坚持共享发展理念，加快补齐农村基础设施短板，持续提升乡村宜居水平。尤其是重点完善农村交通运输、饮水、清洁能源、物流、宽带网络等传统基础设施，统筹推进乡村管理服务数字化，推动城乡客运、供水、能源、环卫、物流等一体化发展。

（五）持续加强乡村文化建设

习近平总书记强调，乡风文明是乡村振兴的紧迫任务[①]。乡村振兴，既要塑形，也要铸魂。优秀乡村文化能够提振农村精气神，增强农民凝聚力，孕育社会好风尚。乡村文化建设，重点是弘扬社会主义核心价值观，保护和传承乡村优秀传统文化，加强乡村公共文化建设，开展移风易俗，改善农民精神风貌，提高乡村社会文明程度。要紧紧围绕实现乡风文明、

① 中央政治局第八次集体学习新闻报道，《人民日报》，2018 年 9 月 23 日。

文化繁荣，大力加强乡村社会主义精神文明建设，大力弘扬发展革命文化、社会主义先进文化，大力弘扬农村传统优秀文化，大力发展乡村公共文化，大力丰富农民群众文化生活，大力培育乡村优良风尚，大力提高农民思想道德素质和文化综合素质，增强乡村文化吸引力和感召力，增强乡村社会内在活力和凝聚力，推动乡村文化繁荣。近年来，各地各部门从政策保障、产业扶持、公共服务等方面着力，有力推进乡村文化建设，取得了一定成效，体现在：密集出台乡村文化振兴的政策文件，推进公共文化服务体系建设，保护传承优秀乡村文化遗产，发展特色乡村文化产业。乡村文化建设也还存在一些问题，主要是：乡村公共服务供给数量还有待提高；乡村文化形式相对单一，符合村民文化消费需求的文艺产品相对匮乏；乡村公共文化设施管理有待规范。采取综合性举措，提升乡村文化服务水平，一是要健全公共文化服务体系，即推动乡村综合性公共文化设施和场所全覆盖、加强文体广场建设、改革创新乡村文化设施运行机制。二是要增加乡村公共文化产品和服务供给，就是要提高公共文化服务供给质量，繁荣农村题材文艺创作，创新服务方式和手段。三是要支持广泛开展群众文化活动，主要是开展送文化下乡、组织引导群众文体活动。四是要建好管好用好农村网络文化阵地，就是推进乡村公共文化网络载体建设，加强乡村网络文化引导。此外，乡村建设还需要传承农耕文明，守住农耕文明之魂。为此，要大力保护利用乡村传统文化，重塑乡村文化生态，发展乡村特色文化产业，重塑适应时代发展需要的乡贤文化。

五、加强和改进乡村治理

加强和改进乡村治理意义重大。乡村“治理有效”是党长期执政和国家长治久安的基础，也是农村社会充满活力、和谐有序的有力保障。乡村治理不仅是构成国家治理体系和治理能力现代化的基础工程，也是全面推进乡村振兴的重要内容。加强和创新乡村治理，就是要建立健全现代乡村社会治理体制和乡村社会治理体系，建设充满活力、和谐有序的善治乡村。实践证明，治理有效是乡村社会稳定的有力保障，治理有效是乡村全面发展的内在支撑，治理有效是农民全面发展的必要条件。根据中央部署，到 2035 年，乡村公共服务、公共管理、公共安全保障水平显著提高，党组织领导的自治、法治、德治相结合的乡村治理体系更加完善，乡村社会治理有效、充满活力、和谐有序，乡村治理体系和治理能力基本实现现代化。2018—2022 年五年的中央一号文件，均对当年乡村治理的重点任务作出了针对性部署。

（一）完善现代乡村社会治理体制

完善现代乡村社会治理体制就是要建立健全党委领导、政府负责、民主协商、社会协同、公众参与、法治保障、科技支撑的现代乡村社会治理体制。这七个方面，构成了乡村治理的基本原则与制度框架，明确了乡村治理的参与主体及功能，明确了法治与科技的具体作用。其中，坚持党委领导是根本，完善政府负责是前提，开展民主协商是渠道，实行社会协同是依托，动员公众参与是基础，搞好法治保障是条件，提供科技支撑是手段，七位一体，有机联系，不可分割。一是要健全乡村治理党的领导体制，就是抓实建强农村基层党支部，加强和改善村党组织对村级各类组织的领导，发挥党员在乡村治理中的先锋模范作用。二是建构乡村治理的村级组织体系，包括规范村级组织工作事务，加大基层小微权力腐败惩治力度。三是完善党建引领的社会参与制度。四是完善现代乡村社会治理体制的实践创新，包括创新乡村党建引领模式，加强乡村治理平台建设，推动乡村治理方式创新。

（二）健全“三治结合”的乡村治理体系

健全“三治结合”的乡村治理体系，一要深化村民自治实践，提升乡村发展活力。创新协商议事形式和活动载体，包括村民会议、村民代表会议、村民议事会、村民理事会、村民监事会等。在方式方法上，丰富村民议事协商形式。二要推进法治乡村建设，强化乡村法治保障。在村民自治的基础上，充分发挥法治对于乡村治理体系的保障作用，以法治指引乡村治理实践。三要增强德治引领作用，提升乡风文明水平。从四个方面着力：积极培育和践行社会主义核心价值观，实施乡村文明培育行动，发挥道德模范的引领作用，加强农村文化的引领。健全“三治结合”乡村治理体系需要持续推进实践创新：一是坚持“三治结合”的农民主体性；二是创新“三治结合”的有效载体；三是完善“三治结合”的运行机制。

（三）提升乡镇和村为农服务能力

提升乡镇和村为农服务能力，一是要增强乡镇在乡村治理中的作用，特别是要着力增强乡镇统筹协调能力，发挥好乡镇服务、带动乡村作用。二是要把乡镇建成农村的服务中心。要加强乡镇公共服务和基础设施的规划建设，不断完善农村义务教育、医疗卫生、社会保险、劳动就业、文化体育等基本公共服务。三是要把乡镇建成乡村的经济中心。支持农产品批发市场、加工流通企业向镇域集聚，发展生产性服务业，发展餐饮休闲、物流配送、养老托幼等生活性服务业。发展劳动密集型产业，有条件的地方可以建设产业集群。在实践中，要大力推进提升乡镇和村为农服务能力的实践创新，需加强县乡村三级联动，完善基层管理体制；运用清单制等创新治理方式；探索治理数字化，实现技术赋能。

六、乡村振兴的要素保障

全面推进乡村振兴，需要提供资金、人才、技术等要素保障。

（一）乡村振兴资金要素保障

实施乡村振兴战略，实现农业农村现代化，需要巨量资金保障。必须拓宽资金来源渠道，健全投入保障制度，创新投融资机制，加快形成财政优先保障、金融重点倾斜、社会积极参与的多元投入格局，确保投入力度不断增强、总量持续增加，逐步建立健全乡村振兴投入稳定增长的长效机制。从资金投入现状看，一方面，财政投入是乡村振兴资金要素来源的主渠道，目前主要有中央财政衔接推进乡村振兴补助资金、中央预算内投资、土地出让收入、城乡建设用地增减挂钩收益返还农村资金、乡村建设政府债券、乡村建设财政贴息或担保贷款六类财政资金，为乡村振兴资金要素投入打好坚实基础。另一方面，金融机构加快改革力度健全乡村金融服务体系，为全面推进乡村振兴战略实施提供重要支撑。我国农村金融服务体系日益健全，农村金融基础设施建设不断完善，农村金融生态环境持续改善，农村金融服务的可得性、便利性和有效性显著提升，为资金要素向乡村振兴倾斜创造了良好条件。近年来，金融机构大力推动乡村金融制度创新，围绕金融组织体系、金融基础设施和金融政策扶持三方面推动农村金融环境改善；积极运用金融科技手段创新开发低成本、广覆盖、便捷可得的普惠型农村金融产品，深化数字技术与农村地区供应链金融融合创新，提升农村物流信息化、智能化水平，促进农村产业链、供应链稳定，提高农产品输出速度和运转效率。此外，各地主要从两个方面积极推动引导工商资本入乡支持乡村振兴：一是营造法治化便利化的基层营商环境，强化政策支持引导，培育一批城乡融合典型项目，激发工商资本入乡积极性；二是引导完善工商资本与农民的利益联结机制，让广大农民共享收益。从存在的问题看，乡村振兴资金要素保障存在的突出问题主要是：财政资金支持仍需加强，面对乡村建设的巨量资金需求，迫切需要加大改革力度，持续拓宽乡村建设资金来源，为乡村建设投融资创造更多支撑条件；金融服务供给仍显不足；工商资本入乡风险防控机制尚未有效建立。进一步加强资金要素保障，一是要充分发挥中央预算内投资和国家城乡融合发展基金的作用，为地方乡村建设与发展注入源头活水；二是要持续推动金融服务创新，在更大范围、更深层次上为乡村振兴提供金融支持，还需要完善农村金融政策体系和机制。

（二）乡村振兴人才要素保障

党的二十大报告指出，教育、科技、人才是全面建设社会主义现代化国家的基础性、战略性支撑。“要着力抓好招才引智，促进各路人才‘上山下乡’投身乡村振兴。”[①]实施乡村振兴战略，必须破解人才瓶颈制约。从目前各地乡村振兴人才要素看，以加强项目引导和制度创新为抓手，人才培育力度不断增强；着力提高支撑能力，做强支撑人才队伍；明确任务职责，深化管理人才培育。乡村振兴人才队伍建设目前也存在一些突出的问题，主要体现在两个方面：一方面是乡村振兴人才结构性短缺问题突出，乡村引才留才育才难度加大，乡村管理服务人才激励配套政策还不够完善等；另一方面，不少驻村干部、县乡干部缺乏人文情怀，对乡村振兴的认识比较狭隘，在一定程度上制约了中央有关政策的落地见效。因此，加大乡村人才要素保障力度，主要从以下方面着力：一是完善乡村人才培育体系。建立层次分明、结构合理、开放有序的乡村人才教育培训体系，建立学历教育、技能培训、实践锻炼等多种方式并举

① 习近平：《走中国特色社会主义乡村振兴道路》（2017 年 12 月 28 日），《论坚持全面深化改革》，中央文献出版社，2018 年版，第 395 页。

的培养开发机制，大力培育乡土人才。支持中央和国家机关有关部门与地方政府、高等学校、职业院校加强合作，按规定为艰苦地区和基层一线“订单式”培养专业人才。二是拓宽人才引进渠道。通过“两推一选”“人才回引”等措施，拓宽人才引进范围，发动现任村干部、复员退伍军人、优秀选调生、乡村振兴助理员、党员乡村企业主等乡村人才，引导其参与竞争；推动建立各类人才定期服务乡村制度；提高人才引进的政策保障，把到农村开展服务活动的经历作为职称评审、岗位聘用的重要参考，鼓励各地整合各领域外部人才成立乡村振兴顾问团，加大对返乡入乡人才住房、子女教育等保障力度。三是创新人才使用方式。为各类人才搭建干事创业平台。探索建立县域专业人才统筹使用制度。四是加大人才激励力度。推动工资待遇、职务职称晋升、职业资格评价和职业技能等级认定等方面向乡村基层人才倾斜。为乡村育才引才留才创造基础条件。

（三）乡村振兴技术要素保障

习近平总书记指出，扎实推进乡村振兴，要积极推进创新驱动发展战略与乡村振兴战略深度融合，发挥科技第一生产力、创新第一动力的重要作用。[①] 加强乡村振兴技术保障，要推动科技创新与乡村产业发展、乡村建设、乡村治理广泛结合，充分发挥科技创新在加快农业农村现代化中的支撑引领作用，推动实现产业兴旺、生态宜居、乡风文明、治理有效、生活富裕的总要求，让农业强起来、农村美起来、农民富起来，走出一条中国特色的创新驱动乡村振兴发展道路。乡村振兴技术要素保障的短板弱项主要是农业科技创新能力有待提升，科技助力全面乡村振兴有待拓展，乡村建设过程中的技术支撑能力提升和创新力量培育有待进一步重视，对标对表乡村全面振兴和农民群众生活品质改善的要求有

① 王志刚：《走创新驱动乡村振兴发展道路》，《求是》，2018 年第 15 期。

待加强。农业农村数字化转型也有待加强。增强乡村振兴技术保障，一是推动高水平农业科技自立自强，增强农业技术供给；二是加强科技创新对乡村建设的支撑力度，全面推进乡村振兴；三是大力推动数字技术与农业农村发展融合，促进乡村高质量发展。

案例

安徽省岳西县树牢生态、融合、经营、全域“四个理念”，成功走出“从产业扶贫到产业振兴”的道路

安徽省岳西县是该省首个脱贫摘帽的国家级贫困县。2021年以来，该县巩固拓展脱贫攻坚成果、全面推进乡村振兴，树牢生态、融合、经营、全域“四个理念”，走出了一条“从产业扶贫到产业振兴”的道路。第一，树牢生态理念。岳西县依托良好的生态环境优势，严格落实各项生态规划，大力发展全

岳西县县城全景图

域有机产业，对农作物进行有机化管理，减少农业面源污染的同时，推动产业发展提质增效。第二，树牢融合理念。用三产融合实现产业兴旺，用三链融合延伸产业链、打通供应链、提升价值链，用城乡融合构建工农互促、城乡互补、协调发展、共同繁荣的新型工农城乡关系。第三，树牢经营理念。围绕推进现代农业经营体系建设，坚持招大引强，积极引进和培育农业龙头企业，发挥示范引领作用，深入实施家庭农场培育行动。第四，树牢全域理念。推动经济高质量发展，培育壮大县域主导产业，实现特色产业的规模化、集约化、工厂化，提高农业特色产业抵抗自然风险、市场风险、社会风险的能力。

今天的岳西县，打造农业全产业链5条，建成绿色农产品示范基地17个。截至2020年，产业实现产值100亿元，生态旅游收入突破100亿元，5万人通过发展茭白产业稳定脱贫。作为国家农业绿色发展先行区、中国十大生态产茶县、中国茶业百强县、中国蚕桑之乡，岳西县有力诠释了在巩固拓展脱贫攻坚成果、全面推进乡村振兴阶段，产业振兴是实现乡村振兴的抓手，而产业振兴的关键在于坚持科学理念，立足乡村功能，挖掘地方优势，发展特色产业。

第五章

怎么看巩固拓展脱贫攻坚成果同乡村振兴有效衔接的理论逻辑与战略路径

导读

深入推动巩固拓展脱贫攻坚成果同乡村振兴有效衔接，是我国“十四五”时期推进农业农村现代化的首要任务。本章针对当前实现巩固拓展脱贫攻坚成果同乡村振兴有效衔接在实践、学术研究方面存在的问题与不足，深入阐述了巩固拓展脱贫攻坚成果同乡村振兴有效衔接的理论逻辑、战略演进过程、战略研究路径。指出，脱贫攻坚的历史经验和伟大脱贫攻坚精神是这一战略演进的基础，在习近平总书记关于巩固拓展脱贫攻坚成果同乡村振兴有效衔接、关于“三农”工作的重要论述指引下持续提升理论素养、战略思维能力及坚持系统观念是战略演进的支撑，而持续强化战略实施的动力机制和优化工作推进体系是战略演进的保障。

习近平总书记在2021年底主持召开中共中央政治局常委会会议专题研究“三农”工作时指出，乡村振兴的前提是巩固脱贫攻坚成果，要持续抓紧抓好，让脱贫群众生活更上一层楼。要持续推动同乡村振兴战略有机衔接，确保不发生规模性返贫，切实维护和巩固脱贫攻坚战的伟大成就。随后中共中央、国务院作出部署，要求牢牢守住保障国家粮食安全和不发生规模性返贫两条底线，扎实有序做好乡村发展、乡村建设、乡村治理重点工作，推动乡村振兴取得新进展、农业农村现代化迈出新步伐。2022 年 2 月国务院印发《“十四五”推进农业农村现代化规划》，明确把“实现巩固拓展脱贫攻坚成果同乡村振兴有效衔接，增强脱贫地区内生发展能力，让脱贫群众过上更加美好的生活，逐步走上共同富裕道路”作为“十四五”时期推进农业农村现代化的七项重点任务之一。系统认识、深入理解巩固拓展脱贫攻坚成果同乡村振兴有效衔接的有关战略问题，对于“十四五”时期我国推进农业农村现代化、加快农业强国建设至关重要。

一、巩固拓展脱贫攻坚成果同乡村振兴有效衔接的战略认识

2020年我国成功解决了绝对贫困问题，实现了第一个百年奋斗目标，并开启了向第二个百年奋斗目标迈进的新征程。党中央作出将“三农”工作重心历史性转向全面推进乡村振兴的决策，印发《中共中央　国务院关于实现巩固拓展脱贫攻坚成果同乡村振兴有效衔接的意见》进行部署。从实践维度看，关于巩固拓展脱贫攻坚成果同乡村振兴有效衔接的共识广泛形成。巩固拓展脱贫攻坚成果的必要性、紧迫性是由摆脱绝对贫困后的脱贫人口脱贫地区脱贫基础脆弱、边缘户基础不稳定、脱贫地区发展基础薄弱等特征所决定的，而实现共同富裕、贯彻新发展理念、构建新发展格局、实现高质量发展、践行党的初心使命，必然要求扎实推进并实现巩固拓展脱贫攻坚成果同乡村振兴有效衔接，稳步推动共同富裕的历史进程。但是，对照习近平总书记关于“三农”工作的重要论

述、中央关于巩固拓展脱贫攻坚成果同乡村振兴有效衔接决策部署的要求，部分干部群众对于为什么要实现有效衔接、如何实现有效衔接的认识还存在一定误区，集中体现在以下方面。一是缺乏全面认识。对巩固拓展脱贫攻坚成果同乡村振兴有效衔接的政策理解认识还不够全面、还不够到位。例如，从地方政策设计、座谈会情况来看，部分干部对“拓展”缺乏足够认知，对“振兴”缺乏充分认识，对“巩固”理解存在片面现象，更多的是认为仅仅满足于实现脱贫攻坚“两不愁三保障”和饮水安全等底线性目标即可，有的还存在盲目乐观倾向。此外，对从脱贫攻坚到全面推进乡村振兴的历史必然、脱贫攻坚成果对乡村振兴的基础性作用等也缺乏足够的认识。二是缺乏理论支撑。对于习近平总书记关于“三农”工作重要论述的思想体系理解还不够深入、透彻，对于中央关于乡村振兴的顶层设计背后的理论逻辑缺乏系统认识，推动共同富裕整体性没有完全呈现，大局观也还没有根据实际需要得到凸显。落实巩固拓展脱贫攻坚成果存在固守思维，对巩固拓展最根本还是要靠发展的认识不足等。三是缺乏战略谋划。主要是还存在为规划而规划的现象，规划中对现阶段及未来发展中诸多变量因素，例如新发展阶段、新发展理念、新发展格局、高质量发展“三新一高”战略要求以及科技水平、疫情影响、生活方式、思想变化等因素考虑不足。再例如，部分干部认为巩固脱贫成果难度不大、没有准确把握有效衔接的艰巨性长期性战略性，也就难以完全做到立足当前、面向长远进行谋划，难以体现出足够的历史耐心。四是缺乏系统观念。从脱贫攻坚到全面推进乡村振兴的历史性转移需要充分运用脱贫攻坚形成的物质成果、理论成果，需要弘扬伟大脱贫攻坚精神。乡村振兴是一项复杂的系统工程，需要统筹振兴与发展安全，需要防范风险，需要“五位一体”推进“五大振兴”，需要城乡融合发展。实践中，不少地方在政策设计、战略规划、工作推进中没有很好地坚持和呈现系统观念。

从学术研究维度看，巩固拓展脱贫攻坚成果同乡村振兴有效衔接、全面推进乡村振兴是一项复杂的系统工程、是一个历史过程，涉及众多学科和领域，需要运用系统论的思维方式进行分析和研究。但是该领域的现有研究还存在不少局限。其一，有效衔接的研究多数从实践视角出发，着眼于如何在工作上实现衔接，对于从脱贫攻坚到全面推进乡村振兴历史性转移的客观必然性、规律性研究略显不足。其二，有效衔接、乡村振兴战略的研究视角更多关注于某一微观领域，例如，以有效衔接、乡村振兴为背景，更多研究农村基层党建、产业融合模式、乡村旅游、养老、新型合作社经济实现现代化路径、“五大振兴”等问题，而从宏观视角出发，着眼于巩固、拓展、衔接、振兴的整体，研究这一历史性系统工程的逻辑体系、现实困境、战略目标、路径与机制等方面的成果也略显不足。其三，整体性系统性研究偏弱。有效衔接涉及农业、农村和农民等不同维度，巩固拓展脱贫攻坚成果、乡村振兴“总要求”是不可分割的整体，只有从宏观上整体把握，研究成果才可能更科学、全面地指导实践。其四，实证研究略显滞后。诸如乡村治理机制不完善、财政支农政策碎片化、乡村缺乏内生增长动力等农业农村现代化的短板问题，基于深入调研、分析提出的对策偏少。多学科融合不够，在一定程度上削弱了研究成果的严谨性和权威性。没有理论上的清醒，就没有政治上的坚定，就没有行动上的自觉。坚决贯彻落实中央有关决策部署，关键和基础是要解决好理论认识问题，尤其要准确理解和把握实现巩固拓展脱贫攻坚成果同乡村振兴有效衔接的战略演进逻辑。对上述实践、学术研究两个方面存在的问题进行分析，可得出乡村振兴的前提是巩固脱贫攻坚成果。巩固拓展脱贫攻坚成果、防止返贫与乡村振兴存在严密的理论逻辑，脱贫攻坚的历史经验和伟大脱贫攻坚精神构成了有效衔接战略演进的基础。习近平总书记关于巩固拓展脱贫攻坚成果同乡村振兴有效衔接、关于“三农”工作的重要论述为有效衔接提供了根本遵循，以此为指引持续提升的理论素养、战略思维能力与坚持系统观念，是有效衔接战略演进的支撑。保持历史耐心，不断完善动力机制和优化工作推进体系，是有效衔接战略演进的保障。

二、巩固拓展脱贫攻坚成果同乡村振兴有效衔接的理论逻辑

脱贫攻坚结束后，开展巩固拓展脱贫攻坚成果防止返贫，是精准扶贫、精准脱贫基本方略的延伸，是脱贫成效赢得人民认可、经得起历史检验的关键，是巩固党的执政根基的必然要求。脱贫攻坚的伟大成就充分彰显了中国共产党领导和中国特色社会主义制度的显著优势，充分彰显了中国共产党的执政能力。如果脱贫攻坚全面胜利后，脱贫攻坚成果没有得到完全巩固，出现规模性返贫，那么，从政治上看，脱贫攻坚中所彰显的政治制度优势、党的执政能力将受到质疑。只有从政治维度、从中国共产党执政根基巩固的高度，去理解和认识巩固拓展脱贫攻坚成果、防止返贫的重要性，才能在理论上更充分认识和理解防止返贫、乡村振兴的内在逻辑，形成巩固脱贫成果有效衔接乡村振兴的思想基础。

（一）防止返贫、巩固拓展脱贫攻坚成果是实现从脱贫攻坚到全面推进乡村振兴历史性转移的关键

“历史性”，表明这不是短期的目标任务，而是长期的战略性任务。完成战略性目标任务就需要保持历史耐心。脱贫攻坚战有八年的明确期限，但新发展阶段的乡村振兴规划到了 2050 年，从现在算起，还有近三十年时间，是一个比较长期的历史过程。这就决定了在执行政策、推

动工作中，不能操之过急，“实施乡村振兴战略，首先要按规律办事”①。“转移”，表明这不是脱贫攻坚战的简单延伸。全面推进乡村振兴，首要的前提是防止返贫。脱贫攻坚任务完成，必须巩固住脱贫成果，这是推动脱贫攻坚转向乡村振兴的基础，是一个系统过程，需要有系统认识；同时，这也不是某一个或数个方面的转移，而是全方位、立体式的转移。比如工作对象，要从过去的建档立卡贫困人口转到现在的所有农民，数量、群体差异性、工作复杂性都会大幅度增加。脱贫攻坚政策瞄准的是贫困村、贫困县，乡村振兴阶段转向全国所有县、所有的农村地区。脱贫攻坚期间，主要解决农村贫困问题，进入乡村振兴阶段，需要城乡互动、融合发展，这也是历史性转移的重要内涵。连接脱贫攻坚与乡村振兴两个阶段的关键是防止返贫。

（二）防止返贫、巩固拓展脱贫攻坚成果有效衔接乡村振兴、全面推进乡村振兴是一个有机联系的整体

在中央关于国家乡村振兴局的“三定”规定还没有正式印发之前，一些地方乡村振兴部门感到工作任务不够明确，其主要原因很大程度上在于还没有充分认识到防止返贫与乡村振兴的内在关联性。乡村振兴部门当前重点任务是巩固拓展脱贫攻坚成果，但是，如果仅仅只是巩固拓展、防止返贫，把思想认识、具体工作局限在巩固拓展、防止返贫的具体范畴内，则是不全面的，容易进入就“巩固拓展”谈“巩固拓展”的误区。因为巩固拓展脱贫攻坚成果有效衔接乡村振兴是一个有机联系的整体，需要在整体中系统认识和解决好“巩固拓展”面临的困难和问题，巩固拓展脱贫攻坚成果才可能落地见效，实现防止返贫的目标。防止返贫、乡村振兴，在具体工作推进上可以划清边界，精准推进。但是，在

① 习近平：《论“三农”工作》，中央文献出版社，2022年版，第278页。

一个区域，比如一个行政村，哪些工作属于乡村振兴，那些属于巩固拓展成果，就很难进行区分。从理论维度看，巩固拓展脱贫攻坚成果的目标是防止返贫，巩固拓展的发展方向是有效衔接乡村振兴，有效衔接的目标必然是全面推进乡村振兴，因此，防止返贫、有效衔接、乡村振兴是一个不断演进的动态过程。仅就防止返贫而言，目标很明确——脱贫群众的“两不愁三保障”加上饮水安全保障，通过持续完善、强化兜底保障政策措施，实现动态清零是完全可以做到的。但是，如果不是用发展的办法实现巩固拓展脱贫攻坚成果有效衔接乡村振兴、促进乡村发展水平的整体提升，那么，巩固拓展脱贫攻坚成果就只能维持在低水平上，不仅脱贫成果的稳定性和抗逆性难以得到不断提高，规模性返贫的“阈值”也会容易被触碰。推进巩固拓展脱贫攻坚成果有效衔接乡村振兴，必须坚持系统性、战略性和长期性原则。

*实施乡村振兴战略是一项系统工程。*实施乡村振兴战略，要以习近平新时代中国特色社会主义思想为指导，建立健全城乡融合发展体制机制和政策体系，统筹推进农村经济建设、政治建设、文化建设、社会建设、生态文明建设和党的建设，加快推进乡村治理体系和治理能力现代化，加快推进农业农村现代化，走中国特色乡村振兴道路。从乡村振兴战略实施基础看，乡村振兴需要以巩固脱贫成果、防止返贫为基础和前提。从乡村振兴战略内容看，全面推进乡村振兴必然要求乡村发展、乡村建设、乡村治理三位一体统筹推进。从乡村振兴战略推进路径看，包含产业、人才、文化、生态、组织等“五大振兴”和城乡融合发展。因此，实施乡村振兴战略是一项复杂的系统工程，具有整体性、全面性、系统性、协同性等特点。

*乡村全面振兴是实现共同富裕的底线任务。*马克思所设想的未来共产主义社会是建立在社会生产力高度发达基础上的，而我国还处

于社会主义初级阶段，经济基础仍很薄弱，由于多种原因形成的二元经济结构特征至今仍然比较明显。因此，长期以来，城乡收入差距问题成为我国实现共同富裕的一个重要障碍。这就需要用底线思维，以共同富裕为目标方向，扎实推进乡村全面振兴，为扎实推动共同富裕、逐步实现共同富裕奠定基础。从大历史观维度来认识和理解，乡村全面振兴是一个动态过程。中国共产党自成立之日起，就一直带领全国人民为摆脱贫困、追求美好生活而努力奋斗，就是在推动共同富裕。从 20 世纪 50 年代毛泽东同志首先提出共同富裕理念，到改革开放以后邓小平同志多次强调共同富裕，再到习近平总书记把实现共同富裕作为中国特色社会主义的本质要求和战略目标，这表明在中国特色社会主义伟大实践中，我们党始终带领全国人民矢志不渝为实现共同富裕这一本质要求、历史使命而不懈奋斗。习近平总书记指出，党的十八大以来，党中央把逐步实现全体人民共同富裕摆在更加重要的位置上，推动区域协调发展，采取有力措施保障和改善民生，打赢脱贫攻坚战，全面建成小康社会，为促进共同富裕创造了良好条件。在扎实推动共同富裕的历史阶段，既要巩固脱贫攻坚成果、防止返贫，同时也要有效衔接乡村振兴，而乡村振兴的发展方向就是共同富裕。也就是说，防止返贫、全面推进乡村振兴的意义和价值就是为确保实现全体人民实现共同富裕奠定基础。乡村振兴必然是以防止返贫为前提，以共同富裕为目标指引和落脚点，这就是防止返贫、乡村振兴、共同富裕三者间的内在逻辑关联。

（三）防止返贫、巩固拓展脱贫攻坚成果与乡村振兴之间蕴含着丰富的理论关系

第一，体现在和马克思主义中国化的关系。马克思主义针对反贫困有许多重要论述，包括关于物质贫困、精神贫困的论述等，但是这些论

述主要目的是要解决当时城市工人的贫困问题，对于农村较少涉及。在新时代脱贫攻坚战期间形成的中国特色反贫困理论，深刻阐述了社会主义国家如何解决大规模的绝对贫困问题，是习近平新时代中国特色社会主义经济思想的重要组成部分，为马克思主义反贫困理论中国化作出许多原创性贡献。中国特色反贫困理论，在乡村发展实践中具有重要方法论意义和指导价值，对于乡村振兴工作具有指导意义。这一指引中国脱贫攻坚、乡村振兴的科学理论，成为马克思主义中国化最新成果的重要组成部分。第二，体现在与统筹中华民族伟大复兴战略全局和世界百年未有之大变局的关系。习近平总书记在 2020 年中央农村工作会议上的重要讲话，主要从中华民族伟大复兴战略全局、世界百年未有之大变局两个维度，深刻论述了“三农”工作的战略定位。这些关于“三农”工作历史意义和战略定位的重要论述，蕴含着防止返贫与乡村振兴之间客观存在的长期性、整体性、动态性的丰富理论逻辑。第三，体现在与社会主义现代化国家建设的关系。乡村治理体系的现代化是国家治理体系现代化的一部分，乡村治理能力建设质量决定着国家治理能力现代化的进程。第四，体现在与把握新发展阶段、贯彻新发展理念、构建新发展格局、推动高质量发展之间的关系。防止返贫、实施乡村振兴战略，是实现高质量发展、促进共同富裕的战略选择和必然路径。乡村振兴在充分挖掘农村内需空间、提升农业供给侧质量效益和竞争力、突破城乡之间体制机制障碍、畅通国民经济循环等方面，对构建新发展格局、实现高质量发展具有重大意义。

深刻认识和全面理解上述关于防止返贫和乡村振兴理论逻辑的核心观点，有助于从理论上理清工作思路，把握工作的系统性、整体性以及重点难点，有助于更好地理解相关政策的理论指向，从而更精准地推动政策措施落地见效。

三、巩固拓展脱贫攻坚成果同乡村振兴有效衔接的战略演进基础

习近平总书记强调，脱贫攻坚取得胜利后，要全面推进乡村振兴，这是“三农”工作重心的历史性转移。必须把脱贫摘帽作为新生活、新奋斗的起点，在巩固拓展脱贫攻坚成果的基础上，切实做好同乡村振兴的有效衔接，接续推进脱贫地区经济社会发展和群众生活改善。要认真总结借鉴脱贫攻坚积累的宝贵制度成果和精神财富，完善乡村振兴政策体系、制度体系和工作体系，逐步实现从集中资源支持脱贫攻坚向全面推进乡村振兴平稳过渡。

（一）汲取脱贫攻坚的历史经验

中国共产党领导全国人民打赢脱贫攻坚战，积累了宝贵的历史经验。这些经验对于巩固拓展脱贫攻坚成果同乡村振兴有效衔接同样具有重要指导意义。从历史经验的总结及其时代运用的角度看，脱贫攻坚的历史经验可以概括为以下方面。

一是坚持党的集中统一领导。把脱贫攻坚纳入治国理政的总体布局，强化中央统筹、省负总责、市县抓落实的工作机制，构建五级书记抓扶贫、全党动员促攻坚的局面。执行脱贫攻坚一把手负责制，脱贫攻坚期内保持贫困县党政正职稳定，把基层组织建设成为带领群众脱贫致富的坚强战斗堡垒。选派用好驻村第一书记和驻村工作队。

二是坚持科学理论指导。习近平总书记把马克思主义基本原理同中国实际相结合，准确把握我国贫困地区发展和贫困演变规律，提出了一系列解决贫困问题、攻坚克难的新思想新观点，作出一系列新决策新部署，形成了思想深邃、逻辑严密、内涵丰富的关于扶贫工作的重要论述。这套理论体系，是习近平新时代中国特色社会主义思想的重要内

容，是马克思反贫困理论中国化的最新成果，是打赢脱贫攻坚战的根本遵循，具有科学性、实践性、开放性、历史性、国际性等鲜明特征和理论品格，指引脱贫攻坚战从胜利走向新的胜利。

三是坚持人民至上的根本立场。一方面，体现在始终坚持全心全意为人民服务的根本宗旨。脱贫攻坚战的目的就是改善贫困地区的生产生活条件，为实现人民的美好生活奠定基础。另一方面，体现在历史性地解决绝对贫困问题，始终把群众满意度作为衡量脱贫成效的重要尺度，集中力量解决贫困群众基本民生需求。建立健全一整套解决绝对贫困问题的理论体系、制度体系、政策体系、工作体系，为治国理政其他领域更好地实现好、维护好、发展好最广大人民利益提供了方法论和实践经验，也为坚定“四个自信”提供有力支撑。

四是坚持系统观念。打赢脱贫攻坚战的路径就是在贫困地区扶贫开发中全面落实“五位一体”总体布局、协调落实“四个全面”战略布局，统筹推进贫困地区的经济建设、政治建设、文化建设、社会建设、生态文明建设，探索实践贫困地区全面从严治党的实现路径，充分体现了复杂系统工程的特征，体现了统筹推进观念的要求。

五是坚持精准方略。我国在脱贫攻坚实践中，积极借鉴国际经验，紧密结合中国实际，创造性地提出并实施精准扶贫方略，做到扶持对象、项目安排、资金使用、措施到户、因村派人、脱贫成效“六个精准”，实施发展生产、易地搬迁、生态补偿、发展教育、社会保障兜底“五个一批”，解决好扶持谁、谁来扶、怎么扶、如何退、如何稳“五个问题”，增强了脱贫攻坚的目标针对性，提升了脱贫攻坚的整体效能。精准方略，是打赢脱贫攻坚战的制胜法宝，不仅适用于解决贫困问题，也同样适用于解决发展中面临的诸多问题。精准方略已逐步发展成为治国理政的重要方法论。

六是坚持大扶贫格局。通过政府、市场、社会互动，专项扶贫、行业扶贫、社会扶贫联动，强化东西部扶贫协作，组织开展定点扶贫，各行各业发挥专业优势，民营企业、社会组织、公民个人热情参与，构建全党全国全社会合力攻坚的格局，形成跨地区、跨部门、跨单位、全社会共同参与的社会扶贫体系，凝聚起向贫困宣战的磅礴力量。

七是坚持扶贫同扶志扶智相结合。以激发内生动力为目标，把培育脱贫群众的内生动力、脱贫地区的发展动力作为脱贫攻坚战的根本。脱贫攻坚战不仅历史性解决了中华民族的绝对贫困问题，更大幅度提升了脱贫地区的发展能力，极大调动了广大贫困群众的积极性、主动性、创造性，激发了内生脱贫动力，激活了亿万中华民族儿女扶危济困的内心本性，为促进社会和谐、弘扬社会主义核心价值观奠定了精神基础。

八是坚持要素有效保障。在脱贫攻坚战过程中，确保各项要素的投入，例如资金、人才、土地、制度等要素的供给。同时，注重资源投入使用的有效性。如在资金要素投入方面，充分发挥政府的主导作用，同时动员政策银行、商业银行、专业银行创新参与形式，统筹各中央单位定点扶贫资金、东西部扶贫协作资金投入使用，整合财政涉农资金，强化扶贫资金监管，为打赢脱贫攻坚战提供要素保障。

九是坚持改革创新。精准方略是对传统的、已有扶贫体制方式的改革和创新。在全面深化改革的历史背景下，在国家治理体系和治理能力现代化进程中，坚持改革创新是脱贫攻坚战取得胜利的重要法宝。理念、程序、方式、模式等方面的创新始终贯穿脱贫攻坚时期出台及实施的各项政策全过程。

十是坚持从严考核评估。把全面从严治党贯穿脱贫攻坚全过程和各环节。开展脱贫攻坚的政治巡视、专项巡视，突出实的导向、严的规矩，把一切工作都落实到为贫困群众解决实际问题上。建立健全考核评估体系、监督体系，实行最严格的考核评估，让脱贫攻坚真正体现公平、公开、公正，体现人民主体地位的执政理念。

（二）弘扬脱贫攻坚精神

习近平总书记指出，脱贫攻坚伟大斗争，锻造形成了“上下同心、尽锐出战、精准务实、开拓创新、攻坚克难、不负人民”的脱贫攻坚精神。脱贫攻坚精神是中国共产党性质宗旨、中国人民意志品质、中华民族精神的生动写照，是爱国主义、集体主义、社会主义思想的集中体现，是中国精神、中国价值、中国力量的充分彰显，赓续传承了伟大民族精神和时代精神。

脱贫攻坚精神具有丰富的文化基因、深厚的理论基础、鲜明的实践价值。脱贫攻坚精神影响的不仅是某个人，或者某些贫困地区，影响的是整个中华民族，是中国共产党精神谱系的重要组成部分。脱贫攻坚精神形成于深厚的中华民族精神文化基因，其价值源泉来自于党“不忘初心，牢记使命”的要求，即为中国人民谋幸福、为中华民族谋复兴的初心使命。脱贫攻坚精神的理论基础是共同富裕，实践来源是我国脱贫攻坚战取得的全面胜利。脱贫攻坚精神产生于脱贫攻坚，但其影响不止于脱贫攻坚。伟大事业孕育伟大精神，伟大精神引领伟大事业，脱贫攻坚精神丰富和发展了党的精神谱系，为全面推进乡村振兴、逐步实现人民共同富裕提供了精神力量。

四、巩固拓展脱贫攻坚成果同乡村振兴有效衔接的战略演进支撑

党的十八大以来，习近平总书记对“三农”工作发表一系列重要讲话、对实施乡村振兴战略作出一系列重要指示，科学回答了为什么要振

兴乡村、怎样振兴乡村等重大理论和实践问题，为全面推进巩固拓展脱贫攻坚成果、接续全面推进乡村振兴指明了前进方向、提供了根本遵循。实现巩固拓展脱贫攻坚成果同乡村振兴有效衔接，需要建立完善以理论素养、战略思维和系统观念为核心的有效衔接战略演进支撑体系。其实质就是广大干部群众一要不断强化理论武装、准确理解和把握中央关于有效衔接顶层设计的内在逻辑、发展方向和落实路径；二要增强战略思维能力，保持历史耐心，谋定而后动；三要坚持系统观念，统筹推进高质量乡村振兴。

（一）提升理论素养是实现巩固拓展脱贫攻坚成果同乡村振兴有效衔接的基础

一个民族要走在时代前列，就一刻不能没有理论思维，一刻不能没有正确思想指引。深刻领会习近平总书记关于“三农”工作的重要论述是提升干部群众理论素养的核心。总书记的论述从“三农”工作的战略意义和历史意义、保障粮食和重要农产品供给安全、加强耕地保护建设、强化农业科技支撑、创新农业经营方式、巩固拓展脱贫攻坚成果、推进乡村产业振兴、加强农村生态文明建设、促进农民增收致富、扎实推进乡村建设、县域内城乡融合发展、改进乡村治理、加强农村生态文明工作、深化农村改革、强化乡村振兴要素保障、加强和改善党对“三农”工作的领导等方面进行了系统深刻阐述，形成了思想深邃、内涵丰富的思想体系，深入阐明了新时代“三农”工作在全党全国全局工作中的历史方位，深刻阐释了新时代农业农村现代化的核心要义和科学内涵，鲜明提出了巩固拓展脱贫攻坚成果、全面推进乡村振兴的目标方向、时代要求、发展规律和推进路径，为实现巩固拓展脱贫攻坚成果同乡村振兴有效衔接、全面推进乡村振兴顶层设计提供了根本遵循，为中央决策部署的贯彻落实提供了行动指南。

在习近平总书记关于乡村振兴重要论述的指引下，建设一幢共同富裕大厦，其地基好比脱贫攻坚与全面建成小康社会，地基不牢，大厦不稳；承重柱好比粮食安全和“五大”振兴，承重柱越有力，大厦建得越稳越好；混凝土隔层好比农业农村农民现代化进程，混凝土隔层一层层地往上搭建，共同富裕的大厦才能越来越高；砖瓦水泥门窗好比是城乡融合发展，农村的发展和城市的发展要相互融合，首要的是推动县域内城乡融合发展；建设标准就是高质量发展的要求，只有高质量发展才能保证共同富裕的成色；建设大厦的技术工人是广大乡村振兴干部，要汇聚广大乡村振兴干部的力量；建筑工人则是农民，因为农民是乡村振兴的主体，乡村振兴必须依靠农民的力量，为农民而兴。

（二）提升战略思维能力是实现巩固拓展脱贫攻坚成果同乡村振兴有效衔接的关键

战略问题是一个政党、一个国家的根本性问题。战略上判断得准确，战略上谋划得科学，战略上赢得主动，党和人民的事业就大有希望。战略是从全局、长远、大势上作出判断和决策。党的十九大以来，以习近平同志为核心的党中央提出实现乡村振兴战略，就巩固拓展脱贫攻坚成果、全面推进乡村振兴作出一系列决策部署，体现了高瞻远瞩的战略眼光、总揽全局的战略智慧，为新时代党和国家推进农业农村现代化指明了前进方向、提供了根本遵循。

第一，提升有效衔接的战略思维能力，要准确把握分阶段安排的战略目标。到2025年，脱贫攻坚成果巩固拓展，乡村振兴全面推进，底线是确保不发生规模性返贫，脱贫地区农民收入增速高于全国农民平均水平。到2035年，脱贫地区经济实力显著增强，乡村振兴取得决定性进展，农业农村现代化基本实现。到2050年，农业农村现代化全面实现，农业高质高效、乡村宜居宜业、农民富裕富足，乡村全面振兴。

第二，提升有效衔接的战略思维能力，要准确把握工作重心的战略转移。从解决“两不愁三保障”向推动乡村全面振兴转变，更加关注农业、农村、农民的全面发展；从突出到人到户向推动区域发展转变，更加关注一个村、一个镇、一个县的全域发展；从以政府投入为主向政府市场有机结合转变，更加强调注重利用市场配置资源。

第三，提升有效衔接的战略思维能力，要准确把握以解决脱贫不稳定、脱贫地区发展水平不高、帮扶方式不可持续为主要目标的战略任务。通过采取保持主要帮扶政策总体稳定、做好易返贫致贫人口的监测帮扶、巩固“两不愁三保障”成果、强化易地搬迁群众后续帮扶、抓好产业就业帮扶、抓好搬迁群众后续扶持、加强扶贫项目资产管理和监督、实施巩固脱贫成果后评估等综合性措施推进巩固拓展脱贫攻坚成果；通过发展壮大特色优势产业、加强脱贫劳动力就业帮扶、提升脱贫地区基础设施和公共服务水平、倾斜支持乡村振兴重点帮扶县等措施，接续推进脱贫地区乡村振兴；通过加强农村低收入人口监测、分层分类落实救助帮扶举措、合理确定农村医疗保障待遇水平、完善养老保障和儿童关爱服务等措施健全农村低收入人口常态化帮扶机制。

第四，提升有效衔接的战略思维能力，要准确把握战略和策略的辩证统一关系，保持战略定力。善于从战略上看问题、想问题，坚持以习近平总书记关于“三农”工作的重要论述为指导，深刻领会、坚决贯彻党中央作出的各项战略决策和部署；拓宽战略视野，统筹把握中华民族伟大复兴战略全局和世界百年未有之大变局，从国内国际两个大局、党和国家工作大局出发，思考和研究巩固拓展脱贫攻坚成果同乡村振兴有效衔接的相关问题，把巩固拓展、有效衔接、全面振兴、共同富裕统一起来；增强“十四五”时期推进有效衔接、全面推进乡村振兴战略设计的科学性和长远指导性，同时根据发展变化及时调整策略，增强策略安排的针对性、务实性和可操作性，把战略的坚定性和策略的灵活性结合起来。

（三）坚持系统观念是实现巩固拓展脱贫攻坚成果同乡村振兴有效衔接的首要原则

巩固拓展、有效衔接、乡村振兴是一个有机联系的整体。巩固拓展的方向是有效衔接，在巩固拓展的同时推进有效衔接。有效衔接的方向是乡村振兴。

全面推进乡村振兴需要把握的系统关系。例如乡村振兴与马克思主义中国化的关系，与统筹中华民族伟大复兴战略全局和世界百年未有之大变局的关系，与社会主义现代化国家建设的关系，与新发展阶段、新发展理念、新发展格局和高质量发展的关系，都需要用系统观念去认识、理解和把握。

五、巩固拓展脱贫攻坚成果同乡村振兴有效衔接的战略演进保障

习近平总书记强调，要切实做好巩固拓展脱贫攻坚成果同乡村振兴有效衔接各项工作，让脱贫基础更加稳固、成效更可持续。压紧压实各级党委和政府巩固脱贫攻坚成果责任，坚决守住不发生规模性返贫的底线。全面实施乡村振兴战略的深度、广度、难度都不亚于脱贫攻坚，要完善政策体系、工作体系、制度体系，以更有力的举措、汇聚更强大的力量，加快农业农村现代化步伐，促进农业高质高效、乡村宜居宜业、

农民富裕富足。从“十四五”时期更有力有效推进有效衔接工作看，强化动力机制、优化工作推进体系需要摆在突出位置。

（一）持续强化巩固拓展脱贫攻坚成果同乡村振兴有效衔接的动力机制

增强领导力。全面加强党对“三农”工作的领导，切实增强各级干部做好“三农”工作的政治能力。深入贯彻落实《中国共产党农村工作条例》，健全中央统筹、省负总责、市县乡抓落实的农村工作领导体制，层层落实五级书记抓巩固拓展脱贫攻坚成果同乡村振兴有效衔接、全面推进乡村振兴的责任。始终坚持用习近平总书记关于“三农”工作的重要论述武装头脑、指导实践、推动工作，把新发展理念完整、准确、全面贯彻到巩固拓展脱贫攻坚成果同乡村振兴有效衔接工作各方面、各环节、全过程。

增强执行力。将脱贫攻坚工作中形成的有效做法运用到推进乡村振兴上，建立健全上下贯通、一抓到底的巩固拓展脱贫攻坚成果、全面推进乡村振兴的工作体系。落实县委书记抓巩固拓展、有效衔接乡村振兴“一线总指挥”责任，发挥各级党委农村工作领导小组牵头抓总、统筹协调作用，提升各级党委农村工作机构、各级乡村振兴干部的执行能力。选优配强乡镇领导班子、村“两委”成员特别是基层党组织书记，切实发挥农村基层党组织战斗堡垒作用，用好驻村第一书记和工作队，确保中央决策部署和政策措施落地见效。

增强动员力。坚持和完善东西部协作机制，在保持现有结对关系基本稳定和加强现有经济联系的基础上，调整优化原则上一个东部地区省份帮扶一个西部地区省份的长期固定结对帮扶关系。更加注重发挥市场作用，强化以企业合作为载体的帮扶协作。坚持中央单位定点帮扶机制，安排有能力的部门、单位和企业承担更多责任。组织开展“万企兴万村”行动。坚持和完善驻村第一书记和工作队制度，推动建强村党组织、强村富民、提升治理水平、为民办事服务等重点任务落地生效。

增强创新力。一是加强脱贫攻坚与乡村振兴的政策衔接。落实好过渡期脱贫攻坚调整优化后的涵盖财政、税收、金融、土地和教育、健康、医保、住房、饮水、产业、就业等方面的33项政策，特别是财政扶贫资金支持、资金整合、信贷保险、土地支持、人才智力支持等政策。二是加强巩固拓展脱贫攻坚成果同乡村振兴有效衔接的组织保障。核心是将脱贫攻坚工作中形成的领导体制、工作体系、规划和项目建设、帮扶机制、考核机制等，根据实际需要运用到巩固拓展脱贫攻坚成果、全面推进乡村振兴上来。三是围绕推动小农户与现代农业有机衔接深化新阶段农村改革。主要是巩固和完善农村基本经营制度，深化农村土地制度改革，推动城乡融合发展体制机制和政策体系落地见效。

增强内生动力。在巩固拓展脱贫攻坚成果同乡村振兴有效衔接中始终尊重脱贫群众的主体地位，坚持乡村振兴为农民而兴、乡村建设为农民而建。充分尊重农民意愿，农民期盼干的抓紧干，农民愿意干的带着干，农民不愿意干就先放一放、缓一缓。建立自下而上、村民自治、农民参与的实施机制。农民应该干的要尽量交给农民干，政府重点做农民干不了、干不好的事。加强农民培训，加强农村创业致富带头人培育，持续提高农民参与乡村振兴的积极性、主动性。

（二）不断优化巩固拓展脱贫攻坚成果同乡村振兴有效衔接的工作推进体系，深化对政策的理解把握

系统理解巩固拓展脱贫攻坚成果与乡村振兴有效衔接政策任务的必然性、艰巨性和长期性，深刻认识在发展中实现巩固拓展的根本性、重

要性和紧迫性。特别注意理解和把握好政策关键点，比如产业振兴是一个长期发展过程，现阶段强调有效衔接政策是一个发展方向，如何实现有效衔接是一个有机整体，推动共同富裕需要科学引领等。

提升干部理论思维能力。切实领悟习近平总书记对“三农”工作重要论述的丰富内涵、精髓要义、实践要求。要把乡村振兴放在习近平新时代中国特色社会主义思想理论体系中，从治国理政的角度去理解乡村振兴工作的重要性。坚持在加快发展、实现高质量发展中推动脱贫成果巩固和拓展。通过有效培训干部群众、着力提升干部能力，促进干部群众观念加快转变。避免把乡村振兴工作理解成阶段性工作。

牢固树立“谋定而后动”思维。全国各地乡村发展水平差异大，一个省内不同地区、市、县、乡、村也处于不同发展阶段或发展方式不同，没有统一的“教科书”。特别是在做乡村规划前，一定要调研好、想清楚，是应当以县为单位做规划还是统筹考虑计划撤并的村分类规划，还有建什么、怎么建、资金怎么来，能不能建成等问题，要做到“谋定而后动”。否则盲目规划就会出现要么规划的内容不可行成为无法落地的“画饼”规划，要么农民不知情，与农民不相关，体现不了为农民而建，还可能造成资金浪费。

增强系统推进的意识和能力。推进巩固拓展脱贫攻坚成果与乡村振兴有效衔接是一项复杂的系统工程。在不同的历史阶段，任务目标有所不同。巩固脱贫攻坚成果、有效衔接乡村振兴、全面推进乡村振兴，无论是在过渡期还是从长远看，都需要不断调整和完善体制机制、政策体系，因此如何发挥示范引领作用更为重要。在示范创建和项目建设中，一定要充分考虑当前和长远任务目标，不能只选好的项目点打造“盆景”。示范项目建设要有特色，要体现前瞻性和多元性，并具有可复制、可推广的价值特性。

切实做好总结宣传引导工作。及时总结工作实践中探索的好做法、好经验，加大宣传和正面舆论引导，不仅有助于得到社会认可，也有利于激发基层干部积极性和创造性。在经验总结中，要注重总结经验的内在规律性，体现为什么好、怎么学、怎么用。设立一系列专题和典型案例，在深入总结研究的基础上，有效开展讨论、交流、宣传。这一做法很有必要，既可以为培训提供鲜活的理论、案例支持，又可以营造提升理论思考氛围、构建乡村振兴工作系统话语，凝聚更大合力。

案例

江西省井冈山市茅坪镇实现巩固拓展脱贫攻坚成果同乡村振兴的有效衔接

茅坪镇位于江西井冈山市中部，是著名的八角楼所在地，也是文化和旅游领域红色资源的聚集地，拥有丰富的生态资源。脱贫攻坚任务完成后，该镇狠抓“四个聚焦”，建立“四个长效机制”，有力推进帮扶力量、产业发展、绿色治理、精神文化“四个相衔接”，有力推进人才、产业、生态、文化“四个振兴”，探索了一条巩固拓展脱贫攻坚成果同乡村振兴有效衔

茅坪镇庭院与村庄同步美丽

接的“茅坪路径”。具体做法：一是围绕聚焦基层基础，建立党建引领长效机制，确保帮扶力量相衔接，推进组织人才振兴；二是聚焦富民产业，建立产业增收长效机制，确保产业发展相衔接，推进产业振兴；三是聚焦生态底色，建立“两山”转换长效机制，确保绿色治理相衔接，推进生态振兴；四是聚焦乡风乡韵，建立移风易俗长效机制，确保精神文化相衔接，推进文化振兴。

茅坪镇在上述探索脱贫攻坚同乡村振兴有效衔接的工作中取得了良好成效。农业与旅游同步发展，“穷山沟”变成了“聚宝盆”。2021 年全镇乡村旅游点累计接待游客 54 余万人次。庭院与村庄同步美丽，“茅草窝”变成了“桃花源”。家风与乡风同步文明，“坐着看”变成了“主动干”。在全国脱贫攻坚总结表彰大会上，茅坪镇的彭夏英获“全国脱贫攻坚先进个人”表彰。从“贫困山区”到“脱贫样本”，从脱贫攻坚到乡村振兴，茅坪镇提升了老区群众的获得感、幸福感、安全感。茅坪镇推进乡村振兴工程、建立党建引领长效机制、推动从脱贫攻坚“做示范”到乡村振兴“勇争先”等一系列先进做法，给我们带来了值得借鉴的经验和启示。

第六章

怎么看全面推进乡村振兴的新动能

导读

党的二十大在擘画全面建成社会主义现代化强国宏伟蓝图时，对农业农村工作进行了总体部署：未来五年“三农”工作要全面推进乡村振兴，到2035年基本实现农业现代化，到本世纪中叶建成农业强国。全面推进乡村振兴总的要求是全面推进产业、人才、文化、生态、组织“五个振兴”，是一个复杂的系统工程。全面推进乡村振兴需要举全党全社会之力，需要全方位激发新动能。本章从创新工作理念、深化农村改革、凝聚帮扶力量、增强内生发展动力、促进数字乡村建设、统筹城乡发展六个方面，概要阐述了激发乡村振兴新动能的进展、难点和方法路径。

习近平总书记在党的二十大对全面推进乡村振兴作出新的部署。随后，在2022年12月23—24日召开的中央农村工作会上，习近平总书记发表重要讲话，结合贯彻落实党的二十大精神，着眼全面建成社会主义现代化强国的全局大局，系统阐释了建设农业强国、加快推进农业农村现代化、全面推进乡村振兴的一系列重大理论和实践问题，明确了当前和今后一个时期“三农”工作的目标任务、战略重点和主攻方向。新时代新征程，在建设农业强国战略下全面推进乡村振兴，必须以习近平总书记关于“三农”工作的重要论述为行动纲领和根本遵循，坚持党领导“三农”工作原则不动摇，在牢牢守住国家粮食安全和不发生规模性返贫“两条底线”，统筹推进乡村发展、乡村建设、乡村治理等重点工作的同时，着力从创新工作理念、深化农村改革、凝聚帮扶力量、增强内生发展动力、促进数字乡村建设、推动城乡融合发展等方面不断激发乡村振兴新动能。

一、创新工作理念

实现巩固拓展脱贫攻坚成果同乡村振兴有效衔接、全面推进乡村振兴是党中央作出的决策部署，巩固拓展脱贫攻坚成果是全面推进乡村振兴的底线任务。高质量实现巩固拓展脱贫攻坚成果并有效衔接乡村振兴、全面推进乡村振兴的重要基础和前提，是要全面、客观认识和把握好在巩固拓展脱贫攻坚成果、全面推进乡村振兴进程中面临的新问题新挑战，采取相应的新对策新举措。这就需要不断推进以实践为基础以问题为导向的工作理念，并以此为基础持续推动创新，持续激发新动能。基于对各地实践的调研与观察，需要从以下十个方面持续推动创新：

（一）把高质量发展贯穿全过程

一要深化认识。脱贫攻坚取得全面胜利后，我们的使命就是全面推进乡村振兴，这是“三农”工作重心的历史性转移。全面实施乡村振兴战略的深度、广度、难度都不亚于脱贫攻坚，必须加强顶层设计，以更有力的举措、汇聚更强大的力量来推进。二要用发展的思维。巩固、拓展是一个有机的整体，“巩固”的方向是“拓展”，要用发展的思维来巩固拓展脱贫攻坚成果、防止返贫。如果工作理念还停留在脱贫攻坚期间的精准到户、聚焦解决“两不愁三保障”和饮水安全等具体目标上，忽视了建立巩固拓展成果的支撑，那么就很难实现持续巩固和高质量巩固的要求。三要坚持系统观念。不仅要巩固住“两不愁三保障”和饮水安全的目标，更要逐步提高标准，拓展内涵，只有这样才能不断满足脱贫群众对美好生活的向往与要求。四要坚持精准思维。只有精准施策才能提高巩固成果的有效性。精准思维是精准扶贫实践中形成的方法，已逐步发展成为新时代治国理政的方法论。在巩固拓展成果、防止返贫、推进乡村振兴过程中，同样需要运用精准思维，通过精准施策促进巩固拓展脱贫攻坚成果有效性的不断提高。四要把巩固拓展脱贫攻坚成果融入推进乡村治理体系和治理能力现代化进程。

（二）战略与战术结合综合推进

一要建立监测标准年度调整机制，把防止返贫致贫关口前移，优化政策设计，降低治理成本。二要发展劳动力密集型富民产业，完善联农带农机制。发展乡村产业，实现产业兴旺，是解决农村一切问题的前提，是乡村振兴的核心。对此，既需要有战略上的考量，也需要有战术上的具体对策。比如，脱贫地区的产业怎么选择？实践证明，劳动密集型产业是防止返贫最有效的产业，但是产业发展必须联农带农、多措并举，确保脱贫劳动力的稳定就业、持续增收，这类产业选择，包含了战略、战术的要素。比如，稳定脱贫群众就业，不仅要关注当前就业的稳定，更需要把提升群众就业能力摆在突出位置，同时建立健全多种类型的劳务输出体系。一些地方由村“两委”组建专门保障劳务输出的公益性公司，负责和各用工方面对接，精准有效组织劳务输出，能够更有效地稳定农民外出务工，拓展了就业空间，取得了较好效果。三要着力加大国家乡村振兴重点帮扶县和易地扶贫搬迁集中安置区的支持力度。就是要保持主要帮扶政策总体稳定，深化东西部协作，完善中央单位定点帮扶，动员社会力量广泛参与，充分发挥驻村第一书记和工作队在抓党建促乡村振兴中的作用。四是要采取多渠道、多形式把党的二十大提出的“增强脱贫地区和脱贫群众内生发展动力”要求落到实处。五要持续提升乡村振兴系统干部能力和水平，确保中央决策部署和相关政策能够实现预期目标。

（三）弘扬脱贫攻坚精神

2021 年 9 月，习近平总书记在考察陕西省绥德县城西南的张家砭镇郝家桥村时指出，全党全国全社会都要大力弘扬脱贫攻坚精神，团结一心，英勇奋斗，坚决战胜前进道路上的一切困难和风险，不断夺取坚持和发展中国特色社会主义新的更大胜利。精神是力量，是人民智慧的结晶，也是新时代人民思维实践精华的集合。既要巩固成果、拓展成果，又要推动更大发展从而实现振兴，这需要全党全国各族人民“上下同心”，需要各地各部门“尽锐出战”。只有上下同心，才能同时完成巩固拓展脱贫攻坚成果，全面推进乡村振兴的任务。现阶段中央对驻村工作队也作出了相应安排，目的就是要尽锐出战。我国区域发展不平衡，城乡之间、不同群体之间发展存在差异性，必须做到“精准务实”，始终坚持“开拓创新”，才能做到巩固拓展脱贫攻坚成果与全面推进乡村振兴有效衔接。脱贫攻坚、巩固脱贫成果的艰巨性，决定了唯有“攻坚克难”，才能“不负人民”。弘扬脱贫攻坚精神不是抽象的号召，需要具体的行动。这就是在巩固拓展脱贫攻坚成果、全面推进乡村振兴中，大力弘扬脱贫攻坚精神的意义所在。

（四）坚持统筹推进

主要是统筹做好相关工作，实现防止返贫和全面推进乡村振兴在领导体制、工作体系、发展规划、政策举措、考核机制等方面的有机衔接。在这些衔接工作中，要特别注重统筹。推进某项工作的衔接，一定要考虑衔接工作的整体性。

（五）创新夯实思想基础

首先，把强化理论武装贯穿全过程。党的二十大报告和习近平总书记关于“三农”工作的重要论述，科学回答了“三农”工作的一系列重大理论和实践问题，各级干部必须学深悟透，切实增强抓“三农”、谋发展、促振兴的能力和水平。其次，系统理解巩固拓展脱贫攻坚成果与乡村振兴有效衔接政策任务的必然性、艰巨性和长期性。避免用阶段性、临时性、过渡性的思维理解巩固脱贫成果、防止返贫工作，要从共同富裕全局理解防止返贫、乡村振兴。再次，提高基层干部的理论思维能力。通过深化理论认识，促进干部群众观念转变，增强系统推进的意识和能力。最后，创新示范引领的理念。通过示范，调整和完善推进防止返贫和乡村振兴的体制机制。比如，2022 年中央一号文件提出要开展“百县千乡万村”示范创建活动，尽管有关部门印发了通知，明确了原则和政策要求，但是各地发展水平的差异必然决定了示范创建的标准不同。如何制定既具有普遍性要求、又体现不同发展实际需要的准则，帮助基层更准确理解和把握示范创建的含义和目标，对于充分调动各方积极推动示范创建实践的主动性至关重要。此外，要及时总结工作实践探索中形成的好做法、好经验，加大宣传和正面舆论引导，激发基层干部的积极性和创造性，凝聚更大合力。总结宣传对于夯实思想基础是必要且有价值的，有效的总结宣传工作，有助于提高思想认识、凝聚更大合力，也有利于鼓舞斗志、激发砥砺前行的精神力量。

（六）守住不发生规模性返贫和保障国家粮食安全两条底线

推动巩固拓展脱贫攻坚成果同全面推进乡村振兴有效衔接，要健全完善防止返贫监测和帮扶制度机制，严格落实“四个不摘”要求，确保脱贫后能发展、可持续；要加快完善低保、医保、医疗救助等相关扶持和保障措施，用制度体系保障贫困群众真脱贫、稳脱贫；要延伸产业链条，提高抗风险能力，建立更加稳定的利益联结机制，确保贫困群众持续稳定增收；要做好易地扶贫搬迁后续帮扶，让易地搬迁的群众留得住、能就业、有收入，日子越过越好。全面落实粮食安全党政同责，保护农民种粮积极性，落实耕地保护硬措施，大力推进种源等农业关键核心技术攻关，加快发展设施农业。不发生规模性返贫、确保粮食安全都是乡村振兴的基础，是乡村振兴的重要组成部分。

（七）一体化推进农业、农村、农民现代化

乡村振兴总目标是农业、农村、农民的现代化。农民现代化针对的是人，没有人的现代化，农村的现代化就不完整。“农村现代化既包括‘物’的现代化，也包括‘人’的现代化。”[①] 推进农业现代化，要实现高效的农业经营管理，实现一二三产业融合发展，这是当前的一个着力点。推进农村现代化，重点是健全基本公共服务，提高农村物质生活水平，建设生态宜居环境，建设中国特色的乡村治理机制和体系。推进农民现代化，就是要不断提高农民文化素质，不断增强农民现代观念、提升文明素养，增强市场意识和利用市场规则经营管理能力，让农民养成健康生活方式，丰富其精神生活。

（八）协调推进乡村发展、乡村建设和乡村治理

乡村发展、乡村建设、乡村治理三位一体，但在实际工作中并没有

---

① 习近平：《论“三农”工作》，中央文献出版社，2022 年版，第 277 页。

整体统筹推进，这就带来了工作有效性的问题。“三位一体”协调推进乡村振兴，就是要把巩固拓展脱贫攻坚成果、防止返贫作为乡村振兴的前提，把促进脱贫群众增收作为根本措施，把促进脱贫地区发展作为主攻方向，把兜底保障作为重要支撑，在巩固拓展脱贫攻坚成果、守住不发生规模性返贫的基础上，全面推进乡村振兴的实施。全面实施乡村振兴战略，要坚持农业农村优先发展，按照产业兴旺、生态宜居、乡风文明、治理有效、生活富裕的总要求，建立健全城乡融合发展体制机制和政策体系，加快推进农业农村现代化。要发挥亿万农民的主体作用和首创精神，调动他们的积极性、主动性、创造性。注意处理好长期目标和短期目标、顶层设计和基层探索、充分发挥市场决定性作用和更好发挥政府作用、增强群众获得感和适应发展阶段这几对关系，把广大农民对美好生活的向往化为推动乡村振兴的动力，统筹推进农村经济建设、政治建设、文化建设、社会建设、生态文明建设和党的建设。坚持用系统思维统筹谋划工业和农业、城市和乡村一体化发展，通过建立城乡融合的体制机制，加快形成工农互促、城乡互补、协调发展、共同繁荣的新型工农城乡关系。要把县域作为城乡融合发展的重要切入点，推动公共资源在县域内实现优化配置，努力形成城乡发展一体化新格局。进而在全面振兴中进一步巩固拓展脱贫攻坚成果、防止返贫。要聚焦产业促进乡村发展，扎实稳妥推进乡村建设，加强和改进乡村治理。

（九）持续提升全面推进乡村振兴的有效性

主要是：全面加强党对“三农”工作的领导，切实增强各级干部做好“三农”工作的能力。在实践中，部分干部除了不敢干不想干，还普遍存在不会干的问题。如果没有相应的能力，没有用习近平总书记关于“三农”工作的重要论述作为理论武装，碰到困难、碰到问题往往容易出现不想干、不会干的现象。要把新发展理念完整、准确、全面贯彻到巩固拓展脱贫攻坚成果同乡村振兴有效衔接工作的各方面、各环节、全过程。不少地方在防止返贫、推进乡村振兴的实践中，并没有完全把新发展理念贯彻全过程；没有建立健全上下贯通、一抓到底的巩固拓展脱贫攻坚成果、全面推进乡村振兴的工作体系，以确保中央决策部署、政策措施的实施效果。在共同富裕目标引领下，工作体系必然是一体化的，这就必然要求把巩固拓展脱贫攻坚成果、有效衔接乡村振兴、全面推进乡村振兴、扎实推进共同富裕进行整体、系统的设计、安排和部署。与此相适应，无论是顶层设计还是基层实践，都需要用系统观念、协调理念，统筹推进，以确保防止返贫、全面推进乡村振兴的有效性。

（十）以促进农民农村共同富裕为指引

首先要不断改进工作方式方法，强化系统谋划和工作统筹，坚持因地制宜、从实际出发，循序渐进、稳扎稳打。其次要用发展的办法加快农业产业化，盘活农村资产，增加农民财产性收入，使更多农村居民勤劳致富，让低收入人口和欠发达地区共享发展成果，在现代化进程中不掉队、赶上来。再次要坚决反对形式主义、官僚主义，要积极作为并结合实际创造性抓好落实，确保不断取得实实在在的成效。

二、深化农村改革

改革是全面推进乡村振兴的重要法宝。衡量农村改革成功与否有四条标准：一是契合农业和农村特点，二是兼顾国家、集体、农民三者利益，三是真正调动农民积极性，四是能够解放农村的社会生产力。我国农村实现快速发展的重要经验就是始终把改革创新作为农村发展的根本动力。要从农业农村发展的深层次矛盾出发，坚持不懈地推进农村改革和制度创新，以处理好农民和土地的关系为主线，聚焦深化农村土地制度改革、巩固和完善农村基本经营制度、完善农业支持保护制度等重点领域和关键环节，有效解放和发展农村生产力，不断巩固和完善中国特色社会主义农村基本经济制度，为推进乡村全面振兴提供更有力的支撑。

（一）深化农村土地制度改革

这里的农村土地通常指的是“三块地”，即承包地、集体经营性建设用地、宅基地。这“三块地”至关重要，其对国家对社会有保粮食安全和重要农产品供给的功能，对农户对农村有保生存保稳定的功能。立足国家发展历史阶段，在坚持土地集体所有制的前提下，与时俱进地深化土地制度改革，充分利用好、发挥好农村土地的功能作用，保障农民的基本权益，提高土地要素配置效率，充分释放农村土地的市场价值，可以成为乡村振兴重要的推动力量。现阶段农村土地制度改革中存在的主要问题：一是土地征收制度改革有待深入。二是农村集体经营性建设用地制度改革依然存在深层次矛盾，比如缺乏对入市地块的管理规划制度，集体经营性建设用地入市的金融融资与社会融资渠道不畅，利益分配机制不够完善等。三是宅基地制度改革进展相对缓慢，主要是农民宅基地权益难以得到充分保障、宅基地管理中问题日益突出、以宅基地作为抵押和担保品存在着制度障碍。深化农村土地制度改革的基本要求，就是要始终符合生产关系适应生产力发展的客观规律，坚决守住土地公有制性质不改变、耕地红线不突破、农民利益不受损三条底线，审慎稳妥推进。“不能把农村土地集体所有制改垮了，不能把耕地改少了，不能把粮食产量改下去了，不能把农民利益损害了。”[①] 要进一步丰富集体所有权、农户承包权、土地经营权的有效实现形式，促进农村土地资源

① 中共中央文献研究室：《习近平关于社会主义经济建设论述摘编》，中央文献出版社，2017年版，第177页。

优化配置，增强土地要素活力，助推乡村振兴大发展。进一步推进土地制度深化改革的路径：一是要深化土地征收制度改革。二是要深化集体经营性建设用地入市改革，建立健全农村集体经营性建设用地入市的参与机制，做好规划管理工作，构建农村集体经营性建设用地入市收益分配机制。三是要深化农村宅基地制度改革，改革完善宅基地权益保障和取得方式，探索宅基地有偿使用制度，完善宅基地管理制度。

（二）巩固和完善农村基本经营制度

改革开放以来，我国在农村实行了以家庭联产承包经营为基础、统分结合的双层经营体制。实践证明，统分结合的双层经营，既维护了农村土地集体所有制，又让农民获得了生产经营的自主权，极大地促进了农业发展和农村生产力的提高，为推进我国社会主义现代化建设作出了重要贡献。当前，农村基本经营制度改革中依然存在确权登记颁证不够彻底、“三权分置”改革存在一定障碍、农业生产社会化服务不够完善、新型农业经营主体发展质量有待提高等问题。巩固和完善农村基本经营制度的路径：一是深化农村承包地管理与改革。二是稳步推进农村承包地“三权分置”改革，丰富集体所有权、农户承包权、土地经营权的有效实现形式，进一步规范农村土地流转过程以保障农村土地用途的规范性与科学性，发展多种形式适度规模经营。加强农村土地承包合同管理，完善农村土地承包信息数据库和应用平台，建立健全农村土地承包经营权登记与承包合同管理的信息共享机制，切实维护承包农户与经营主体间的利益平衡。三是健全农业专业化社会化服务体系。四是培育壮大新型农业经营主体。

（三）完善农业支持保护制度

完善农业支持保护制度是深化农村改革的迫切任务和重要内容，是现代化国家农业政策的核心。针对农业支持保护制度存在农村集体资产管理薄弱、农业投资管理存在漏洞、农村金融服务有待完善、农产品多元化国际市场有待拓展等问题，完善农业支持保护制度的路径主要是：第一，建立健全农村集体资产管理制度。完善农村集体经济发展扶持政策，拓宽新型集体经济发展路径，健全农村集体经济收益分配制度，探索推动农村集体经济组织、各类经营主体抱团发展、合作共赢的有效组织形式和引领农民实现共同富裕的利益联结机制。第二，完善农业投资管理机制。农业投资是推进农业农村现代化、实施乡村振兴战略的重要保障。要创新农村金融服务，要创造良好的农产品国际贸易环境。

三、凝聚帮扶力量

脱贫攻坚时期的大扶贫格局积累了丰富经验。长期以来，中华民族形成了守望相助、和衷共济、扶贫济困的传统美德。新中国成立七十多年的实践证明，集中力量办大事是中国特色社会主义制度的显著优势。在推动解决农村贫困问题进程中，全党全国各族人民在党中央坚强领导下，充分发挥社会主义制度优势，坚持弘扬和衷共济、团结互助美德，营造全社会扶危济困的浓厚氛围，围绕共同的反贫困目标，集中各方面力量，调动各方面资源，形成了反贫困的共同意志、共同行动和强大合力，在推动实现农村反贫困进程中发挥了重要作用。特别是党的十八大以来，以习近平同志为核心的党中央坚持发挥我国社会主义制度能够集中力量办大事的政治优势，广泛动员东部发达地区、中央单位、民营企业、社会组织等在内的社会力量参与脱贫攻坚，构建起专项扶贫、行业扶贫、社会扶贫等多方力量、多种举措有机结合、互为支撑、协同参与的“三位一体”大扶贫格局，形成了跨地区、跨部门、跨单位、全社会共同参与的多元主体社会扶贫体系，为我国如期打赢脱贫攻坚战、全面建成小康社会作出了突出贡献，为全面推进乡村振兴提供了实践指导。

（一）大扶贫格局为更广泛、更有效地凝聚乡村振兴帮扶力量提供了借鉴

以东西部扶贫协作、定点扶贫等为代表，社会力量参与脱贫攻坚不仅推动形成了多层次、多形式、全方位的扶贫协作格局，在广泛汇集和凝聚脱贫攻坚资源、丰富脱贫攻坚形式、探索脱贫攻坚路径、提升脱贫攻坚质量等方面也发挥了重要作用。与此同时，我国坚持社会力量参与，在构建大扶贫工作格局进程中积累了丰富的经验，即坚持“输血”与“造血”相结合，不断推动项目援建创新；坚持投入与协作相结合，不断推动区域协同共享发展；坚持政府主导与社会参与相结合，不断推动构建多元化社会扶贫体系。这些都为更广泛、更有效地凝聚乡村振兴帮扶力量提供了借鉴。

（二）国家对新发展阶段凝聚乡村振兴帮扶力量作出新部署

国家在相关政策文件中明确提出加强东西部协作、定点帮扶，引导社会力量参与乡村振兴等工作部署，并对乡村振兴阶段东西部协作、定点帮扶、社会力量参与等工作作出新的安排。如《关于国民经济和社会发展第十四个五年规划和2035年远景目标纲要的决议》中明确提出，要“坚持和完善东西部协作和对口支援、中央单位定点帮扶、社会力量参与帮扶等机制”。《中华人民共和国乡村振兴促进法》也明确要求，“鼓励、支持人民团体、社会组织、企事业单位等社会各方面参与乡村振兴促进相关活动”。2022年中央一号文件明确要“推动乡村振兴取得新进展，农业农村现代化迈出新步伐”，并在“坚持和加强党对‘三农’工作的全面领导”工作中强调“广泛动员社会力量参与乡村振兴，深入

推进‘万企兴万村’行动”。

（三）凝聚四种帮扶力量参与乡村振兴

一是完善东西部协作和对口支援帮扶。东西部协作是全面推进乡村振兴和巩固拓展脱贫攻坚成果的重要途径。坚持和完善东西部协作机制有助于解决帮扶资源重叠分散等问题，提升协作效率；有利于深化全方位合作，推动协作双方在更高层次实现协调发展。二是加强中央单位开展定点帮扶。坚持做好中央单位定点帮扶，是落实党中央决策部署的重要举措，是加强政治机关建设的需要，也是全面推进乡村振兴和巩固拓展脱贫攻坚成果的需要。中央单位从政策、资金、人才信息、技术等方面对定点帮扶县进行扶持，创新帮扶内容和方式，巩固拓展脱贫攻坚成果。三是广泛动员民营企业和社会组织助力乡村振兴。根据国家对企业和社会组织参与乡村振兴工作提出的新任务新要求，重点细化实化具体化“万企兴万村”行动。四是健全常态化驻村帮扶工作机制。落实好中共中央办公厅于 2021 年 5 月印发的《关于向重点乡村持续选派驻村第一书记和工作队的意见》，把乡村振兴作为培养锻炼干部的广阔舞台，将乡村振兴重点帮扶县的脱贫村作为重点，对脱贫村、易地扶贫搬迁安置村（社区）继续选派第一书记和工作队，进一步发挥其在加强村党组织建设、推进强村富民、提升帮扶村治理水平、为民办事服务等方面的作用。

四、增强内生发展动力

党的二十大报告提出，巩固拓展脱贫攻坚成果，增强脱贫地区和脱贫群众内生发展动力。这是以习近平同志为核心的党中央立足全面建设社会主义现代化国家新征程，深刻把握巩固拓展脱贫攻坚成果、有效衔接乡村振兴，加快农业农村现代化，建设农业强国等新形势新任务作出的新部署新承诺。这一重要部署鲜明指出了当前和今后一个时期推进巩固拓展脱贫攻坚成果同乡村振兴有效衔接的工作着力点和关键环节，为实现巩固拓展脱贫攻坚成果同乡村振兴有效衔接指明了前进方向，提供了根本遵循。

（一）增强脱贫地区和脱贫群众内生发展动力是巩固脱贫攻坚成果的治本之策

从理论维度看，巩固拓展脱贫攻坚成果，各级政府的支持政策和社会各界的帮扶措施是外因，脱贫地区和脱贫群众内生发展动力的增强和自我发展能力的提升是内因。只有充分调动广大干部和脱贫群众发展的积极性、主动性、创造性，才能真正把外部帮扶转换为脱贫地区和脱贫群众的内生发展动力，从根本上实现可持续发展。从实践维度看，中国特色扶贫开发道路的鲜明特征和基本方针就是始终坚持以开发式帮扶为主要方针，始终坚持把发展作为解决贫困问题的根本途径。脱贫攻坚的实践充分证明，发展是消除贫困、创造幸福生活的最有效办法，也是巩固拓展脱贫攻坚成果的根本举措。党中央把增强脱贫地区和脱贫群众内生发展动力摆到更加突出的位置，意味着乡村振兴需要从激发内生动力逐步转向增强内生动力，意味着不仅要聚焦脱贫群众的内生发展动力，而且要同时聚焦脱贫地区和脱贫群众，巩固拓展脱贫攻坚成果的工作目标也要从以守底线为主，转向守底线、促发展并重。脱贫攻坚的全面胜利，大大夯实了脱贫地区的发展基础，脱贫地区经济快速发展，脱贫群众追求美好生活的信心、底气明显增强，脱贫攻坚精神广泛弘扬，过渡期工作机制、政策体系、帮扶合力基本形成，这些都为增强脱贫地区、脱贫群众内生发展动力提供了物质基础、制度基础和精神力量。

（二）多举措大力度增强脱贫地区和脱贫群众内生发展动力

第一，把增加脱贫群众收入作为根本要求，把促进脱贫县加快发展作为主攻方向，更加注重扶志扶智，聚焦产业就业，不断缩小收入差距、发展差距。产业振兴是乡村振兴的重中之重。各地推动产业振兴，要做足“土特产”这篇大文章。一是面向市场、立足乡土资源、注重开发农业产业新功能和农村生态新价值，发挥比较优势，选准帮扶产业发展方向，打造特色产品品牌，培育具有市场竞争力的产业集群。二是依托农业农村特色资源，推动科技创新，深度开发农业多种功能、乡村多元价值，促进一二三产业融合发展，构建以现代农业为基础，以农产品加工业为核心，以乡村旅游、农村电商等产业为支撑的现代乡村产业发展格局。三是因地制宜采取龙头企业带动、村企合作带动、新型经营主体带动等方式，带动农户发展生产，完善联农带农机制，发挥帮扶产业带动农民能力提升、夯实农民增收基础。四是抓住产业梯度转移的机遇，深入开展多种形式的消费帮扶，鼓励有条件的农户发展庭院经济，拓宽农民增收渠道。加大就业帮扶力度，积极扩大就业。对已外出务工、尚未外出务工、返乡回流脱贫人口就业帮扶精准施策，实施防止返贫就业攻坚行动，确保脱贫劳动力就业规模稳定在3000万人以上。拓展就业空间、拓宽就业渠道，让脱贫人口务工就业的领域更广、渠道更多。推动脱贫地区分类打造一批有地域特色、行业特征、技能特点的劳务品牌，探索建立“企业+就业帮扶车间”运营机制。着力提升就业质量、提升政策效能，让更多政策红利落到脱贫群众身上，促进脱贫群众务工收入稳中有增。第二，大力发展新型农村集体经济，这是增强脱贫地区和脱贫群众内生发展动力的重要抓手。目前，没有集体经济收入的村大多数分布在中西部地区。对这些经济薄弱村，必须统筹用好财政衔接推进乡村振兴补助资金等资源，支持这些村加强资产经营管理，开发利用集体土地，创新发展方式，探索资源发包、物业出租、居间服务、资产参股等多样化途径，加快新型村级集体经济发展，提升带动群众增收致富的能力和水平。第三，抓紧出台支持脱贫地区劳动密集型产业发展的有关政策。推动脱贫地区与发达地区深化经济交流合作，大力发展既带动就业又促进财政增收的劳动密集型产业，在脱贫地区培育认定一批联农带农效果明显、带动区域产业发展和富民强县作用显著的帮扶龙头企业，发挥示范带头作用。继续将加强产业协作、共建产业园区作为东西部协作的重要内容并纳入成效考核，推动东部地区产业梯度转移，助力脱贫地区培育新的经济增长点。第四，采取多种形式提升脱贫群众技能。确保有条件、有意愿的脱贫人口和监测对象都能接受技能培训。分类开展培训，对脱贫家庭新成长劳动力深入实施“雨露计划＋就业促进”行动；对脱贫家庭青壮年劳动力，推进人人持证；对返乡回流脱贫人口，建立跟踪服务机制，提高再就业能力；对脱贫家庭务农人员，结合实际需求，开展生产经营技能培训。同时，注意通过加强宣传教育，引导和激发脱贫群众发展的自觉性、主动性，强化典型引领、宣传宣讲，进一步增强脱贫群众的内生发展动力。第五，增强脱贫地区和脱贫群众内生发展动力。要通过建强队伍、提升能力、完善抓手实现强化党建引领；要保证资金投入，加大金融支撑，完善土地政策等，实现强化政策引导；要通过激励、支持创业、培育等途径强化人才支撑；要健全责任落实机制，健全农民参与机制，以机制促落实，确保工作实效。

五、促进数字乡村建设

数字乡村建设发展迅速。数字乡村建设是推动农业生产数字化、乡村产业数字化和乡村治理数字化的有效路径，也是促进农村商品双向流通、建设全国统一大市场、打破城乡二元经济结构的关键路径。具体看，农业生产降本、提质、增效需充分发挥数字技术赋能作用，乡村产业振兴需大力推动产业数字化和数字产业化，推动乡村治理与公共服务高质量发展需要充分利用数字技术破解实践难题。我国的农业农村信息化工作在20世纪90年代初和国家信息化建设同时起步。1994年国家就启动了“金农工程”，致力于建设全国农业综合管理与服务信息系统。2011年，农业部制定了第一个农业农村信息化发展的五年规划，农业农村信息化建设的总体规划水平、政策支持力度和建设步伐均得到明显提升。2018年，中共中央、国务院在《关于实施乡村振兴战略的意见》中首次提出“实施数字乡村战略”，并把数字乡村作为乡村振兴的战略方向，这标志着农业农村的信息化建设和数字化转型已上升至国家战略高度。数字乡村战略不仅涉及农村信息基础设施的建设和生产生活的数字化转型，还涵盖生态保护、文化振兴、乡村治理和公共服务等众多领域，是一个致力于乡村经济、生态、文化、治理和服务全面转型和振兴的战略宏图。特别是新时代十年，在农业农村信息化发展规划和数字乡村战略的大力推动下，我国在农村信息基础设施建设、综合信息服务、农村电商发展以及乡村治理和公共服务的数字化转型等方面取得了历史性成就。在此过程中，数字技术为传统农业带来更多可能性。近年各地以数字技术改造传统农业，将数据要素与农业全过程、全产业链有机融合，实现劳动替代、精准投入、环境监测、智能决策等，正驱动传统农业向智慧农业转型升级。加快数字技术在农业中推广应用，顺应世界农业科技进步前沿，符合农业转型升级的现实需求，也得到了国家政策的持续关注和支持。近年来我国陆续出台《数字农业农村发展规划（2019—2025年）》《数字乡村发展行动计划（2022—2025年）》等，对推进农业数字化转型、加快智慧农业发展等作出明确的目标安排和任务部署，未来数字技术与农业深度融合的前景广阔。当前，我国农业大数据技术、农业人工智能、农业机器人等方面的大批关键技术取得突破，部分技术开始由试验示范向产前产中产后渗透。智能农机装备的应用示范加快，全国超过 60 万台拖拉机和联合收割机配置了基于北斗定位的作业监测和智能控制终端。围绕数字农业、全产业链大数据建设等开展的试点项目积极推进，一批国家现代农业产业园、现代农业产业科技创新中心等，成为数字农业技术孵化、应用和集成示范的载体。数字乡村建设展现了无比广阔的前景。

（一）大力推动数字乡村建设

目前，数字乡村建设还面临不少问题，主要是数字乡村基础设备和技术创新不够，农业农村大数据统筹利用不足和数字乡村建设资金、人才等资源短缺等。大力推进数字乡村建设需要把握三个重点：一是夯实农村数字化发展基础，包括加强农村数字新基建、夯实数字农业基础、构建合理高效的数字普惠金融体系；二是加快推动城乡数字创新要素流通，如促进数字资源从城市向乡村扩散、推动科技创新要素在城乡之间自由流动等；三是多渠道增强农民数字能力，主要是推动数字化、可视化，让更多农村居民能够嵌入网络市场和充分使用数字化公共服务，同时加强农民数字技术能力的相关培训与引导，此外，要注重增强农民的数字技术应用能力。“十四五”时期是我国农业数字化转型的关键时期，大力推进数字农业发展是促进乡村全面振兴的新动能。一是要夯实农业数字技术应用基础，明确基础设施投入重点，支持产地仓、田间冷库、物流站点、加工车间等项目的数字化改造，以及商贸物流节点的数字化转型，实现对产品质量、交易流通、市场消费等方面的大数据采集和监测，推动农产品供应链模式创新。加快整合集成全产业环节和品类的大数据，更好发挥农业大数据的服务价值。二是要积极推进农业全产业链数字化，探索由政府、企业、科研机构、社会组织、农户等共同参与的产业发展路径，通过培育和引进数字技术服务企业、加工制造企业、投融资平台等，吸引大数据、云仓储、智能制造、智慧物流等产业配套集聚，塑造农业竞争优势，引导社会资本投向农业数字化项目。三是要接续推进试点示范，鼓励对物联网、生物传感器、人工智能和机器人等前沿技术的中试推广，强化相关技术和工艺在不同作业环节的适用性。用好涉农类园区和示范区的政策支持，开展农机智能装备集成应用和智慧农业场景应用示范，加快数字化人才培育。

（二）把大力发展农村电商作为重要抓手

近年来，我国农村电商发展迅速，农村电商基础设施加速完善，电子商务进农村综合示范深入推进，交易规模持续快速增长，电商扶贫成效有目共睹，平台企业和大型农企积极参与发展农村电商，有力促进了农民增收和农村经济社会发展。农村电商成为引领乡村经济发展的新动能，有力推动脱贫地区的发展及助力脱贫群众增收，有力增强农业农村发展韧性，有力助推本地城镇化发展。在“数商兴农”新阶段进一步推动农村电商大有可为，主要表现在以下方面：一是要加速推进农业全产业链数字化进程；二是要大力推动县域产业数字化转型；三是要持续改善农村电商发展的制度环境。

六、统筹城乡发展

乡村振兴要走城乡融合发展之路。习近平总书记指出，在现代化进程中，如何处理好工农关系、城乡关系，在一定程度上决定着现代化的成败。[1]城镇化是城乡协调发展的过程，不能以农业萎缩、乡村凋敝为代价。[2]乡村振兴进程中，不应孤立地就乡村发展乡村，应当对城镇和乡村发展进行整体、统筹规划，注重乡村振兴战略和新型城镇化战略的协同推进。没有乡村的发展，城镇化就会缺乏根基。新型城镇化战略的实施为乡村振兴战略的实施奠定了现实基础，提供了良好的制度保障。城镇化不能单兵突进，而是要协同作战、融合发展；必须通过建立健全城乡融合发展体制机制，破除城乡二元结构的障碍，从而更好地推动城市人才、技术、资金等发展要素下乡，更好地实现以工促农、工农互惠发展。城乡融合发展是一项系统工程，必须以系统思维谋划顶层设计，通盘考虑城乡发展规划编制，破除城乡分割的体制弊端，加快打通城乡要素平等交换、双向流动的制度性通道，包括健全城乡一体的管理制度、财政支出体制等。通过优化城乡产业发展、基础设施、公共服务设施等布局，促进现代农业和现代农村建设，提升农村经济社会发展水平，并逐步实现全民覆盖、普惠共享、城乡一体的基本公共服务体系，从而逐渐消弭城乡之间的差距，推进城乡均衡发展、协调发展。

（一）把县域作为城乡融合发展的重要切入点

县城作为城乡融合发展的关键纽带，具有满足人民群众就业安家需求的巨大潜力。从农民发展的角度看，县域对农民的吸引力和亲近度较高。县域内县城是联系广大农村最紧密、最直接的城市空间结构单元，县城公共设施的共建共享有助于农村5亿多常住人口公共服务的完善。同时，约1.6亿农民工在县域内就业，需要扩大工资性收入、实现就地城镇化。从经济发展的角度看，县域经济以县城为中心、乡镇为纽带、农村为腹

① 中共中央党史和文献研究院编：《习近平关于“三农”工作论述摘编》，中央文献出版社，2019年版，第42页。

② 习近平：《走中国特色社会主义乡村振兴道路》（2017年12月28日），《论坚持全面深化改革》，中央文献出版社，2018年版，第395页。

地，其发展壮大对乡村产业振兴，具有独特的辐射带动作用。通过强县域来实现壮产业、富农民，乡村振兴也就有了源头活水、强基之本。2021年中央一号文件明确要求加快县域内城乡融合发展。一是要推进以人为核心的新型城镇化，促进大中小城市和小城镇协调发展。二是要把县域作为城乡融合发展的重要切入点，强化统筹谋划和顶层设计，破除城乡分割的体制弊端，加快打通城乡要素平等交换、双向流动的制度性通道。统筹县域产业、基础设施、公共服务、基本农田、生态保护、城镇开发、村落分布等空间布局，强化县城综合服务能力，把乡镇建设成为服务农民的区域中心，实现县乡村功能衔接互补。壮大县域经济，承接适宜产业转移，培育支柱产业。三是要加快小城镇发展，完善基础设施和公共服务，发挥小城镇连接城市、服务乡村作用。推进以县城为重要载体的城镇化建设，有条件的地区按照小城市标准建设县城。积极推进扩权强镇，规划建设一批重点镇。开展乡村全域土地综合整治试点。四是要推动在县域就业的农民工就地市民化，增加适应进城农民刚性需求的住房供给。

（二）促进城乡间要素合理公平流动

当前，资金、技术、人才等资源要素向乡村流动仍面临诸多障碍，资金稳定投入机制尚未建立，人才激励保障机制尚不完善，社会资本下乡动力不足。实施乡村振兴战略、加快农业农村现代化不能就乡村论乡村，必须走城乡融合发展的道路，强化以工补农、以城带乡，推动形成工农互促、城乡互补、协调发展、共同繁荣的新型工农城乡关系，强化制度供给，打通城乡要素市场化配置体制机制障碍，推动城乡要素平等交换、双向流动，进而充分实现乡村资源要素内在价值，挖掘乡村多种功能，改变农村要素单向流出格局，增强农业农村发展活力。《中共中央　国务院关于建立健全城乡融合发展体制机制和政策体系的意见》明确提出九种建立健全有利于城乡要素合理配置的体制机制即：健全农业转移人口市民化机制，建立城市人才入乡激励机制，改革完善农村承包地制度，稳慎改革农村宅基地制度，建立集体经营性建设用地入市制度，健全财政投入保障机制，完善乡村金融服务体系，建立工商资本入乡促进机制，建立科技成果入乡转化机制。具体而言，破除妨碍城乡要素自由流动和平等交换的体制机制壁垒，促进各类要素更多向乡村流动，一是要统筹城乡人力资源市场，健全农业转移人口市民化机制，充分发挥市场在配置劳动力资源中的基础性作用，促进劳动力跨城乡、跨地区合理流动，支持乡村创新创业。二是要健全多元投入保障机制。处理好政府与市场之间的关系，促进财政投入与社会资本整合发力、协调分工。在社会资本方面，引导和撬动社会资本投向农村将有效带动资金、技术、人才等资源向乡村流动，将对农业农村领域的资源优化配置产生积极作用。鼓励社会资本到乡村发展与农民利益联结型项目，鼓励城市居民到乡村旅游、休闲度假、养生养老等，但不得破坏乡村生态环境，不得损害农村集体经济组织及其成员的合法权益。三是要城乡产业协同发展。注重城乡区域循环，促进城乡间的产业协同发展，形成优势互补、高质量发展的区域经济布局，有利于实现城乡间要素合理公平流动。搭建城乡产业协同发展平台，培育城乡产业协同发展先行区，推动城乡要素跨界配置和产业有机融合。注重优化布局，注重农产品区域公用品牌建设，注重联农带农，注重优势互补，利用城市的互联网产业等服务业来丰富农村的产业业态，形成城市先进技术带动农村发展，农村优势资源促进城市发展的良性互动模式。

（三）推动城乡基本公共服务均等化

一要优先发展农村教育事业，加快建立以城带乡、整体推进、城乡一体、均衡发展的义务教育发展机制，让每一个农村孩子都能享受公平而有质量的教育。二要提升乡镇卫生院医疗服务能力，选建一批中心卫生院。加强县级医院建设，持续提升县级疾控机构应对重大疫情及突发公共卫生事件能力。加强县域紧密型医共体建设，实行医保总额预算管理。加强妇幼、老年人、残疾人等重点人群健康服务。只有全面推进健康乡村建设，才能高质量推动乡村建设，为开创乡村振兴新局面作出积极贡献。三要加强农村社会保障体系建设，按照兜底线、织密网、建机制的要求，全面建成覆盖全民、城乡统筹、权责清晰、保障适度、可持续的多层次社会保障体系。完善统一的城乡居民基本医疗保险制度和大病保险制度，做好农民重特大疾病救助工作。健全医疗救助与基本医疗保险、城乡居民大病保险及相关保障制度的衔接机制，巩固城乡居民医保全国异地就医联网直接结算。完善城乡居民基本养老保险制度，建立城乡居民基本养老保险待遇确定和基础养老金标准正常调整机制。统筹城乡社会救助体系，完善最低生活保障制度，做好农村社会救助兜底工作。将进城落户农业转移人口全部纳入城镇住房保障体系。构建以居家为基础、社区为依托、机构为补充的多层次农村养老保障体系，创新多元化照料服务模式。健全县、乡、村衔接的三级养老服务网络，推进村级幸福院、日间照料中心等建设，推动乡镇敬老院升级改造。健全农村留守儿童和妇女、老年人以及困境儿童关爱服务体系。加强和改善农村残疾人服务，将残疾人普遍纳入社会保障体系予以保障和扶持。四要健全乡村公共文化服务体系，始终把发展公共文化服务摆在重要位置。

案例

全国精准扶贫首倡地——湖南省湘西州十八洞村走出文旅融合发展振兴乡村特色道路

2013年11月3日，习近平总书记在湖南省湘西土家族苗族自治州花垣县双龙镇十八洞村首次提出了“精准扶贫”重要论述。从此，十八洞村成为全国精准扶贫首倡地，创造出中国脱贫攻坚样本。十八洞村积极探索文旅融合发展新路径，通过聚焦减贫交流、开展党性教育、挖掘民族特色等措施，有效推进乡村全面振兴。一是聚焦脱贫经验交流，讲述一个动人故事。作为全国脱贫攻坚交流基地，始终注重传播和推广精准扶

十八洞村成为红色旅游热门景区

贫、精准脱贫文化，讲好脱贫攻坚精彩故事。二是深化党性教育，开启一段红色之旅。深挖本村红色文化资源，大力发展品牌乡村红色旅游，设立各类红色旅游配套服务设施。三是彰显民族特色，打造一场民俗盛宴。坚持以“建设与原生态协调统一，建筑与民族特色完美结合”为原则，着力打造美丽特色乡村游。2021 年上半年，省内外共有 3500 多批次 14 万多人先后到十八洞村开展党史学习教育。十八洞村通过举办民俗活动和提供民俗体验的举措，成功打造了沉浸式研学主题活动。其文旅融合发展极大推广了民族特色文化，充分带动了村民致富增收。仅 2020 年一年的旅游收入即超 1200 万元，带动村集体增收 57 万元以上。十八洞村坚持文旅融合发展理念，通过深挖、盘活文化资源，有效发掘了红色文化价值、民族文化价值，真正实现了文化与旅游相辅相成、相得益彰、深度融合，在乡村振兴的伟大事业中谱写了崭新的篇章。

第七章

怎么看乡村振兴的示范创建与实践创新

导读

开展乡村振兴示范创建是中央关于实施乡村振兴战略的重大部署。本章从客观必然性、方法论价值、改革创新重要路径、多重功能四个方面系统阐述示范创建的理论逻辑，从凝聚共识、明确目标要求、统筹推进三个维度重点分析乡村振兴示范创建工作的推进路径，从强化示范创建的责任落实、基本遵循、过程管理、监测评价四个方面提出了对策建议。以陕西省为例，总结了省域推进巩固拓展脱贫攻坚成果同乡村振兴有效衔接的创新实践。

《中共中央　国务院关于做好2022年全面推进乡村振兴重点工作的意见》（即2022年中央一号文件）明确要求：“抓点带面推进乡村振兴全面展开。开展‘百县千乡万村’乡村振兴示范创建，采取先创建后认定方式，分级创建一批乡村振兴示范县、示范乡镇、示范村。推进农业现代化示范区创建。”[①] 中央的要求指出了乡村振兴战略实施的艰巨性、复杂性和长期性，明确了示范创建是全面推进乡村振兴的工作方法。

① 《中共中央　国务院关于做好二〇二二年全面推进乡村振兴重点工作的意见》（2022年1月4日），《人民日报》，2022年02月23日第01版。

2023年中央一号文件要求“扎实开展乡村振兴示范创建”。中共中央办公厅、国务院办公厅印发的《乡村建设行动实施方案》也明确要求，结合“百县千乡万村”乡村振兴示范创建，统筹开展乡村建设示范县、示范乡镇、示范村创建。[①] 开展好乡村振兴示范创建、推进工作创新具有重要的理论和实践意义。

一、示范创建的理论逻辑

开展乡村振兴示范创建是党中央关于实施乡村振兴战略的重大部署。乡村振兴示范创建的理论逻辑可以从客观必然性、方法论价值、改革创新重要路径、多重功能等四个方面进行系统理解。

（一）乡村振兴示范创建具有客观必然性

党中央宣布打赢脱贫攻坚战、全面建成小康社会之后，把脱贫攻坚成果巩固好拓展好成为各地各部门摆在突出位置的重要任务。脱贫攻坚的复杂性、艰巨性决定了脱贫攻坚成果巩固拓展同样具有复杂性、艰巨性。中央要求，巩固拓展脱贫攻坚成果，要把增加脱贫群众收入作为根本措施，把促进脱贫县加快发展作为主攻方向，不断缩小收入差距、发展差距，确保兜底保障水平稳步提高，确保“三保障”和饮水安全保障水平持续稳定提升。

全面实施乡村振兴战略的深度、广度、难度都不亚于脱贫攻坚，是一项需要统筹推进加快发展乡村产业、加强社会主义精神文明建设、加强农村生态建设、深化农村改革、实施乡村建设行动、推动城乡融合发展、加强和改进乡村治理等的复杂系统工程。有效衔接“巩固拓展脱贫攻坚成果”和“全面推进乡村振兴”两项复杂工作并统筹推进，一方面凸显

① 《中办国办印发〈乡村建设行动实施方案〉》，《人民日报》，2022年05月24日01版。

出乡村振兴的艰巨性，另一方面凸显出示范创建的紧迫性。此外，出于多种原因，我国目前还存在区域发展不平衡，发达地区与欠发达地区并存，东部地区、中部地区、西部地区内部发展很不平衡，这就决定了全面推进乡村振兴不可能只有一个政策、一个模式，尤其是在脱贫地区，需要既要抓巩固拓展脱贫攻坚成果，又要抓乡村振兴。在国家重点帮扶县、一般脱贫县，工作的难度差异很大，加上数万个易地搬迁集中安置点的稳定发展，更增加了乡村振兴的复杂程度。由此，工作内容的复杂性、不同区域发展的差异性决定了全面推进乡村振兴的多样性、复杂性。从国内外实践看，应对这些现实挑战，最有效的路径方法就是创建示范，抓点带面。

（二）乡村振兴示范创建蕴含的方法论价值

开展乡村振兴示范创建，是我们党“抓点带面推进工作”历史经验的时代运用，蕴含鲜明的时代意涵和理论创新取向。其方法论价值集中体现在以下几个方面：第一，在以习近平新时代中国特色社会主义思想指导乡村振兴工作上做示范。通过示范创建可以生动展现习近平新时代中国特色社会主义思想如何指导实现乡村振兴战略的具体实践。第二，在贯彻落实党中央、国务院关于乡村振兴的各项政策上做示范。通过示范创建，在做好巩固拓展脱贫攻坚成果同乡村振兴有效衔接、加快推进农业农村现代化、推进乡村建设行动、贯彻落实党对“三农”工作的领导等一系列政策落实方面展现具体方式方法，推动各项政策在不同区域落地见效。第三，在探索人民全面小康之后奔向共同富裕的道路上做示范。乡村振兴是为农民而兴，依托乡村振兴示范创建，可以展现发展农村生产力、以农民为发展主体、不断满足人民日益增长的美好生活需要的不同类型、不同实现模式和不同发展道路。第四，在全面推进“五大振兴”实践上做示范。围绕乡村“产业振兴、人才振兴、文化振兴、生态振兴、组织振兴”开展示范创建，可以展现不同条件下乡村振兴的更有效实践。如在产业振兴方面，乡村产业要如何实现现代化，一二三产业如何融合，乡村产业体系如何构建等；在人才振兴方面，乡村本土人才如何培养，如何鼓励外出能人回乡等；在文化振兴方面，如何保护传承乡村文化，如何培育乡村社会主义核心价值观，如何实现乡村文化与现代文化的融合等；在生态振兴方面，如何实现人与自然的和谐发展，如何走绿色发展之路等；在组织振兴方面，如何培育基层党组织，如何落实“党建引领”等，都属于示范创建的重要方向。第五，在示范创建中探索形成典型经验，通过各类典型经验的凝练形成普遍性认识，促进乡村发展、乡村建设、乡村治理相关理论创新，不断丰富发展中国特色乡村振兴道路，为全球乡村发展贡献中国方案。

（三）乡村振兴示范创建是改革创新的重要路径

第一，从巩固拓展脱贫攻坚成果维度看，巩固拓展脱贫攻坚成果包含着“巩固”和“拓展”两方面的主要内容。在长期的脱贫攻坚实践中，我国探索形成了一系列好方法、好模式。乡村振兴示范创建承载着将这些好的方式方法继续运用到衔接过渡期之中以及后续的乡村振兴中的使命，是巩固拓展脱贫攻坚成果的重要举措。在巩固方面，通过示范创建检验这些好的做法能否继续做到保障脱贫人口不返贫并且不产生新的贫困户，保障“两不愁三保障”。在拓展方面，检验脱贫攻坚过程中形成的如产业项目等扶贫成果在实施乡村振兴的新阶段是否还能不断溢出减贫效应。第二，从扎实推进乡村振兴战略实施维度看，乡村振兴示范区作为经验实验与推广的平台，承担着相关实验试点任务，示范区通过改革创新、试点示范，不断推广在政策实验、产业融合等方面积累的经验和做法，扎实推进农业农村现代化，实现乡村振兴总目标。第三，从完善乡村振兴政策体系维度看，支持有条件、有基础的地方先行先试。示范创建自觉将国家战略作为使命和任务，将国家战略与地方实际有机结合，并将国家战略转化为地方优势。在试点过程中，不断发现问题，通过反馈为政策完善提供现实依据，进而推动顶层设计优化，服务于乡村高质量发展。第四，从推进乡村振兴重点工作维度看，“十四五”期间，我国乡村振兴的重点任务之一仍然在于制度创新，通过创新进一步释放制度红利，加快农业农村现代化。乡村振兴示范创建是制度创新的过程，承担着探索城乡融合制度、农村土地改革制度、农业支持保护制度等制度创新的任务。

（四）乡村振兴示范创建呈现多重功能

第一，通过示范发挥导向、服务、辐射功能，形成乡村振兴新动能。比如，示范创建的建设内容一般要符合区域比较优势，形成优势产业，体现区域特色，从而带动同类乡村的振兴。再比如，示范创建一般要立足于为本地农民服务、加强农民队伍建设，这就为培养造就具有一定的科技水平、能使用现代技术、了解社会信息、懂发展的新型农民作出了贡献。此外，通过促进资本、技术、人才、信息的流动，将示范创建效应传导到周围地区，带动区域经济社会发展，并转化为促进地区经济社会发展的动力。第二，通过示范创建找到难点堵点的解决办法。比如，通过示范创建探索解决在脱贫攻坚衔接乡村振兴过程中遇到的各类难题，如产业扶贫衔接产业兴旺，人才衔接培育振兴队伍，组织衔接构建领导体系。再比如，通过示范创建可以探索如何缩小城乡差距、推进社会公平、加快突破发展不平衡不充分的问题，可以探索如何满足乡村人民群众日益增长的美好生活需要的问题、乡村振兴与共同富裕的各项逻辑问题。再如，通过示范创建可以探索“五大振兴”之间如何合作发挥作用达到功能最佳。第三，乡村振兴示范创建能够在微观层面积累我国在推动乡村治理、提升农村地区经济发展水平、促进民生发展等方面的经验，促进中国特色社会主义理论体系的创新完善，彰显我国推进乡村振兴符合历史发展规律、符合我国的政治制度、符合以人民为中心的发展思想、符合在促进人的全面发展中解放和发展生产力的中国之治普遍性逻辑。第四，开展乡村振兴示范创建必然会形塑一批实实在在存在的，能够生动讲述中国巩固拓展脱贫攻坚成果、全面推进乡村振兴、逐步实现共同富裕的鲜活故事。

二、乡村振兴示范创建工作的推进路径

根据乡村振兴的复杂性，乡村振兴示范创建必然呈现、满足多样性需求。按示范创建区域单元，可以分为乡村振兴示范片区、省、市、县、乡、村；按示范创建内容，可以分为易地搬迁后续扶持示范，特色产业发展示范，巩固脱贫成果示范，一二三产业融合发展示范；按照示范创建目标指向，可以分为中央专项彩票公益金支持欠发达革命老区乡村振兴示范区、乡村振兴综合示范村、乡村文化旅游振兴示范村、数字赋能乡村建设示范村、特色产业示范基地等。按照 2022 年中央一号文件开展“百县千乡万村”乡村振兴示范创建的要求，基于部分地方的实践，本文重点总结、阐述乡村振兴示范村创建的推进路径。

（一）凝聚示范创建共识

认真学习中央文件，充分认识乡村振兴示范村创建是推进乡村振兴最有效的载体和抓手，着力加强示范创建工作的主动性和自觉性。从宏观层面看，创建乡村振兴示范村，是深入学习贯彻习近平总书记关于

乡村振兴重要指示精神的具体落实。总书记反复强调，脱贫攻坚任务完成后，要继续巩固脱贫攻坚成果，扎实推进乡村振兴，让群众生活更上一层楼，村级示范最能够生动地实践这一重要指示。乡村振兴示范村是深入贯彻落实2022年中央一号文件精神的具体载体，因为村是最有效的抓点带面地推进乡村振兴全面展开的那个“点”。从具体实践看，乡村振兴的前提是巩固脱贫攻坚成果，确保不发生规模性返贫，扎实推进乡村振兴示范村创建是用新发展理念和方式巩固脱贫攻坚成果的有效举措。选择具有一定基础和发展潜力的村，先行开展乡村振兴示范创建，通过试点引领、示范带动、重点突破，有利于探索形成多种类型的可复制、可推广、可借鉴的推进乡村振兴的好经验、好典型、好做法。

（二）明确示范创建目标要求

不同类型的乡村振兴示范创建服务于不同的具体目标，但是总的思路是围绕乡村产业兴旺、生态宜居、乡风文明、治理有效、生活富裕的总要求，统筹推进农村经济建设、政治建设、文化建设、社会建设和生态文明建设。乡村振兴示范创建的共同目标包括：以“五大振兴”为主攻方向，培育发展特色产业成效显著，农村厕所改造、垃圾污水治理效果明显，数字乡村智慧乡村建设深入推进，巩固拓展脱贫成果的基础更加牢固，巩固拓展脱贫攻坚成果同乡村振兴有效衔接机制良性运转。在乡村振兴示范创建共同目标框架下，乡村振兴示范村创建的具体目标至少包括：以推进乡村“五大振兴”为主要内容，突出在产业发展、务工就业、集体经济壮大、新型经营主体培育、改厕垃圾污水处理、改进乡村治理、探索农村养老等方面形成样板。其中，不同类型的示范村创建目标各有不同，比如乡村旅游振兴示范村创建的具体目标更集中在：充分利用旅游资源优势，挖掘乡村多元价值，将旅游产业作为乡村产业绿色发展的主攻方向，重点发展休闲旅游、健康养老、观光农业、农耕体验、特色餐饮民宿、家庭工坊等服务项目，不断完善旅游带动增收机制，真正让老百姓从旅游产业中受益。再比如，数字乡村建设示范村创建的具体目标集中在：加强农村信息基础设施建设，实现5G全覆盖，加强农民数字素养与技能培训，以数字技术赋能乡村公共服务，推动党建引领、乡村治理、公共服务、智慧农业、电子商务、务工就业、垃圾分类等数字化转型。

（三）统筹推进乡村振兴示范村的创建

根据示范创建的内涵以及部分省的示范创建实践，乡村振兴示范村至少需要在以下六个方面起到示范作用。

示范特色产业发展兴旺。第一，精心开展产业布局。以农业农村资源为依托，以农民为主体，培育壮大现代种养业、乡村特色农业、农产品加工流通业、乡村休闲旅游业、乡村新型服务业、乡村信息产业等，形成特色鲜明、类型丰富、协同发展的乡村产业体系；村集体产业发展纳入县域“一村一品”示范村镇建设范围。第二，加强产业基础建设。明确要求高标准农田、设施农业以及丘陵山区农田“宜机化”改造占基本农田一定比例，主要农作物综合机械化率为75%以上；基本建立田头小型仓储保鲜冷链物流体系；有电商服务、现代农业生产性服务或社会化服务组织。第三，大力发展集体经济。农村集体产权改革深入推进，村集体经营性资产项目运行良好；村集体经济年度收入稳定在一定数额以上，且经营性收入占比为50%以上。第四，积极培育经营主体。农民专业合作社、家庭农场和涉农企业、电子商务企业、农业专业化社会化服务组织等以多种方式与村集体、农户建立紧密型利益联结机制，共享全产业链增值收益；新型农业经营主体覆盖村常住农户参与务工就业率为50%以上。第五，精准推进产销对接。畅通农产品产销对接，农业产业化联合体成员间实现技术共享、信息共享、品牌共享、渠道共享、利益共享；绿色食品、有机农产品、地理标志农产品认证有效开展。第六，有效组织产业培训。定期组织开展产业政策、实用技术、电子商务、乡村旅游等培训；积极引导农民工、大中专毕业生、科技人员、乡土人才在农村创新创业。第七，增强产业发展效应。主导产业产值在村级产业培育发展中占有一定的比重；通过“一村一品”特色产业带动家庭工场、手工作坊、乡村车间等蓬勃发展，形成更多“特”“优”“新”产业产品；积极参加国家和全省“乡字号”“土字号”等乡村特色产品推介、评选等活动。

示范村庄美丽生态宜居建设。第一，按照纳入县域乡村“多规合一”优先规划编制范围的要求，村庄发展建设尊重农民意愿，遵循自然生态和村庄机理，注重乡土味道，保留乡村风貌，留住田园乡愁，不搞大拆大建，避免千村一律，高质量完成生态规划编制。第二，按照全面清理私搭乱建、乱堆乱放，保持村庄街巷干净整洁，提高农房立面整齐度，整体达到道路硬化、路灯亮化、村庄绿化、环境净化、村容美化等“五化”要求，高质量整治村容村貌。第三，按照户用厕所基本入院入室，公共厕所布局合理、管护责任落实、日常保洁经常，无害化卫生厕所覆盖率达 100%，改厕技术模式成熟，县域可用于推广示范等要求，高质量推进厕所革命。第四，按照纳入县域生活污水重点整治行政村，生活污水治理技术选择符合实际需求、排污管网或污水处置设施完善，村域水域排放达标、河塘清淤清杂、无黑臭水体与入河排污口等要求，高质量进行污水治理。第五，按照农村生活垃圾收集、转运、处置设施完善，运作模式合理的要求，生活垃圾无害化处理率达 100% 的要求，农业面源污染得到有效控制的要求，等等，推进垃圾治理。第六，按照建立有制度、有标准、有队伍、有经费、有监督的村庄人居环境长效管护机制，推行农村厕所、污水垃圾处理、村庄保洁等一体化运行管护模式，落实农户合理付费、政府适当补助的运行管护经费保障制度等要求，建立长效管护机制。第七，按照积极开展农村生活垃圾分类和资源化利用示范村创建，农村有机生活垃圾、厕所粪污、农业生产有机废弃物就地就农消纳、综合循环运用，资源化处理设施完善等要求，提高资源综合利用效率。

示范弘扬精神美德，推动乡风文明。第一，大力加强乡村精神文明建设。按照“五有”（有场所、有队伍、有活动、有项目、有机制）标准建设新时代文明实践中心，村级有文明实践所（站）。社会主义核心价值观文化墙美观大方，经常开展“听党话、感党恩、跟党走”宣讲活动以及文体竞赛、农民丰收节、民族传统节日活动等。第二，完善落实村规民约。制定公共场所文明公约、社区噪声控制规约，引导农民自我管理、自我教育、自我服务、自我监督；发挥村民议事会、红白理事会、道德评议会的作用，大力开展移风易俗行动，使农村高价彩礼、人情攀比、厚葬薄养、铺张浪费等歪风陋习得到有效遏制。第三，积极开展文明创建活动。经常开展星级文明户、文明家庭、美丽庭院以及寻找好媳妇、好公婆、好妯娌等群众性精神文明创建评比活动，各类参评的示范农户达到全村常住户数的60%。第四，有力推进文化传承。保护村文物古迹和红色革命遗址；重视发挥现代乡贤的作用，挖掘保护农业文化遗产和非物质文化遗产及其传承人；因地制宜建设村史馆、农耕文化馆、乡村振兴展示馆、家风家训馆、红色文化展馆等。

示范农民稳定增收、生活富裕。多渠道增加农民经营性、工资性、财产性、转移性收入，确保农村居民人均可支配收入年度增长高于全县平均水平。及时采集村级劳动力就业信息，开展就业指导，确保有劳动能力且有意愿的农户务工就业率达100%；为外出就业困难的人员提供就近就地力所能及的公益岗位。持续改善农民生活品质，高质量解决好“两不愁三保障”和饮水安全问题；构建农村留守儿童、妇女和老年人以及残疾人、困境儿童关爱服务体系，实现农村特困人员救助全覆盖；及时精准帮扶因自然灾害、病虫害、价格波动、产品滞销等出现产业发展困难的脱贫户、监测户。定期组织村民参加职业素质和职业技能等教育培训，注重扶持培育“田秀才”“土专家”“乡创客”等乡土人才以及乡村工匠、文化能人、手工艺人等能工巧匠，做到职业技能培训应培尽培，农民技能持证率达到一半以上。

示范村级社会事业发展水平。第一，着力按照填平补齐原则提升路、水、电、网络、能源等五大工程保障水准。农村“四好农村路”提质扩面，入村道路硬化率达100%，村内主干道更多向进村入户倾斜，与产业融合协同发展，客运站点和客运班线方便农户出行；健全农村供水工程，稳定供水保障能力，农村自来水普及率为90%以上；农村电力高质量服务乡村振兴；完善农村5G基站、光纤网络等通信基础设施建设；大力开发太阳能、风能、生物质能等新能源并取得实质性进展。第二，着力继续提高教育医疗保障水平。全面普及学前教育和九年义务教育，学前入园率不低于90%，义务教育目标人群覆盖率达100%；建有村级标准化卫生室，配有合格（持证）村医，建立农村居民健康台账，农村基本医疗保险参保率达100%。第三，着力提升养老护理保障水准。完善养老服务设施，实现日间照料、社区照护、居家护理等一站式综合性服务；适量设置养老护理公益岗位，岗位工资保障到位；把农村普惠型养老服务和互助性养老结合起来，集中供养能力达到50%。第四，着力完善公共服务功能。建设具备综合服务功能的便民服务机构，提供党务服务及社保、医保、社会救助、便民代办、信访接待等公共事业服务；建设以文化娱乐、休闲健身为主要功能，满足农村群众开展自娱性文化活动需求的文化广场；建设篮球场、乒乓球台等各类体育活动设施；关注特殊人群需求，完善农村无障碍环境建设设施。

示范党建引领、治理有效。第一，坚持党建引领。村党组织班子坚强有力，带头人队伍本领高强，党员队伍充满活力，组织生活健康规范，切实解决农村基层党组织建设“人、治、物、效”问题；经常开展妇联等群团组织活动；村民自治程序规范，重大事项决策实行“四议两公开”，公共法律服务和矛盾纠纷化解体系健全完善。第二，坚持运用积分制。积分与产业发展、环境整治、乡风塑造、爱心帮扶等重点任务有机结合；农民群众全程参与监督积分设计、评判；积分兑换、“红黑榜”奖惩、爱心超市、道德银行等做法，群众认可并广泛参与，乡村治理“激励引导”作用发挥。第三，坚持运用清单制。依法依规编制村级小微权力、公共事务、服务事项等各类清单，实现乡村治理有章可循、流程清晰、操作可行；清单制监督评价机制健全，配套措施落实有力。第四，探索大数据治理。完备数字乡村建设设施，确保摄像头覆盖面积和密度满足安全防范需要；乡村党建引领、公共服务、疫情防控、农业生产、电子商务、务工就业、垃圾分类等实现数字信息化管控。第五，推广“枫桥经验”。乡村治理村民享有“知情权、参与权、表达权、监督权”；大力改善乡村社会风气，及时化解各类矛盾纠纷，确保农民群众安居乐业；有效抵制各类黑恶势力，抵制封建迷信活动、赌博等不良社会风气，农村社会和谐稳定。

三、扎实推进乡村振兴示范创建的对策建议

示范创建是实现巩固拓展脱贫攻坚成果同乡村振兴有效衔接、全面推进乡村振兴的有效路径，是把国家有关政策措施落到实处的有效办法，

也是乡村振兴系统干部、广大基层干部群众熟知的工作方式。各地在各种示范创建实践中积累的丰富经验为乡村振兴示范创建活动提供了借鉴。有力、有序、有效开展乡村振兴示范创建，建议综合性采取以下对策。

（一）强化示范创建的责任落实

示范创建工作是聚焦乡村振兴重点任务和薄弱环节，发挥示范引领和要素集聚作用，以点带面推动乡村振兴工作全面展开的重大举措。各地各级有关部门要把示范创建作为首要的政治任务，摆上重要日程，放在突出位置。

各有关方面要真正把示范创建责任扛起来。省一级要真正做到认识到位、组织到位、责任到位、措施到位。市一级要履行督导责任，县一级要履行主体责任，乡镇要履行推进落实责任，村“两委”和驻村工作队要履行动员农户积极参与和创建项目建设监管责任。各级要统筹协调农业农村、发改、财政、旅游、网信、乡村振兴等部门成立工作专班专项推进。以示范创建为统领，做好扎实推进巩固拓展脱贫攻坚成果、扎实推进乡村振兴各项工作。

县级作为示范创建的实施主体，要切实增强对示范创建谋划和实施的责任感、使命感、紧迫感。主要领导要亲自挂帅、亲自谋划，分管领导要一线指挥、定村包联。制定创建实施方案，敢于采取超常举措，定期研判分析创建成效及进度，加强资金使用管理和绩效评价，及时解决项目实施过程中的难点堵点，绝不能半途而废，更不能出现烂尾工程。

落实相关政策。按照 2022 年中央一号文件，中央开展示范创建采取先创建后认定方式。各地为了推进示范创建，对示范创建安排专项资金给予支持。如山西省 2022 年开展示范创建活动，有关文件明确：乡村振兴示范村，省级衔接补助资金支持 500 万元；乡村旅游振兴示范村，省级衔接补助资金支持400万元；数字乡村建设示范村，省级衔接补助资金支持300万元。按照先行示范县1∶2，整体推进县1∶1.5，重点帮扶县1∶1的比例，市县要切实将配套资金保障到位，并把落实配套资金作为示范创建的入选条件。

（二）强化示范创建的基本遵循

经中共中央批准，中共中央办公厅、国务院办公厅2022年4月印发了《创建示范活动管理办法（试行）》（以下简称《办法》），并发出通知，要求各地区各部门认真遵照执行。《办法》明确了创建示范活动的内涵和范畴，规定了创建示范活动管理工作的基本原则：第一，坚持和加强党的领导，提高政治站位，增强“四个意识”、坚定“四个自信”、做到“两个维护”；第二，坚持以人民为中心的发展思想，围绕中心、服务大局，立足新发展阶段，完整、准确、全面贯彻新发展理念，服务和融入新发展格局，推动高质量发展；第三，坚持统筹管理、合理设置、严格审批、动态调整、注重实效的原则，严格按照规定的条件、权限和程序进行。《办法》还规定了开展创建示范活动的主体及负面清单。总之，《办法》为各类示范创建活动包括乡村振兴示范创建工作提供了管理规则。

（三）强化示范创建的过程管理

规划先行。这是示范创建的基础和前提。示范创建村应在完成“多规合一”实用性村庄规划编制的基础上，做到先规划后建设。

因地制宜。示范创建要依山就势、错落有致、因地制宜，注重保护传统村落，保留乡村风貌、形态、肌理。不搞大拆大建、不修楼堂馆所、不造景观假山，把农村建设得更像农村。

农民主体。贯彻落实“乡村振兴为农民而兴，乡村建设为农民而建”

的理念，尊重农民的意愿和首创精神，把农民能干的事尽量交给农民干，尽可能让农民在创建中实现务工增收。

依法合规。特别是项目用地要符合国土空间规划和村庄整体功能布局，相关手续要完善齐备，项目开工要落实法人责任制、工程监理制、招投标制和项目合同制“四制管理”，村庄闲置房屋、坍塌房屋、废弃房屋要得到合理有效处置，依法合规解决示范创建的难点问题。

稳中求进。做到数量服从质量、进度服从实效、求好不求快，既尽力而为，又量力而行，不能违背客观实际和发展阶段盲目融资、乱铺摊子，绝不允许给村集体和农民增加债务负担。

各具特色。依托村庄基础，围绕乡村发展、乡村建设、乡村治理，着力在产业就业、生态宜居、党建引领、乡村文明、居家养老等方面打造亮点，避免千村一面、千篇一律，示范创建要体现普遍性特点和鲜明特色相统一。

优化管理。将示范创建项目及资金需求纳入乡村振兴项目库，承担示范创建任务的县、乡、村要倒排工期，明确时间表、路线图、任务书，抓紧完成实体性规划，办结前期手续。按照准备、实施、加速、验收四个阶段推进工作，强化现场推动。

（四）强化示范创建的监测评价

客观分析示范创建监测评价面临的问题。是否及时、精准、动态地进行监测是任何项目成败的关键。探索建立乡村振兴示范创建活动日常监测机制具有基础性、工具性的作用。从各地实践看，目前示范创建日常监测发现的主要问题是：第一，监管手段落后，监测体系运转滞后，难以及时掌握和解决出现的问题。传统的监测方法效率低、成本高、不及时，在有限的人力和技术水平下，难以实现快速发现问题，及时督导解决。第二，示范创建思路不清晰，偏离示范创建设计初衷现象明显。比如，规划流于形式，示范定位、示范方向研究不透。再如，创建思维和实施思路创新不足，创建活动往往偏离通过示范探索经验的目标。

完善示范创建的日常监测路径。第一，明确日常监测预期目标，主要是示范建设规范顺利开展、跟踪督导推动创新亮点。第二，确定日常监测核心要素，包括资金使用安全、项目顺利推进、有效探索创新。第三，建立日常监测工作体系，包括加强实地调研监测指导，细化日常监测重点内容（如示范创建实施规划方案、实施进展情况、实施资金拨付情况、整合资金和社会资本到位情况、各类示范项目确权情况、示范创建效果评估情况等），建立日常监测工作机制（总体把握示范创建的要点和方向，分类别、有重点地进行日常监督指导和动态监测）。在静态监测方面，通过示范创建项目台账进行监测；在动态监测方面，通过实地调研进行监测；在实时监测方面，通过监测预警平台进行监测。

加强示范创建成效评价。把示范创建列入乡村振兴考核的重要内容，作为项目安排和资金分配优先考虑的重要因素。对示范创建组织不力、进度迟缓的市县，给予通报批评。及时总结、宣传、推介示范创建经验。

四、推进巩固拓展脱贫攻坚成果同乡村振兴有效衔接进程中的创新实践

脱贫攻坚取得全面胜利后，各地深入贯彻习近平总书记关于“三农”工作的重要论述，全面落实中央及国家各部委关于巩固拓展脱贫攻坚成果同乡村振兴有效衔接的系列政策，紧紧围绕守底线、抓发展、促振兴的主题主线，压实责任、细化政策、强化措施，在推进巩固拓展脱贫攻坚成果同乡村振兴有效衔接进程中创新实践，取得了明显成效。本章基

于实地调研，对陕西省探索积累的“六个创新”做法经验进行了总结。陕西省的实践具有示范意义，值得参考借鉴。

（一）创新体系：健全防止返贫动态监测和帮扶机制

2021 年以来，陕西省委、省政府高度重视防止返贫监测帮扶工作，为从制度上预防和解决返贫致贫问题，创新形成了“2531”防返贫动态监测帮扶机制。“2”是指在全省大力推行风险摸排网格化、监测预警信息化“两化管理”；“5”是指做到全程监管、清单交办、精准帮扶、定期通报、绩效考核“五个坚持”；“3”是指实现早发现、早干预、早帮扶“三个到位”；“1”是指坚决守住防止规模性返贫致贫“一个底线”。

一是全面建立网格化摸排机制。全省建立了覆盖镇、村、组的三级网格体系，推动关口前移、力量下沉，由基层网格员对 700 余万户农户实行每周网格化排查。

二是实行全方位信息化监测机制。开发全省防止返贫监测预警平台，实行“一键申报”“一户一码”，对全省脱贫人口及“三类人员”实行“信息化”管理。

三是实行“双库清单式”交办机制。通过建好“信息比对”“问题整改”两个数据库，督促 19 个行业部门筛查比对风险信息，将各方面发现反馈的问题纳入问题数据库，实行清单化管理，及时交办督办。

四是实施“双随机”抽查核查机制。全省采取点面结合方式对各市县开展全覆盖成效核查。省级每周在各县随机抽取 1 个村，由市县组织对该村农户进行全覆盖核查；市县级定期在各市随机抽取 1 个县的 1 个村组织核查。

五是建立“双连续”通报督导考核机制。省级每月、两季度对各市县、各行业部门基础指标、工作亮点、存在问题及风险排查进行通报。

通过一系列机制创新，陕西省形成了上下联动、运转高效的工作局面，至 2022 年 11 月全省累计纳入监测对象 6.71 万户 20.52 万人，对“脱贫不稳定户、边缘易致贫户、突发严重困难户”等三类人员均落实了精准帮扶措施，返贫致贫风险得到有效化解。

（二）创新模式：发展产业，夯实有效衔接基础

在脱贫攻坚的基础上，陕西省探索形成了“3934”产业发展模式，进一步强化产业引擎作用，科学有序推动脱贫攻坚与乡村振兴的有效衔接工作。具体做法是：

一是因地制宜谋划“三大区域”发展。陕西地形地貌复杂，区域内部自然条件、资源禀赋和经济社会发展基础差异较大。基于此，陕西省立足陕北黄土高原、关中八百秦川、陕南秦巴山区的地区特点，创新模式，因地制宜打造三大特色鲜明的生态区域。

二是多维发力打造“九大产业链”。在抓好传统种养，守牢粮食安全底线和保障重要农产品有效供给基础上，打造乳制品、生猪、茶叶、蔬菜、苹果、家禽、食用菌、肉牛肉羊、猕猴桃等九大产业链，在“纵向延伸、横向拓宽、深向拓展、高度提升”四个维度发力，进一步贯通产加销、融合农文旅、对接科工贸，不断拓展农业多种功能、丰富产业多样业态、凸显乡村多元价值，提升现代农业产业竞争力，打造出高效益、能致富的农业全产业链。

三是统筹协调明确“三大发力方向”。加强政府规划引领，陕西省细化制定了“十四五”产业发展等 14 个专项规划，56 个脱贫县（区）编制了特色产业发展规划，发展“一县一业”，强化“一县一策”。加强企业牵头带动，在科技创新、品牌打造、市场开拓和上市融资等方面加大对龙头企业的扶持力度，鼓励和支持建立产业联盟、构建农业

产业化联合体，将农民深度嵌入产业链，带动群众致富增收。引导群众参与共建，依托“空中课堂”“固定课堂”“流动课堂”和“田间课堂”四个课堂，引导群众参加技术培训，接受准指导服务，提升高素质农民发展产业能力。

四是探索创新形成“四大联带模式”。对有意愿、有条件、有基础、有能力的农户，实行“分户生产、订单收购”的自主发展模式；对有劳力、缺资金、技能弱的农户，实行“流转土地、反租倒包”的合作共建模式；对有资产资源、发展条件受限的农户，实行“入股分红、托管服务”的企业搭载模式；对劳动能力弱的农户，实行“互帮互助、抱团发展”的组织带动模式。通过创新多种带农模式，更加广泛全面、紧密持久地带动农民增收，真正实现产业振兴、富农惠农的目标。

（三）创新路径：促进稳岗就业，确保群众稳定增收

2021 年以来，陕西省先后出台《防止因灾因疫返贫致贫十六条政策措施》《关于促进脱贫人口稳岗就业十二条政策措施》等多个文件，持续加大稳岗就业帮扶力度，全力克服新冠肺炎疫情、洪涝灾情影响，做到了脱贫人口及监测对象就业有岗位、增收能持续。具体做法如下：

一是支持企业纾困稳岗。统筹用好各类资金，加大衔接资金对就业帮扶车间(社区工厂)支持力度，解决好企业实际困难。截至 2022 年 11 月，全省 1719 个帮扶车间（社区工厂），吸纳 6.25 万人务工，其中脱贫及防返贫监测对象 2.06 万人。

二是扩宽就业渠道。持续开发村级公益性岗位，特别是结合疫情防控需求，开发了防疫消杀、医护辅助、物资配送、卡点值班等临时公益性岗位，突出关注零就业家庭，安置因疫回流人员在“家门口”就业。截至 2022 年 8 月末，全省共有 19.25 万脱贫劳动力在公益性岗位就业。

三是支持就业创业。持续加大脱贫人口小额信贷工作力度和“富民贷”产品投放，支持有能力、高素质的脱贫人口及国家重点帮扶县所有农业人口领办、创办新型农业经营主体，发展特色产业，以产业带动就业创业。到 2022 年 8 月，全省小额信贷累计投放 29.14 亿元，覆盖 6.16 万户；累计发放“富民贷”2.71 亿元，覆盖 1755 户。

四是强化技能培训。在强化全体脱贫人口技能水平要求保持不变的基础上，瞄准重点人群转岗再就业需求，持续加大培训力度。建立培训数据库，精准对接市场需求和群众就业意愿，对有用工需求的企业，按照“缺什么、补什么”的原则设立培训课程，对有就业和培训意愿的脱贫劳动力开展技能培训。

（四）创新方式：打出重点帮扶政策“组合拳”

国家乡村振兴重点帮扶县大多脱贫时间晚、脱贫基础不稳固、返贫致贫风险较高，是巩固拓展脱贫攻坚成果的重中之重，是乡村全面振兴亟须补齐的区域短板。2021 年以来，陕西省落实党中央、国务院有关决策部署，将 11 个国家乡村振兴重点帮扶县作为过渡期工作的重中之重，打出帮扶“组合拳”，全力补齐区域发展短板。

一是持续优化帮扶方案。2022 年 4 月 18 日，陕西省召开视频会，全面安排部署重点工作。随后印发《重点帮扶县省级实施方案》，倾斜支持重点帮扶县发展，明确指标体系、阶段任务和部门责任，将任务细化到年度、到项目。指导 11 个国家重点帮扶县制定县级实施方案，谋划储备了一批补短板、促发展项目。建立省级领导和省级相关部门责任清单，逐一压实 50 个省级行业部门主管责任。

二是创新协作帮扶思路。以“一县一团”方式向 11 个国家重点帮扶县每县选派 1 个科技特派团，帮助每县建好 1 所县人民医院、1 所普通高中和1所职业高中。江苏省选派22位校长到11个国家重点帮扶县开展帮扶工作。组织省内20个经济强区（开发区）对口帮扶11个国家重点帮扶县，选定22所全省一流普高、职高与11个国家重点帮扶县学校建立“一对一”帮扶关系。6家省内、5家省外“组团式”帮扶牵头医院与11个国家重点帮扶县医院建立沟通对接联络机制，协商确定了第一批次67人的帮扶需求。积极配合中央单位和驻陕部队开展定点帮扶工作，推动“万企兴万村”，汇聚社会组织、苏陕协作等多方面力量共同倾斜支持重点帮扶县。

（五）创新思路：发展壮大县域经济，促进有效衔接

县域是实现经济高质量发展的区域经济枢纽，也是新阶段巩固拓展脱贫攻坚成果同乡村振兴有效衔接的重要支点。为了进一步激发县域经济动能，陕西省制定了固本谋远的政策体系，推出了务实管用的行动举措，加快发展壮大县域经济，推进巩固拓展脱贫攻坚成果同乡村振兴有效衔接。具体做法如下：

一是县域主导产业精准谋实。坚持狠抓县域产业发展，每个县谋划推进1—2个主导产业。到“十四五”末，县域主导产业总产值达到1.77万亿元，培育龙头企业955个。2021年，各县（市）主导产业实现总产值9533.49亿元。

二是县域园区提质增效。扎实推进产业园区整合升级，原则上每个县（市）只保留1个产业园区。打造精尖、特色、示范园区，新批设省级高新区1个、经开区6个，打造首批27个特色专业园区，创建农村产业融合发展示范园28个、现代农业产业园12个。推广企业化管理、市场化运作模式，实行薪酬制度改革，推进园区水、电、气、路、讯基本实现全覆盖。

三是县城城镇化补齐短板。印发《陕西省推进县城城镇化补短板强弱项实施方案》，梳理并评审市政公用、环境卫生、公共服务、产业配套四大领域 17 个投向的补短板项目 1820 个，总投资 2502 亿元。推进以县城为重要载体的城镇化建设，分类引导县城发展方向，县域城镇化率达到 48.3%。

四是县域创新激发动能。坚持企业主体、人才主力、市场主导、政府主推，超 90% 的县（市）参与对接“秦创原创新驱动平台”建设。建立校地、校企合作机制，实施百名科技特派员助力百村振兴行动，支撑关键领域研发新产品、攻克新技术。2021 年，全省县域创建创新服务平台 188 个，入库科技型中小企业 1269 家，认定高新技术企业 95 家；创建科技创新试验示范站 8 个，转化重要科技成果 149 项。

（六）创新平台：发挥智库作用，助力有效衔接

专家智库是国家软实力的重要组成部分，是现代国家公共决策的参与者和政府战略决策咨询的提供者，是推动脱贫攻坚与乡村振兴有效衔接的重要活力源。2021 年以来，在省委、省政府领导下，陕西省乡村振兴局按照“三位一体”的平台建设思路，积极推进乡村振兴智库建设，逐步发挥智库助力有效衔接重点工作的作用。

一是建设省乡村振兴专家库和智库共同体。由专家咨询顾问、研究专家、实用型人才构成。已邀请 8 名国内知名专家学者加入省乡村振兴专家库担任咨询顾问，研究专家和实用型人才正在推荐征集中。印发了《陕西省乡村振兴专家库建设管理办法（试行）》。联合西北农林科技大学、长安大学、西北大学等多所高校成立乡村振兴研究学院（研究院），并与各地开展规划设计、咨询建议等工作。

二是建立四库两基地。建立乡村振兴实践基地、培训基地，完善师

资库、教材库、课程库、案例库，形成培训保障大格局，形成了“授课有教师、学习有教材、辅导有课程、点拨有案例、培训有基地、实践有场所”的培训保障体系。省市县三级入库教师 1633 名，印发 54.63 万册自编教材，入库案例 343 个，录制上传《乡村治理新模式探索》等 84 部视频课程；建立培训基地 210 个，实践交流基地 371 个。

三是发挥智库调查研究建言献策作用。《关于科学推进陕西省乡村振兴的建议报告》得到省政府主要领导批示。其中提出的全面构建陕西乡村振兴“三沿三建”（三沿：沿黄河、渭河、汉江。三建：党建、乡建、文明建）被采纳并延伸为“四沿三建”运用到陕西省乡村建设战略中。省决策咨询委通过深入调研形成了《做实做强我省乡村振兴“十百千”工程》课题研究报告，提出加快“十百千”工程建设的措施建议，得到省政府主要领导批示。《发挥国企优势为乡村振兴蓄势赋能》《中国式现代化在陕西乡村的实践》《脱贫地区巩固成果推进乡村振兴的思考》等一批智库报告，对省脱贫地区推进乡村振兴工作有一定的参考价值。

四是为市县乡村振兴示范创建提供服务。比如开展“百校连百县”，助力乡村振兴的行动计划。西北农林科技大学根据自身的学科优势、人才优势和服务干旱半干旱地区的办学使命，先后在武功县、泾阳县、三原县，延安市河庄坪镇，榆林市横山区、米脂县，合阳县，韩城市等地建立乡村振兴实用技术人才培训基地，将新型实用技术人才、技术服务前置到乡村振兴一线，助力地方乡村人才振兴。再比如，编制乡村振兴规划，切实服务地方乡村振兴。西北农林科技大学组织专家团队，先后为部分市县编制乡村振兴示范镇、村规划，初步形成了以规划编制为抓手、服务团队下沉产业一线、人才培训积极跟进的高校助力地方乡村振兴的模式。

案例

广东省省内对口帮扶的“广（州）梅（州）样本”

在脱贫攻坚时期，广东省广州市对口帮扶本省梅州市，坚持“一盘棋”整体推进，在村村联动、科技赋能、开拓市场等方面实现全产业链帮扶，将“小鸽子”打造成梅州乡村振兴的“大产业”，成功打造了省内对口帮扶的“广梅样本”，形成了巩固拓展脱贫攻坚成果同乡村振兴有效衔接的生动实践。

基本做法是：第一，“一盘棋”整体推进，众志成城聚合力。通过党政同抓、职能整合和融合管理，形成推进乡村振兴的强

肉鸽养殖现场

大合力。第二，村村联动扩规模，做大产业链上游。通过深入调研、把准方向、农光互补等举措，实现帮扶村和农户从土地租赁到乳鸽养殖再到光伏发电每个环节的稳定分红。第三，科技赋能深加工，做强产业链中游。通过校企合作、产品创新和产业共建等手段，推动乡村振兴科技支撑产学研合作新模式。第四，开拓市场畅销路，做优产业链下游。通过有力宣传、综合施策、政府搭台等措施，打响了品牌，畅通了销售渠道，开拓了市场。2021 年，广州全产业链帮扶梅州产业发展“小促大”经典案例成功诞生，成为广州帮扶梅州打造“从田头到舌尖”特色产业链的生动实践，成功壮大了乡村产业。联农带农巩固了稳定脱贫，截至 2021 年脱贫户累计分红收益达 462.3 万元。广州对口帮扶梅州的实践证明，对口帮扶是先富带后富，逐步实现共同富裕的重要举措，根据产业发展形势，及时调整优化对口帮扶政策，持续发挥好对口帮扶制度优势，最终进一步合力推进帮扶地区乡村振兴。

第八章

怎么看中国式现代化的乡村振兴道路

导读

党的二十大报告明确提出，以中国式现代化全面推进中华民族伟大复兴。实施乡村振兴战略，推进农业农村现代化，是全面建设社会主义现代化国家、实现中华民族伟大复兴的重要内容和底线任务，是中国式现代化的重要组成部分。本章以党的二十大报告关于中国式现代化理论和习近平总书记关于“三农”工作的重要论述为指引，阐述了中国式现代化与乡村振兴道路的理论逻辑。以此为基础，全面阐述以农业高质高效发展推进农业现代化、以乡村宜居宜业建设为中心推进农村现代化、以农民富裕富足为目标推进农民现代化的中国式现代化的乡村振兴道路。

习近平总书记指出：“从中华民族伟大复兴战略全局看，民族要复兴，乡村必振兴。”[①] 党的二十大报告鲜明提出，新时代新征程，“中国共产党的中心任务就是团结带领全国各族人民全面建成社会主义现代化强国、实现第二个百年奋斗目标，以中国式现代化全面推进中华民族伟大复兴”。并就“全面推进乡村振兴”作出新部署。“农业农村现代化

① 习近平：《论“三农”工作》，中央文献出版社，2022 年版，第 2 页。

是实施乡村振兴战略的总目标，坚持农业农村优先发展是总方针，产业兴旺、生态宜居、乡风文明、治理有效、生活富裕是总要求，建立健全城乡融合发展体制机制和政策体系是制度保障。”① 可见，实施乡村振兴战略，推进农业农村现代化，是全面建设社会主义现代化国家、实现中华民族伟大复兴的重要内容和底线任务，是中国式现代化的重要组成部分。总结和讨论中国式现代化的乡村振兴道路，对于学习宣传贯彻党的二十大精神，全面推进乡村振兴具有重要的理论和现实意义。

一、中国式现代化与乡村振兴道路的理论逻辑

作为现代文明的核心特征，现代化是一种从不发达到发达的世界历史现象，是人类文明形态的演变过程，也是经济、政治、文化、社会、科技、生态等综合发展战略的目标和路径。中国共产党为解救苦难中国而诞生，党领导人民夺取新民主主义革命胜利，成立新中国，深刻改变了近代以来中华民族发展的方向和进程，深刻改变了中国人民和中华民族的前途和命运，为中国走向现代化创造了根本社会条件。自新中国成立之日起，中国共产党就领导中国人民为在中国实现工业化和现代化而奋斗。“在新中国成立特别是改革开放以来长期探索和实践基础上，经过党的十八大以来在理论和实践上的创新突破，我们党成功推进和拓展了中国式现代化。”②

中国式现代化，是中国共产党领导的社会主义现代化，既有各国现代化的共同特征，更有基于自己国情的中国特色。习近平总书记在党的二十大报告中重申了中国式现代化的五个基本特征，即人口规模巨大的

① 中共中央党史和文献研究院编：《习近平关于“三农”工作论述摘编》，中央文献出版社，2019 年版，第 20—21 页。

② 习近平：《高举中国特色社会主义伟大旗帜，为全面建设社会主义现代化国家而团结奋斗——在中国共产党第二十次全国代表大会上的报告》（2022 年 10 月 16 日），人民出版社，2022 年版，第 22 页。

现代化、全体人民共同富裕的现代化、物质文明和精神文明相协调的现代化、人与自然和谐共生的现代化、走和平发展道路的现代化，并特别强调了“坚持中国共产党领导，坚持中国特色社会主义，实现高质量发展，发展全过程人民民主，丰富人民精神世界，实现全体人民共同富裕，促进人与自然和谐共生，推动构建人类命运共同体，创造人类文明新形态”的本质要求，还指出了前进道路上必须牢牢把握的重大原则，即坚持和加强党的全面领导，坚持中国特色社会主义道路，坚持以人民为中心的发展思想，坚持深化改革开放，坚持发扬斗争精神。实践充分证明，中国式现代化既切合中国实际，体现了社会主义建设规律，也体现了人类社会发展规律。其成功实践，不仅为人类现代化提供了新的选择，而且将拓展人类文明发展路径，丰富人类文明内涵，为人类文明发展注入新动力，指引人类文明发展的正确方向，深化文明交往的规律性认识，创造人类文明新形态。

（一）全面推进乡村振兴、实现农业农村现代化是中国式现代化的题中之意

党的二十大闭幕后，习近平总书记在陕西省延安市和河南省安阳市考察时强调，全面建设社会主义现代化国家，最艰巨最繁重的任务仍然在农村。要全面学习贯彻党的二十大精神，坚持农业农村优先发展，发扬延安精神和红旗渠精神，巩固拓展脱贫攻坚成果，全面推进乡村振兴，为实现农业农村现代化而不懈奋斗。①“乡村振兴是包括产业振兴、人才振兴、文化振兴、生态振兴、组织振兴的全面振兴，是‘五位一体’总体布局、‘四个全面’战略布局在‘三农’工作的体现。我们要统筹推进农村经济建设、政治建设、文化建设、社会建设、生态文明建设和

① 《习近平在陕西延安和河南安阳考察时强调：全面推进乡村振兴，为实现农业农村现代化而不懈奋斗》，《人民日报》，2022 年 10 月 29 日 01 版。

党的建设，促进农业全面升级、农村全面进步、农民全面发展。”[①]“没有农业现代化，没有农村繁荣富强，没有农民安居乐业，国家现代化是不完整、不全面、不牢固的。”[②]从中华民族伟大复兴战略全局看，全面推进乡村振兴、实现农业农村现代化是中国式现代化的重要基础；从世界百年未有之大变局看，在中国式现代化进程中，全面推进乡村振兴、实现农业农村现代化发挥着“压舱石”作用；从中国式现代化的特征和进程看，全面推进乡村振兴、实现农业农村现代化是中国式现代化的重要一环。

（二）实现人口规模巨大的现代化最关键的是体现普惠性，意味着全体人民要共享现代化成果，以乡村共同富裕推进中国式现代化

“即便我们的城镇化率达到百分之七十，农村仍将有四亿多人口。如果在现代化进程中把农村四亿多人落下，到头来‘一边是繁荣的城市、一边是凋敝的农村’，这不符合我们党的执政宗旨，也不符合社会主义的本质要求。这样的现代化是不可能取得成功的！”[③]因此，在人口规模巨大的现代化实践下，乡村振兴是中国式现代化的最核心组成部分。人口规模巨大的现代化必须处理好人与自然之间的关系，这就决定了乡村振兴必须在提高农村居民生活水平的基础上，把乡村产业发展、乡村建设同保护生态环境结合起来，创新发展模式，走自己的生态安全乡村振兴道路。人口规模巨大的现代化的最大挑战和难题是处理好幅员辽阔、各地发展不平衡造成的城乡差距、地区差距、不同群体之间的差距问题，

① 中共中央党史和文献研究院编：《习近平关于“三农”工作论述摘编》，中央文献出版社，2019年版，第23页。

② 中共中央党史和文献研究院编：《习近平关于“三农”工作论述摘编》，中央文献出版社，2019年版，第32页。

③ 中共中央党史和文献研究院编：《习近平关于“三农”工作论述摘编》，中央文献出版社，2019年版，第44页。

乡村振兴的根本目标就在于通过全面振兴使广大乡村走上共同富裕的发展道路，从而缩小区域、群体差距，促进城乡平衡发展。人口规模巨大的现代化必然是全国各族人民的现代化，乡村振兴就是要创造条件使居住在农村的各个民族参与到现代化进程中，在实现现代化进程中推动各民族走向共同富裕，不断铸牢中华民族共同体意识。人口规模巨大的现代化必须有效应对人口老龄化。面对老龄化，乡村是最薄弱的环节，面临最严峻的挑战，只有通过乡村振兴进一步完善各项社会保障、社会福利、社区设施建设，完善家庭结构，才能保障乡村老年人享有幸福的晚年生活。

（三）实现全体人民共同富裕的现代化最关键的是持续增加居民收入，这就意味着要在高质量发展中促进共同富裕，以高质量乡村振兴推进中国式现代化

实现全体人民共同富裕，最终要靠发展。只有坚持高质量发展，把蛋糕做大做好，才能为共同富裕创造条件。与此同时，要坚持完善分配方式、构建分配协调配套的制度体系，持续增加居民收入。乡村振兴，关键是产业要振兴，就业有保障。大力发展乡村特色产业，大力发展农村新产业新业态，促进一二三产业融合发展，完善联农带农机制，让农民合理分享全产业链增值收益。

（四）实现物质文明和精神文明相协调的现代化最关键在于促进物的全面丰富和人的全面发展，这意味着在现代化建设中物质文明建设和精神文明建设都搞好、国家物质力量和精神力量都增强、全国各族人民物质生活和精神生活都改善，以乡村振兴带动乡风文明促进中国式现代化

新农村文化体系打造，特色文化变现是乡村振兴的重要组成部分。实现国家强盛、民族复兴既需要物质文明的积累，也需要精神文明的升

华。全面推进乡村振兴要立足新发展阶段，贯彻新发展理念，构建新发展格局，推动乡村高质量发展，高效实施乡村建设行动方案，为全面建设社会主义现代化国家提供坚实的物质支撑。同时，要切实把精神文明建设各项任务贯穿乡村五大振兴、城乡融合发展全过程，不断满足乡村群众日益增长的精神文化需求，传承发展提升我国农耕文明，以乡村文化兴盛之路推进中国式现代化进程。

（五）实现人与自然和谐共生的现代化最关键的是绿色发展，这意味着要牢固树立和践行绿水青山就是金山银山的理念，以乡村振兴实现人与自然和谐共生，推进和拓展中国式现代化

乡村振兴要坚持山水林田湖草沙一体化保护和系统治理，建立生态产品价值实现机制，完善生态保护补偿制度。发展绿色低碳产业，深化推进生态产业化、产业生态化发展，加快节能降碳先进技术在乡村振兴中的推广应用，推动形成绿色低碳的乡村生产方式和生活方式，加快新技术应用，发展智慧农业，大力建设数字乡村。牢牢守住十八亿亩耕地红线，逐步把永久基本农田全部建成高标准农田。走生产发展、生活富裕、生态良好的乡村文明发展道路。

习近平总书记指出，新时代“三农”工作必须围绕农业农村现代化这个总目标来推进。长期以来，为解决好吃饭问题，我们花了很大精力推进农业现代化，取得了长足进步。相比较而言，农村在基础设施、公共服务、社会治理等方面差距相当大。农村现代化既包括“物”的现代化，也包括“人”的现代化，还包括乡村治理体系和治理能力的现代化。我们要坚持农业现代化和农村现代化一体设计、一并推进，实现农业大国向农业强国跨越。[①]没有农业农村现代化，就没有整个国家现代化。

① 习近平：《把乡村振兴战略作为新时代“三农”工作总抓手》，《求是》，2019 年第 11 期。

要举全党全社会之力推动乡村振兴，促进农业高质高效、乡村宜居宜业、农民富裕富足。[①]以习近平总书记关于“三农”工作的重要论述和中国式现代化理论为指引，以农业高质高效发展推进农业现代化、以乡村宜居宜业建设为中心推进农村现代化、以农民富裕富足为目标推进农民现代化的发展目标、进程及路径，实际上就是中国式现代化的乡村振兴道路的综合呈现。

二、以农业高质高效发展推进农业现代化

农业强国是社会主义现代化强国的根基。满足人民美好生活需要、实现高质量发展、夯实国家安全基础，都离不开农业发展。建设农业强国要体现中国特色，立足我国国情，立足人多地少的资源禀赋、农耕文明的历史底蕴、人与自然和谐共生的时代要求，走自己的路，不简单照搬国外现代化农业强国模式。

（一）我国农业现代化的历史方位

国内外理论研究和实践表明，农业现代化的概念具有综合性、世界性、历史性、时空性等特征。从农业现代化的历史进程、内涵发展、全球实践看，农业现代化内涵具有科学技术化、机械化、产业化、生产专业化和市场化、生产专门化、生产集中化、农业服务社会化、劳动者技能化、政府支持制度化、发展绿色化等特点。回顾世界农业发展进程，可分为原始农业、传统农业和现代农业三个阶段。目前，在全球范围内，发达国家已处于现代农业阶段，部分发展中国家还停留在传统农业阶段。中国是发展中国家，新中国成立特别是改革开放以来，持续推进制度创

---

① 《习近平在中央农村工作会议上强调：坚持把解决好“三农”问题作为全党工作重中之重，促进农业高质高效乡村宜居宜业农民富裕富足》，《人民日报》，2020 年 12 月 30 日 01 版。

新、技术进步及市场改革，传统农业逐步向现代农业转变，取得了举世瞩目的农业增长奇迹。从全球农业发展趋势看，有三个较为明显的趋向：一是顺应科技进步，从以手工劳动为主的传统农业向以机械化、产业化为主的现代农业转变，再向以生物化、信息化为主的知识农业转变；二是围绕质量效益，经历由以单个家庭生产经营为主向以公司生产经营、合作组织生产经营为主的转变；三是依托资源禀赋条件，发展路径由单一模式向多元模式转变。由于国情农情不同，我国农业现代化既要符合世界农业发展的一般规律，也要体现出自身的本质特征：一是农村土地农民集体所有，决定了推进中国特色农业现代化建设，必须实行以家庭联产承包经营为基础、统分结合的双层经营体制，始终沿着社会主义道路、共同富裕方向前进。二是解决好全国人口的吃饭问题，始终是最根本的民生问题，是关系国家发展与安全大局的头等大事，必须主要依靠国内生产保障粮食等重要农产品供给。三是农业资源相对稀缺，必须注重提高农业基础设施水平，从而提高资源配置和利用效率。四是我国“大国小农”的基本国情农情，决定了促进小农户与现代农业有机衔接是农业现代化的重要任务，农业现代化离不开小农户的现代化。五是我国地域广阔决定了我国农业现代化模式在不同地区具有差异性，由此决定了我国的农业现代化建设不可能按照一个模式去运行，需要积极探索适合各地区实际情况的实现农业现代化的路子。

（二）我国农业现代化的进展与挑战

新时代十年，我国农业现代化建设又迈上了一个新台阶，为开启全面建设社会主义现代化国家新征程奠定了坚实基础。具体体现在：一是农业综合生产能力进一步夯实，粮食等重要农产品保障水平稳步提升，确保中国人的饭碗牢牢端在自己手上，为经济发展、社会稳定、国家安全提供了重要基础支撑。2012年，我国粮食产量首次站上1.2万亿斤台阶，在政策的大力支持下，我国粮食生产在前期高位的基础上继续增长。自2015年起，我国粮食产量连续七年超过1.3万亿斤，2021年我国粮食产量达13657亿斤，为历史最高水平，2013—2021年年均增长1.2%。人均粮食产量不断提高，自2012年起，人均粮食产量持续保持在450公斤以上，2021年人均粮食产量达到了483.5公斤，人均粮食产量已远超国际上公认的粮食安全线，中国饭碗不仅牢牢端在自己手中，而且饭碗里主要装的是中国粮。[①] 二是农业供给侧结构性改革深入推进，农业质量和综合效益明显提升。特别是顺应城乡居民消费结构升级要求，处理好稳定粮食生产、优化农业结构与促进农民增收的关系，持续调整优化农产品结构和区域生产力布局，着力推动农业由数量导向转向提质导向。三是农业创新体系加快构建，科技装备水平整体跃升。深化农业科技体制机制改革，全力攻克农业核心关键技术，推进科技与农业生产深度融合，强化实用性技术集成应用，农业机械化、信息化、智能化取得长足进步，加快农业发展由依赖资源要素投入转向创新驱动发展。四是新型经营主体发展壮大，农业多种形式适度规模经营水平不断提升。坚持以农户家庭经营为基础，合作和联合为纽带，社会化服务为支撑，赋予双层经营体制新内涵，加快发展集约化、专业化、组织化、社会化的现代农业经营体系，多种形式适度规模经营稳步发展。五是乡村富民产业加快发展，产业融合发展水平明显提升。随着农业产业化水平不断提高，一二三产业融合程度不断加深，设施农业、无土栽培、观光农业、精准农业等新型农业生产模式快速发展。2021年末，全国温室、大棚、中小棚等农业设施数量达2800多万个，设施农业占地面积3800多万亩。设

① 国家统计局：《农业发展成就显著，乡村美丽宜业宜居——党的十八大以来经济社会发展成就系列报告之二》。

施农业、无土栽培等新型农业生产模式突破了资源自然条件限制，改变了农业生产的季节性，拓宽了农业生产的时空分布，为城乡居民提供丰富的新鲜瓜果蔬菜。与此同时，订单农业、农村电商、视频直播、冷链物流等农业新业态方兴未艾。2021 年，超过 100 万农户通过网络销售农产品，50 多万农户开展了休闲农业和乡村旅游，为农业提质增效、农民增收创收、农村发展创新等提供了澎湃动力。① 六是农业绿色发展扎实推进。深入推进农业绿色发展五大行动和农村人居环境整治三年行动，创建国家农业绿色发展先行区，加快推进投入品减量化、生产清洁化、废弃物资源化、产业模式生态化，着力构建山清水秀、天蓝地绿的农业生产环境和干净整洁、村美人和的农村生活环境。七是农村改革全面深化。坚持不懈推进农村改革和制度创新，要素活力、发展动力进一步激发。八是城乡区域协调发展水平持续提高，打赢脱贫攻坚战，农民同步迈入全面小康社会。但是从全国看，农业发展基础差、底子薄、发展滞后的状况没有根本改变。突出体现在：一是农业设施装备离先进仍有差距，在机播和经济作物的机械化方面还有较大提升空间。二是农业科技支撑力度仍显不足。三是农业经营管理面临诸多挑战。四是在建立现代农业产业体系、生产体系和经营体系方面，不仅是种植、养殖、加工，还有休闲旅游、文体体验、健康养老、电子商务等新产业新业态，实现一二三产业融合发展存在许多明显短板弱项。

（三）以农业高质高效发展加快农业现代化

“十四五”时期，我国农业发展面临的外部环境更加复杂多变，这就需要把高质量发展贯穿始终，守牢国家粮食安全底线，坚定不移推进农业供给侧结构性改革，推动农业提质增效，加快农业现代化。第一，

① 国家统计局：《农业发展成就显著，乡村美丽宜业宜居——党的十八大以来经济社会发展成就系列报告之二》。

切实保障粮食等重要农产品安全。深入实施藏粮于地、藏粮于技战略，落实粮食安全省长责任制，引导农业资源优先保障粮食生产，稳定粮食生产面积和产量，确保谷物基本自给、口粮绝对安全。大力发展现代畜牧业，加快恢复生猪生产，健全动物防疫体系。加大农业水利设施建设力度，实施高标准农田建设工程，强化农业科技和装备支撑，提高农业良种化水平，巩固提升农业综合生产能力。健全农业支持保护制度，保护地方重农抓粮、农民务农种粮积极性。坚持最严格的耕地保护制度，严守耕地红线，严禁耕地“非农化”，防止耕地“非粮化”。加强重要农产品供给保障能力建设，提升粮、棉、油、糖、肉等收储调控能力。第二，深化农业供给侧结构性改革。推进粮经饲统筹、农林牧渔协调，积极发展设施农业，因地制宜发展林果业，推进农业绿色转型，全面提升农业质量效益水平。第三，强化现代农业的科技支撑。深入推进农业科技创新，开展农业关键核心技术攻关，加强种质资源保护利用和种子库建设，有序推进生物育种产业化应用，培育种业龙头企业；强化农业机械研发应用，完善农业科技创新体系，创新农技推广服务方式。第四，优化现代乡村产业体系。特别是推进县域、镇域产业的集聚，促进镇村联动发展，培育壮大乡村产业体系，打造农业全产业链，加快农村产业融合发展，纵向延伸产业链条，横向拓展农业产业功能，多向提升乡村价值。大力发展乡村新产业新业态，优化乡村休闲旅游业，培育乡村新型服务业，发展农村电子商务，推进农村创业创新，支持返乡入乡在乡创业，推进城市各类人才投身乡村产业发展。第五，畅通城乡要素双向流动。健全城乡融合发展机制，推进县域内城乡融合发展，促进城乡人力资源双向流动。优化城乡土地资源的配置，改善县乡村三级物流配送体系，打造农村物流服务品牌，创新物流运营服务模式。第六，推进农业高水平对外开放。实施农产品进口多元化战略，发挥共建“一带一路”

在扩大农业对外开放合作中的重要作用，深化多双边的农业合作，深度参与世界贸易组织涉农谈判和全球粮农治理。

三、以乡村宜居宜业建设为中心推进农村现代化

农村现代化是建设农业强国的内在要求和必要条件，建设宜居宜业和美乡村是农业强国的应有之义。要一体推进农业现代化和农村现代化，实现乡村由表及里、形神兼备的全面提升。要瞄准“农村基本具备现代生活条件”的目标，组织实施好乡村建设行动，特别是要加快防疫、养老、教育、医疗等方面的公共服务设施建设，提高乡村基础设施完备度、公共服务便利度、人居环境舒适度，让农民就地过上现代文明生活。

（一）我国农村现代化的历史方位

习近平总书记深刻指出：“在现代化进程中，城的比重上升，乡的比重下降，是客观规律，但在我国拥有十三亿多人口的国情下，不管工业化、城镇化进展到哪一步，农业都要发展，乡村都不会消亡，城乡将长期共生并存，这也是客观规律。”[①] 没有农业农村现代化，中国式现代化是不可能取得成功的，这就决定中国式现代化必须既要推进工业化、信息化、城镇化，也要同步推进农业农村现代化，努力构建工农互促、城乡互补、全面融合、共同繁荣的新型工农城乡关系，让广大农民平等参与现代化进程、共同分享现代化成果。从理论研究和国内外实践看，农村现代化的基本要素至少包括：一是基本生活设施现代化，农村与城市在水电气、道路、通信等基本生活设施上水平基本相当。二是基本公共服务健全，基本实现县域内城乡公共服务一体化。三是物质生活水平

① 中共中央党史和文献研究院编：《习近平关于“三农”工作论述摘编》，中央文献出版社，2019 年版，第 44 页。

较高，农民与市民收入大体相当。四是生态环境宜居，农村生态环境保护和人居环境整治取得明显效果。五是治理体系完善，以党的基层组织为核心的农村组织体系进一步健全，真正实现自治、法治、德治，乡村社会和谐有序，农民获得感、幸福感、安全感更强。党的十九大明确提出“坚持农业农村优先发展”“加快推进农业农村现代化”，这是农村现代化与农业现代化首次共同进入战略规划。2018 年中央一号文件将农业农村现代化与国家现代化并提，并将推进农业农村现代化发展划分为三个阶段。同年，国务院印发的《乡村振兴战略规划（2018—2022 年）》进一步明确了农业农村现代化的发展愿景以及实践路径。2021 年、2022 年的中央一号文件均进一步强调，要全力加快农业农村现代化，明确到 2025 年农业农村现代化取得重要进展。到 2035 年我国基本实现现代化之际，农村现代化体现为一个有品质、有活力、有乡愁、有别于城市现代化的空间单元。

（二）农村现代化的进展和面临的挑战

新时代十年，国家进一步加大农村基础设施投资力度，重点推进水电路讯等方便群众生产生活的基础设施建设，农村基础设施条件明显改善；大力推进农村环境整治，乡村环境从干净整洁向美丽宜居转变，农村面貌和人居环境持续向好。一是农村基础设施更加完善，生产生活更加便捷。农村公共基础设施建设稳步推进，农村生产生活更加方便快捷，农村基本实现全面通电、通公路和通电话，村内道路质量不断升级。2021 年末，87.3% 的村通公共交通；99.1% 的村进村主要道路路面为水泥或柏油；97.4% 的村村内主要道路路面为水泥或柏油。农村信息化建设持续推进，农村基础设施的不断完善，有力推动了农业生产发展，农村生产生活条件显著改善。二是农村人居环境持续改善，乡村更加美丽宜居。2021 年末，96.3% 的村生活垃圾集中处理或部分集中处理。农村厕所革命扎实推进，农村改厕工作质量持续提升，农村卫生户厕普及率达 77.5%。国家统筹推进农村生活垃圾污水治理等任务，农村生活污水治理水平不断提高。2021 年末，47.6% 的村生活污水集中处理或部分集中处理。三是农村基本公共服务不断完善，民生保障更加有力。2021 年末，乡镇卫生院达到 3.5 万家，有卫生院的乡镇占全国乡镇总数的 90.8%；村卫生室数达 59.9 万个，平均每个村拥有至少一个卫生室。脱贫攻坚取得历史性成就，消除了绝对贫困，对孤寡残病等失去劳动能力的低收入人群，应保尽保、应养尽养，实现了病有所医和老有所养，农民民生保障更加有力。[①] 尽管农村现代化进展顺利，但现阶段农村现代化建设仍面临许多挑战：一是农村基础设施水平与农民美好生活需要还不匹配。加快补齐农村基础设施短板，不仅要在数量上实现水电路气等重要基础设施全覆盖，而且还要在质量上提升基础设施等级。二是教育、医疗、养老等公共服务是农民最关切的民生问题，高品质的公共服务是农村富裕的重要体现。在满足基本和兜底需求全覆盖后，需要适应农民美好生活，需要提升品质。目前城乡标准还没有完全实现统一，与城市相比，部分农村公共服务的便利性、可及性还有比较大的差距，品质化程度提升空间还比较大。三是不少乡村还不同程度存在“垃圾围村、污水横流”的现象，村容村貌提升仍有较大的空间。四是传承和弘扬好乡土文化还存在不少短板弱项，体现在居住形态单一、生活习惯过度城市化、文化传统的乡土特色淡化等。五是在不同区域，发展很不平衡，特别是在深化村民自治实践、推动乡村法治建设、提升乡村德治水平、建设平安乡村等方面还需要大力加强。

---

① 国家统计局：《农业发展成就显著，乡村美丽宜业宜居——党的十八大以来经济社会发展成就系列报告之二》。

（三）大力实施乡村建设行动加快推进农村现代化

总的要求是要牢固树立农业农村优先发展政策导向，以乡村振兴为农民而兴，乡村建设为农民而建为根本原则，把乡村建设摆在社会主义现代化建设的重要位置，加快推进乡村全面振兴。一是科学推进乡村规划建设。统筹县域城镇和村庄规划建设，适应村庄发展演变规律，科学布局乡村生产生活生态空间，分类推进村庄建设。保护传统村落和乡村风貌，让乡村望得见山、看得见水、留得住乡愁。乡村建设要坚持从实际出发，充分尊重农民意愿。二是持续提升乡村宜居水平。全面改善农村生产生活条件，推动实现城乡居民生活基本设施大体相当。实施村庄基础设施改善工程，完善乡村水、电、路、气、通信、广播电视、物流等基础设施，健全运营管护长效机制。因地制宜推进农村改厕、生活垃圾处理和污水治理，实施河湖水系综合整治，改善农村人居环境。提升农房建设质量。三是推进县乡村公共服务一体化。强化农村公共服务供给县乡村统筹，加快推动形成县域统筹规划布局、县乡村功能衔接互补的公共服务体系，强化县城综合服务能力，加强乡镇公共服务功能，推动教育、医疗卫生等公共服务资源在县域内实现优化配置。四是加强乡村人才队伍建设。提高农民素质和技能，培育造就一支适应农业农村现代化发展要求的高素质农民队伍；落实吸引人才返乡留乡政策支持体系，打通城乡人才培养交流通道，推动乡村人才振兴。

四、以农民富裕富足为目标推进农民现代化

农业农村现代化归根到底是农民的现代化，有了农民的现代化才会有乡村的振兴。因此，要坚持把增加农民收入作为“三农”工作的中心任务，千方百计拓宽农民增收致富渠道；把强化集体所有制根基、保障

和实现农民集体成员权利同激活资源要素统一起来，搞好农村集体资源资产的权利分置和权能完善，让广大农民分享更多现代化成果。

（一）实现农民现代化意义重大

首先，实现农民现代化是“以人民为中心”发展理念的具体体现。我国现在有超过5亿人居住在农村。中国要富，农民必须富。通过健全基本公共服务体系，完善共建共治共享的社会治理制度，推动县域内城乡融合发展，持续缩小城乡区域发展差距，让低收入人口和欠发达地区共享发展成果，在现代化进程中不掉队、赶上来，扎实推动共同富裕，不断增强人民群众获得感、幸福感、安全感，促进农民的全面发展，实现全面现代化。其次，实现农民现代化是实现乡村振兴核心目标的关键。广大农民是“产业兴旺、生态宜居、乡风文明、治理有效、生活富裕”的建设者、见证者和享有者，农民现代化是实现农业农村两个现代化的根本和前提，全面推进乡村振兴就是要实现“三农”现代化。没有农民的现代化，就没有真正意义上的农业农村现代，就没有国家现代化；抓住了农民的现代化就抓住了农业农村现代化的关键，就抓住了全面乡村振兴的根本，就抓住了农民全面发展的重点，就抓住了走共同富裕道路的核心。再次，实现农民现代化是中国式现代化的重要内容。中国式现代化本质上是以人民为中心的全面发展现代化，没有农民现代化就没有人的全面发展现代化，没有农民现代化就没有“五位一体”总体布局的现代化，没有农民现代化就不可能实现国家治理的现代化。

（二）实现农民现代化内涵丰富

第一，走向共同富裕是中国特色农民现代化的首要任务。共同富裕是社会主义的本质要求，是“农民富”的具体体现，是中国式现代化的重要特征，是实现第二个百年奋斗目标的重要内容。为实现共同富裕，一是需要提高全体农村居民的收入水平，实现收入绝对值的增长；二是进一步缩小城乡收入差距，不断扩大乡村中等收入群体规模，实现收入差距的缩小、收入相对值的增长。第二，提升现代生活质量是中国特色农民现代化的重要内容。人民生活水平的高低是新型现代化的重要表现，现代生活质量的提升也自然构成了农民现代化的重要内容。为提升现代生活质量，不仅要让农民吃得好还要吃得起，不仅要让农民用得起耐用消费品还要让农民居住质量高，能够享受信息经济社会带来的便利。第三，实现人的全面发展是中国特色农民现代化的应有之义。为实现人的全面发展，一是要提高农民文化素养，使其成为“文化人”；二是要培养有文化、懂技术、会经营的新型职业农民，造就一支适应现代农业发展的高素质职业农民队伍；三是要把保障人民的健康放在优先发展的战略位置，加快实施健康中国行动；四是要提升农民的自治、法治和德治意识与能力。按照农民的现代化是指传统农民转化为现代农民的理解，农民现代化至少包括三个方面：一是文化素质较高，二是现代观念较强，三是生活方式健康。

（三）农民现代化的进展与挑战

新时代十年，我国大力推进农业农村现代化，农民现代化水平明显提高。一是农民收入水平快速提升。随着乡村振兴战略和脱贫攻坚各项政策的纵深推进，农村居民人均可支配收入增速持续快于城镇居民。2021 年城镇居民人均可支配收入 47412 元，比 2012 年增长 96.5%；农村居民人均可支配收入 18931 元，比 2012 年增长 125.7%。2013—2021 年，农村居民年均收入增速比城镇居民快 1.7 个百分点。2021 年城乡居民人均可支配收入之比为 2.50（农村居民收入 =1），比 2012 年下降 0.38，城乡居民收入相对差距持续缩小。[①] 二是加快培育高素质农民。实施高素质农民培育工程和百万高素质农民学历提升行动计划，着力健全完善“一主多元”的高素质农民教育培训体系，初步建立教育培训、发展扶持、引导激励相衔接的培育机制，培育的针对性、规范性、有效性大幅提升，基本实现高素质农民培育由单一的技术培训拓展向技能培育和经营管理并重转变。三是农村实用人才队伍进一步壮大。深入实施农村实用人才带头人素质提升计划，重点面向贫困地区，开展农村实用人才带头人示范培训，为农村培养了一大批留得住、用得上、干得好的带头人，辐射带动各地加大农村实用人才培训力度。推进农民现代化的主要挑战：一是“大国小农”是我国的基本国情农情。根据第三次农业普查数据，我国小农户数量占到农业经营主体 98% 以上，小农户从业人员占农业从业人员 90%，小农户经营耕地面积占总耕地面积的 70%，全国有 2.3 亿户农户，户均经营规模 7.8 亩。[②] 防止人为垒大户、排挤小农户面临许多挑战。要加快构建扶持小农户发展的政策体系，注重惠农政策的公平性和普惠性。二是农民现代化呈现多样性。主要是：从事农业生产的小农户的现代化问题，新型农业经营主体农民（主要是领办农民合作社、家庭农场、种粮大户等新型农业经营主体农民）的问题，农业专业化及社会化服务组织的新农人、关注兼业经营的农民的问题，转移进城的农民工在城市落户的问题。三是农民现代化的过程，就是改变农民、提高农民、减少农民的过程，具有长期性、复杂性、艰巨性。即便我国城市化率达到百分之七十，农村仍将有四亿多人口。[③]

① 国家统计局：《居民收入水平较快增长，生活质量取得显著提高——党的十八大以来经济社会发展成就系列报告之十九》。

② 新华社：全国 98% 以上的农业经营主体仍是小农户。

③ 中央党史和文献研究院编：《习近平关于“三农”工作论述摘编》，中央文献出版社，2019 年版，第 44 页。

（四）综合施策加快推进农民现代化

一是着力提升农民思想政治素质。加强党对农村思想政治工作领导，加强农村思想政治工作，加强农村基层党组织建设，加强农村思想文化基础设施建设，提高农民思想政治文化素养，听党话，跟党走，感党恩，坚定不移走中国特色社会主义道路。二是着力提升农民科学文化素质。加强农民科技培训，坚持农民科技特派员制度。健全完善乡镇农业科技推广中心，强化农业科技推广和农民培训教育。举办专业技术传承培训班，培养农村专业特长人才和能工巧匠。三是着力提升农民创业创新素质。深入开展农村双创活动，搭建农民双创平台，培育农民创业创新的新业态、新模式，培育农村大工匠和能工巧匠。培育农村特色产业带头人，加大农民创业创新能力培养力度，促进农民就业增收。四是着力提升农民文明文化素质。学习传承中华民族优秀文化，提高文明程度。勤俭节约，不浪费粮食。倡导移风易俗，不搞封建迷信。加强农村文化设施建设，发挥农村书屋、文化活动站的作用。开展农村文化舞台活动，传承农耕文明和优秀乡土文化，培育农村文艺工作队伍。五是着力提升农民受教育程度。开展农民特别是青年农民学历教育，提高受教育程度。改善农民学历偏低、结构不合理、专业知识薄弱的状况。办好农村职业学校，加强农民职业教育。鼓励吸引大学生和城市科技人员到农村就业创业。六是着力提升农民身心健康素质。加强农民健康知识教育，加强农村医疗体系建设，加强农村饮水工程建设，提高农产品质量安全水平。七是着力提升农民经营管理素质。切实提高农民的管理水平，学会产前产中产后管理，加快提高现代信息技术应用能力，提高农业生产经营管理手段现代化水平。提高农村电商入村率，掌握用现代流通技术开拓市场能力。八是着力提升农民法治素质。加强农民“三治”（自治、德治、法治）教育，自觉保护生态环境，把好农产品质量关口。九是着力提升农民生活水平。持续提高农民收入水平，发展新型农村集体经济，不断改善农民衣食住行和生活生态环境，促进农民改变落后生活方式，倡导绿色生活方式。

案例

贵州省湄潭县
把“绿水青山”变成了“金山银山”

贵州省湄潭县立足自然、生态、文化、科技等优势，把茶产业作为县域经济发展的“第一要务”，探索形成茶产业发展理念，融合推动形成茶产业链，走上了“振茶业、兴百业”的脱贫致富之道。该县通过建设基地、培育品牌、拓展市场、延伸链条、强化保障、建立联结等方式，成功打造了茶叶发展“第一县”。

基本做法：一是建设基地，扩大规模，强化效应。发动群众，建基地、树标杆、提质量，逐年扩大农户茶园种植面积。二是培育品牌，统一管理，提升名气。成立茶业协会，注册“湄潭翠芽”和“遵义红”为国家农产品地理标志保护产品。三是开

湄潭县万亩茶海

辟渠道，拓展市场，增加销量。用宣传提升茶叶知名度，用市场提高茶叶销量，用管理提升茶叶品质。四是延伸链条，提升价值，促进增收。大力发展茶叶精深加工、销售和茶旅一体化等二、三产业。五是制定政策，强化保障，助力发展。在产业发展实践中不断借鉴、探索、总结，对应不同时期产业发展制定对路的产业政策。六是建立联结，共享利益，巩固拓展脱贫攻坚成果。推行“企业＋合作社＋农户＋基地”经营模式和利益联结机制，推进茶园规模化经营。经过多年的探索与实践，湄潭县走出了一条“生态建设产业化、产业发展生态化”之路。茶产业发展为脱贫作出重要贡献；依托“一园三中心”，提升了茶产业品牌化水平，促进了县域经济发展，促使生态环境更加优美。

2021 年湄潭森林覆盖率为 66.04%，茶园贡献率超 10%。湄潭县茶产业的发展，打破了生态与经济之间传统的此长彼消关系，把生态与生计完美地结合在一起，实现了“双赢”，真正把“绿水青山”变成了“金山银山”。

第九章

怎么看新时代乡村振兴战略的全面推进

导读

本章基于我国迈上全面建设社会主义现代化国家新征程、向第二个百年奋斗目标进军之际的背景，简要回顾乡村振兴战略提出的理论逻辑，系统总结新时代乡村振兴战略全面推进的进展及成效，深入分析巩固拓展脱贫攻坚成果同乡村振兴有效衔接面临的问题与挑战，全面展望新征程乡村振兴发展道路。对于认真学习贯彻党的二十大精神，持续把习近平总书记关于“三农”工作的重要论述落到实处，举全党全社会之力全面推进乡村振兴，具有重要的理论和实践意义。

乡村振兴战略是以习近平同志为核心的党中央从党和国家事业发展全局出发、着眼于实现“两个一百年”奋斗目标、顺应亿万农民对美好生活的向往作出的重大决策，是中国特色社会主义进入新时代做好“三农”工作的总抓手。乡村振兴战略提出五年来，在党中央坚强领导和习近平新时代中国特色社会主义思想指引下，党对乡村振兴的全面领导持续加强，乡村振兴战略制度框架持续健全，规划体系、政策体系、工作体系和考核机制持续完善，乡村产业、人才、文化、生态、组织振兴持续有新的进展。

一、实施乡村振兴战略决策部署的理论逻辑

实施乡村振兴战略是关系全面建设社会主义现代化国家的全局性、历史性任务，需要从中国共产党的初心和使命、全面建设社会主义现代化国家、推进中国式现代化等方面理解实施乡村振兴战略决策部署的多维理论逻辑。

（一）实施乡村振兴战略是中国共产党初心和使命的必然要求

中国共产党的初心和使命是为中国人民谋幸福，为中华民族谋复兴。百年党史，就是中国共产党带领中国人民谋求民族独立、人民解放和国家富强、人民幸福的光辉奋斗历程，就是不断开辟中国特色社会主义事业新境界、走好中国特色社会主义道路的奋斗历程。没有农业农村的现代化，就谈不上国家的现代化；没有农业强、农村美、农民富，就不会有亿万农民的获得感和幸福感；没有乡村的全面振兴，就不可能有共同富裕的实现，中国特色社会主义的本质也就无法充分体现，中国特色社会主义制度的优越性同样无法充分彰显。实施乡村振兴战略、实现乡村全面振兴，承载着中华民族的千年梦想和中国共产党的不变初心。

（二）实施乡村振兴战略是全面建设社会主义现代化国家的必然要求

开启全面建设社会主义现代化国家新征程的重要基础是打赢脱贫攻坚战，完成解决绝对贫困问题的艰巨任务。实施乡村振兴战略，全国全社会凝心聚力、加大对农业农村发展的支持，既为完成脱贫攻坚任务提

供了保障，也为巩固拓展脱贫攻坚成果提供了强力支撑。走中国特色社会主义乡村振兴道路，需要不断推进农业农村现代化，需要通过城乡融合促进要素合理配置、提升发展效率，需要以实现共同富裕为目标凝聚最广泛的发展共识和动力。实施乡村振兴战略，是回应人民日益增长的美好生活需要和不平衡不充分发展之间矛盾的客观要求，是有效避免“中等收入陷阱”、促进全体人民共享改革发展成果、实现城乡融合发展、逐步实现共同富裕的根本路径。

（三）实施乡村振兴战略是推进和拓展中国式现代化的必然要求

中国实施乡村振兴战略，是对马克思主义发展观的坚持和发展，是不断追寻和探索人与自然和谐共生，人与人、文明与文明和谐共处，城市与乡村共同繁荣的现代化道路的伟大实践。与资本至上、利益至上、人类中心主义、片面追求经济增长而忽视自然和社会价值的现代化不同，中国乡村振兴战略坚持以人民为中心的发展思想，贯彻落实新发展理念，不仅是推进和拓展中国式现代化的生动实践，也是构建人类文明新形态的有益探索。

二、夯实全面推进乡村振兴的基础

打好脱贫攻坚战。脱贫攻坚的目标是稳定实现农村贫困人口“两不愁三保障”，确保贫困地区农民人均可支配收入增长高于全国平均水平，现行标准下农村贫困人口实现脱贫、贫困县全部摘帽，解决区域性整体贫困。乡村振兴战略的目标是从根本上解决“三农”问题，通过农业和乡村优先发展，推进乡村产业兴旺、生态宜居、乡风文明、治理有效、生活富裕，为解决发展不平衡不充分问题、缩小城乡发展差距、实现人的全面发展和全体人民共同富裕打下基础。脱贫攻坚和乡村振兴目标的一致性，决定了脱贫攻坚从收入增加、人力资本提升、生态保护、基本权利保障等多个维度，为脱贫地区的乡村振兴奠定了基础。而乡村振兴战略的实施，促进乡村的政治、经济、文化、社会、生态等全方位发展，为脱贫群众和脱贫地区稳定脱贫、加快发展、推动共同富裕创造了环境，增强了造血功能。

（一）牢牢守住保障国家粮食安全底线

习近平总书记指出：“粮食安全是‘国之大者’。悠悠万事，吃饭为大。”[①] 民为国基，谷为民命。粮食安全不仅是经济问题，更是政治问题。中国人口占世界近五分之一，粮食产量约占世界四分之一，我国的粮食安全是世界粮食安全的“稳定器”和“压舱石”。党的十八大以来，我国走出了一条具有中国特色的粮食安全道路。粮食安全制度不断完善，粮食产量稳步增长，谷物等重要粮食基本实现自给，粮食储备能力和流通能力显著增强。但是，中国粮食安全仍然面临需求刚性增长与资源环境供给约束趋紧矛盾加剧、部分粮食对外贸易进口来源单一、粮食消费环节浪费严重现象还没有得到根本性遏制等挑战。保障粮食和重要农产品稳定安全供给始终是建设农业强国的头等大事，是全面推进乡村振兴的首要任务。为此，一是强化各级党政机关的政治责任，要从政治的高度看待粮食安全问题。中国人的饭碗任何时候都要牢牢端在自己手中，饭碗主要装中国粮。严格考核，督促各地真正把保障粮食安全的责任扛起来。二是落实藏粮于地、藏粮于技、藏粮于储战略。牢牢守住 18 亿亩耕地红线，坚决遏制耕地“非农化”、防止“非粮化”，规范耕地占补平衡。扎实推动高标准农田建设，实施新一轮千亿斤粮食产能提升行动。

① 新华社：《习近平谈粮食安全：悠悠万事，吃饭为大》，2022 年 3 月 6 日。

强化种业自主创新，开展种源“卡脖子”技术攻关，实现种业科技自立自强。科学确定粮食储备功能和规模，改革完善粮食储备管理体制，健全粮食储备运行机制，强化内控管理和外部监督，加快构建高质有效可持续的粮食安全保障体系，强化粮食产购储加销协同保障。在增产和减损两端同时发力，持续深化食物节约各项行动。三是调动“两个积极性”，即农民的种粮积极性和地方政府重粮抓粮积极性。加强对农业的补贴和支持力度，健全种粮农民收益保障机制，让农民种粮有利可图，调动农民种粮积极性；健全主产区利益补偿机制，完善地方政绩考核体系，让主产区政府抓粮不吃亏，激发地方政府重农抓粮的积极性。四是加快发展农业社会化服务促进种粮综合效益提高，主要手段包括创新小农户衔接现代农业的形式，加强农业社会化服务主体的意愿，加快新型农业人才队伍培养，创新服务方式，推进信息化建设等。五要树立大食物观，构建多元化食物供给体系，多途径开发食物来源，实现粮食进口来源多元化。此外，在确保国家粮食安全的基础上，把提升重要农产品供给保障能力也作为全面推进乡村振兴的重要任务和有力支撑，着力提升大豆和油料产能，保障“菜篮子”产品供给，统筹做好重要农产品调控，推动发展农产品全产业链。

（二）坚决守住不发生规模性返贫底线

习近平总书记指出：“乡村振兴的前提是巩固脱贫攻坚成果，要持续抓紧抓好，让脱贫群众生活更上一层楼。要持续推动同乡村振兴战略有机衔接，确保不发生规模性返贫，切实维护和巩固脱贫攻坚战的伟大成就。”[①]“巩固拓展脱贫攻坚成果是全面推进乡村振兴的底线任务，要继续压紧压实责任，把脱贫人口和脱贫地区的帮扶政策衔接好、措施落

① 新华网：《习近平关切“三农”之稳定脱贫篇：巩固脱贫攻坚成果，不发生规模性返贫》，2022年2月27日。

到位，坚决防止出现整村整乡返贫现象。”[①] 完善监测帮扶机制，夯实确保不出现规模性返贫工作的基础。《中华人民共和国乡村振兴促进法》《中共中央　国务院关于实现巩固拓展脱贫攻坚成果同乡村振兴有效衔接的意见》《中共中央　国务院关于全面推进乡村振兴加快农业农村现代化的意见》等相关法规，对完善监测帮扶机制做了战略部署。《中共中央　国务院关于做好2022年全面推进乡村振兴重点工作的意见》明确，要完善监测帮扶机制，精准确定监测对象，及时落实社会救助、医疗保障等帮扶措施，强化监测帮扶责任落实。坚决守住不发生规模性返贫的底线是完善监测帮扶机制的根本目标，监测对象主要针对易返贫致贫人口，主要包括脱贫不稳定户、边缘易致贫户，以及因病因灾因意外事故等刚性支出较大或收入大幅缩减导致基本生活难以维持的严重困难户，监测帮扶内容主要是收入支出状况、“两不愁三保障”及饮水安全状况。监测帮扶机制主要包括针对农村低收入人群的“两不愁三保障”及收入的动态监测机制，预防返贫致贫的精准识别机制以及政府、市场、社会资源统筹，事前预防与事后帮扶、开发式帮扶与保障性措施、外部帮扶与群众自我发展相结合的产业就业帮扶、综合保障与临时救助帮扶、扶志扶智帮扶及其他帮扶多措并举的综合帮扶机制。在实践中，做到了早发现、早干预、早帮扶，科学优化监测指标，完善多元监测体系，强化监测能力建设，坚决守住不发生规模性返贫的底线任务目标。

推动脱贫地区更多依靠发展来巩固拓展脱贫攻坚成果。脱贫地区发展能力的提升面临的困难主要是：脱贫地区设施建设水平难以满足区域经济向更高水平发展的需求；新型农业生产经营主体与脱贫人口的利益联结机制尚不完善；市场风险之下结构性失业与阶段性失业现

① 《习近平在中央农村工作会议上强调：锚定建设农业强国目标，切实抓好农业农村工作》，《人民日报》，2022年12月25日第01版。

象并存。大力提升脱贫地区发展能力，一是加大对脱贫地区区域发展能力提升的政策支持。中央在西部10省区市综合考虑人均地区生产总值、人均一般公共预算收入、农民人均可支配收入等指标，统筹考虑脱贫摘帽时序、返贫风险等因素，结合各地实际，确定了160个国家乡村振兴重点帮扶县，西部相关省区市结合国家指标和本省区市实际情况自行确定一批省级乡村振兴重点帮扶县。农业农村部等12部门于2021年7月出台《关于支持国家乡村振兴重点帮扶县的实施意见》，确定中央财政支持、金融帮扶、土地政策、人才政策、项目支持、生态帮扶、社会帮扶、基础设施建设、公共服务保障等14方面倾斜支持政策要落地生效。二是在保障基础生产生活设施前提下发展现代化农业生产设施。特别是在农产品加工环节，积极发展农产品初级加工的保鲜、贮藏等技术，以及深加工的智能化加工设施；在农产品流通环节，将现代化的物流、冷链系统延伸至脱贫村，加强农村电商人才培训和新型电商技术运用，提升特色产业电子商务支撑服务水平。三是构建外部龙头企业与本地新型经营主体协同的联农带农机制。四是以多种手段培育脱贫人口的就业意愿与就业能力。

加快易地搬迁集中安置区的社会融入。研究易地搬迁群众社会融入的政策发展。社会融入是一个涉及经济、行为、文化、身份或心理等多维度的概念，社会融入包含经济融入、行为适应、文化接纳和身份认同等多个方面。社会融入是移民发展的终极目标。2022年4月国家乡村振兴局、国家发展改革委、农业农村部组织开展易地扶贫搬迁安置点乡村治理专项行动，强调要促进搬迁群众稳得住、能融入、有活力，易地搬迁群众社会融入取得积极进展。当前，易地搬迁群众社会融入的主要问题：一是安置点产业带动就业能力弱，搬迁人口融入安置地经济的程度比较低；二是安置点公共服务不够完善，影响了易地搬迁人口的社会融入；三是易地搬迁弱劳动力适应能力弱，社会融入面临特殊困难。加快易地搬迁群众社会融入，一要促进易地搬迁劳动力在安置地充分就业。提高安置点配套产业带动就业能力，支持安置点企业开展“订单式”培训和以工代训，提高易地搬迁劳动力就业能力。二要创新和完善安置点公共服务供给。易地搬迁安置点可率先探索城乡公共服务一体化管理，解决易地搬迁人口办理公共服务“两头跑”、安置点医疗机构搬迁人口数据管理难的问题。三要加强易地搬迁弱劳动力精准帮扶。

稳步提高兜底保障水平是确保不出现规模性返贫的兜底性制度安排。根据民政部等部门相关公报，我国综合型救助体系基本形成，分类救助，有针对性的、差异化的梯度救助帮扶政策目标初步实现，社会救助重点已经从低保群体向低收入群体扩展。目前，稳步提高兜底保障水平面临的现实困境，一是救助保障精准度有待提高，二是社会救助的激励性不足，三是社会救助政策管理部门分散化，四是社会救助经办机构能力不强。各地各部门创新稳步提高兜底保障水平的路径探索：一是不断完善新发展阶段的社会救助内容，社会救助政策目标更加注重保障低收入群体的发展性，重视教育培训，加强对救助者的能力投资；实施差异化救助，加强对儿童、女性等群体的保护力度；重视经济政策与社会政策的融合；实施积极劳动力市场政策，积极开展就业机会与就业能力援助。二是持续提升社会救助政策的集成性和综合性。探索构建分层次和分梯度的社会救助政策体系，通过机构调整、职能整合、项目统筹的方式，健全社会救助对象识别、精准帮扶的集成、统筹机制。三是逐步构建社会救助多元主体协同机制。引导社会力量参与，健全政府购买社会救助机制，强化乡村社区内部救助与互助机制，健全集体经济利益衔接机制，提升集体经济收入的包容性和益贫性。四是稳步提升社会救助经办机构能力。探索社会救助网格化机制，建立长效培训机制和社会救助工作人才交流、激励机制，健全完善社会救助的各项规章制度。建立健全社会救助集成化系统等。

（三）推进巩固拓展脱贫攻坚成果同乡村振兴的有效衔接

一是全面落实政策衔接。明确对脱贫县设立5年过渡期，在过渡期内严格落实摘帽不摘责任、摘帽不摘政策、摘帽不摘帮扶、摘帽不摘监管的要求，保持帮扶政策总体稳定。进一步加大金融支持乡村振兴力度。土地政策方面，继续允许原集中连片特困地区、国家和省级扶贫开发重点县土地增减挂钩节余指标省域内流转，在东西部协作和对口支援框架下实行跨省域调剂。二是深入推进帮扶衔接。优化东西部协作帮扶，实现8个东部省（直辖市）结对帮扶10个西部省（自治区、直辖市）。三是统筹做好考核衔接。统筹开展巩固脱贫成果后评估、东西部协作考核评价、中央单位定点帮扶工作成效考核评价，推动考核评估发现问题并整改，促进工作提质增效。各地将巩固拓展脱贫攻坚成果纳入市县党政领导班子和领导干部推进乡村振兴战略实绩考核，考核“指挥棒”作用持续发挥。四是基本完成队伍衔接。脱贫攻坚战取得全面胜利后，党中央决定将扶贫工作机构重组为乡村振兴工作机构。2021年2月，国家乡村振兴局正式挂牌，之后各地也参照国家层面的做法对扶贫工作机构进行调整。中央层面形成了中央农办牵头实施、农业农村部统筹实施、国家乡村振兴局具体实施，“三位一体”共同抓乡村振兴的工作格局。各地平稳有序地完成了对各级乡村振兴机构的调整。2023年3月10日通过的《国务院机构改革方案》显示，国家乡村振兴局相关职责将划入农业农村部，在农业农村部加挂国家乡村振兴局牌子，不再保留单设的国家乡村振兴局。

三、全面推进乡村振兴战略实施

习近平总书记指出："乡村振兴是包括产业振兴、人才振兴、文化振兴、生态振兴、组织振兴的全面振兴，是'五位一体'总体布局、'四个全面'战略布局在'三农'工作的体现。我们要统筹推进农村经济建设、政治建设、文化建设、社会建设、生态文明建设和党的建设，促进农业全面升级、农村全面进步、农民全面发展。"五年来，各地各部门贯彻落实习近平总书记重要论述，统筹推进乡村产业、人才、文化、生态、组织"五个振兴"，促进城乡融合发展，实现了乡村振兴良好开局。

（一）推进产业振兴

产业振兴是乡村振兴的重中之重，产业兴旺是解决农村一切问题的前提。五年来，促进产业兴旺的政策体系初步形成，《中华人民共和国乡村振兴促进法》《乡村振兴战略规划（2018—2022 年）》中对产业振兴有专门阐述，《全国乡村产业发展规划（2020—2025 年）》《关于推动脱贫地区特色产业可持续发展的指导意见》等政策文件，都对发展特色产业、促进产业融合发展、完善联农益农机制提出明确要求。五年来，各地持续激发乡村资源要素活力，持续培育乡村产业经营主体，持续提升农村就业创业质量，持续建设集聚融合发展平台，乡村产业发展加快，农文旅深度融合发展，农村电商蓬勃发展，乡村特色产业传承发展。农村一二三产业深度融合，休闲观光、农村电商等新产业新业态蓬勃发展，农村创新创业活力不断激发。

（二）推进人才振兴

全面推进乡村振兴，人才支撑是关键。中共中央办公厅、国务院办公厅在 2021 年初印发了《关于加快推进乡村人才振兴的意见》，各地各部门认真贯彻落实党中央、国务院决策部署，把人力资本开发放在首要位置，制定《“十四五”农业农村人才队伍建设发展规划》等政策文件，促进人才返乡、下乡、兴乡，为推进乡村振兴提供智力支撑。一是健全人才入乡机制。从体制机制入手，打破人才入乡返乡的束缚，建立人才定期服务乡村制度，引导城市人才定期下乡服务。二是加强农民教育培训。大规模培育高素质农民，分类培养了一批种养加专业能手、新型农业经营主体、乡村治理骨干力量。三是优化乡村营商环境留住人才。结合实施乡村建设行动，持续改善农村人居环境，推动基础设施和公共服务往村覆盖、往户延伸，改善人才工作和生活条件。四是搭建干事创业平台。支持引导各类人才向现代农业产业园区集聚，支持人才返乡下乡发展新产业新业态。

（三）推进文化振兴

乡村振兴，乡风文明是保障。实践表明，乡村文化具有的经济功能有力促进产业发展，乡村文化具有的秩序功能有力推动乡村治理，乡村文化具有的生态功能有力促进美丽乡村建设，乡村文化具有的政治功能有力促进民族合力凝聚。五年来，各地各部门持续弘扬社会主义核心价值观，推动移风易俗，破除陈规陋习，营造文明乡风，让乡村文化保持健康向上状态。持续增强农民对乡村文化的认同，增强文化自信。持续加大文化振兴投入力度，从农民利益出发，推动乡村公共文化体系建设，完善农村文化生活配套设施，满足农民的精神文化需求。

（四）推进生态振兴

乡村振兴，生态宜居是关键。生态振兴就是全面提升农村环境、产业、文化、治理等，将农村打造成为人与自然、人与人和谐共生的美丽家园，构建人与自然和谐共生的乡村发展新格局。生态振兴的目标，就是要实现既要有优美的自然环境作为基础，又要有良好的生态经济作为保障的乡村经济社会可持续发展。五年来，各地以生态宜居美丽乡村建设为目标推进乡村生态振兴。一是充分发挥规划引领作用，做到先规划后建设。编制村庄规划注重实用性，保持乡村独特的风貌，留住村庄的乡情味和烟火气，防止千村一面。二是转变生产生活方式，坚持生产生活生态有机融合。三是做到软硬件并举，保护与发展并重。改善农村基础设施条件，提升农村公共服务水平，进一步推进移风易俗，促进乡风文明建设。四是加快城乡融合发展。加强农村基础设施和公共服务体系建设。五是发挥多元主体作用，形成合力推动的良好局面。五年来，各地各部门牢固树立和践行“绿水青山就是金山银山”的理念，创新工作思路，强化政策措施，推动农业绿色发展、乡村生态振兴取得积极进展。

（五）推进组织振兴

乡村振兴，治理有效是基础。五年来，各地各部门把培育优化乡村振兴的组织力量作为组织振兴的根本举措。着力提升乡镇党委统筹能力，把熟悉农村、热爱农村、长期扎根农村基层一线的人员提拔进入乡镇领导班子，促使班子整体活力和战斗力显著增强；着力提升村级党组织治理能力，把“强村”作为基层基础建设的重点，不断夯实战斗堡垒。把组织振兴融入加强基层治理体系和治理能力现代化建设进程中。各地不断创新基层“党建＋治理”的工作模式，完善“综治中心＋网格化＋信息化”的治理体系，不断提高基层治理社会化、法治化、智能化、专业化水平。党委领导、政府负责、社会协同、公众参与、法治保障的现代乡村社会治理体制建立健全，充满活力、和谐有序的善治乡村加快形成。农村基层党组织战斗堡垒作用进一步加强，乡村发展内生动力不断增强。

（六）统筹推进“三个乡村”

一是聚焦产业促进乡村发展。推动农村一二三产业融合发展，推进现代农业产业园建设，促进农民就地就近就业创业。二是扎实稳妥推进乡村建设行动。党的十九届五中全会提出实施乡村建设行动，2021 年、2022 年的中央一号文件对实施乡村建设行动作出了具体部署。2022 年 5 月，中共中央办公厅、国务院办公厅印发了《乡村建设行动实施方案》，并发出通知，进一步明确了乡村建设建什么、怎么建、建成什么样，指导乡村建设行动扎实稳妥推进。乡村建设做到先规划后建设，继续把公共基础设施建设重点放在农村，注重保护传统村落，深入开展农村人居环境整治。三是加强和改进乡村治理。提高农村基层组织建设质量，健全自治、法治、德治相结合的乡村治理体系，加强农村精神文明建设，推进更高水平的平安法治乡村建设。

（七）乡村振兴战略实施形成新格局

自党的十九大提出实施乡村振兴战略以来，习近平总书记亲自谋划、亲自部署。在习近平总书记关于“三农”工作的重要论述指引下，在党中央、国务院的坚强领导下，乡村振兴战略制度框架不断健全，规划体系、政策体系、工作体系和考核机制不断完善，党对乡村振兴的全面领导不断加强，乡村产业、人才、文化、生态、组织振兴全面推进，乡村振兴战略实施取得初步成效。乡村振兴和新型城镇化双轮驱动、协同发展，乡村生产生活生态空间布局更加优化；脱贫攻坚战取得全面胜利，巩固拓展脱贫攻坚成果衔接乡村振兴的长效机制基本建立；农村水、电、路、通信等基础设施提速建设、提档升级；农村基本公共服务水平稳步提升，农村劳动力就业质量不断提高；2017—2021 年，全国农村居民人均可支配收入实际增长 28.9%，城乡居民收入倍差由 2.71 缩小到 2.5。农村发展短板的加快补齐，农民收入水平的不断提高，城乡融合发展的有序推动，为扎实推进农民农村共同富裕奠定了坚实基础。

四、巩固拓展脱贫攻坚成果与全面推进乡村振兴的实践挑战

国务院2022年2月印发的《“十四五”推进农业农村现代化规划》明确要求，实现巩固拓展脱贫攻坚成果同乡村振兴有效衔接，让脱贫群众过上更加美好的生活，逐步走上共同富裕道路。在推进巩固拓展脱贫攻坚成果同乡村振兴有效衔接的进程中，总结有效衔接的进展成效，分析巩固拓展脱贫攻坚成果、全面推进乡村振兴面临的挑战，对于坚决守住不发生规模性返贫底线，进而全面推进乡村振兴，具有重要的实践指导意义和理论价值。

（一）脱贫攻坚战取得全面胜利后，各地各部门在习近平总书记关于“三农”工作重要论述指引下，贯彻落实中央决策部署，扎实推进各项工作，巩固拓展脱贫攻坚成果、有效衔接乡村振兴、全面推进乡村振兴取得积极进展

一是守住了不出现规模性返贫的底线。聚焦重点群体，健全防止返贫动态监测帮扶机制，确保了监测对象应纳尽纳、应扶尽扶；聚焦了关键环节，支持脱贫地区发展产业和脱贫人口稳定就业，确保脱贫人口收入持续增加；聚焦关键领域，巩固提升“两不愁三保障”和饮水安全的成果，确保不仅巩固住脱贫人口在教育、医疗、住房、饮水方面的“四保障”，而且有新的提升；聚焦重点区域，加大对国家乡村振兴重点帮扶县和易地扶贫搬迁集中安置区的支持力度，确保安置区的移民能够稳定增收、加快融入。

二是实现有效衔接。全面落实政策衔接，财政、金融、土地、人才等政策支撑不断强化；深入推进帮扶政策衔接，东西部协作、中央和国家机关定点帮扶、“万企兴万村”等政策进一步优化，帮扶力度不断加大；统筹做好考核的衔接，考核“指挥棒”作用继续有力发挥；基本完成队伍衔接，原国务院扶贫办整建制改组为国家乡村振兴局，形成了中央农办、农业农村部、国家乡村振兴局“三位一体”共同推进乡村振兴的工作机制。

三是乡村振兴全面推进。聚焦乡村产业发展推进乡村全面振兴，扶贫产业得到巩固，新兴产业得到支持，发展各种龙头企业带动乡村产业呈现良好势头；有序开展乡村建设，各地全面落实中央印发的乡村建设行动方案；加强和改进乡村治理，移风易俗、乡村自治组织建设、乡村文化建设、清单制和积分制推行等都取得了很好效果。

（二）在推进巩固拓展脱贫攻坚成果、全面推进乡村振兴实践中，面临诸多新挑战，集中体现在以下方面

一是在凝聚理论共识方面。各方面对于乡村振兴存在认识不完全一致的问题，对于乡村振兴的政治性、普遍性规律认识不足。比如在“民族要复兴，乡村必振兴”的框架下，需要更深刻认识和理解乡村振兴不仅仅是民族复兴的需要，还是中国现代化道路的重要组成部分，更重要的是通过乡村振兴来夯实我们党在乡村的执政基础。如果任由乡村凋落，城乡差距不断扩大，就可能会动摇我们党的执政根基，因此，乡村振兴实际上是一个非常严肃的政治问题。目前，社会各界从政治高度认识和理解乡村振兴普遍性不足，从而导致一些地方、一些部门进一步提升实施乡村振兴战略的自觉性和主动性面临困难。再比如，从理论层面上对乡村振兴普遍性规律的认识也存在不足。中国的乡村振兴，不仅仅要振

兴中国的乡村，而且需要在中国乡村振兴中总结出更多具有普遍性的乡村发展规律，以为全球的乡村发展贡献中国智慧和中国方案。这既是落实习近平总书记构建人类命运共同体的根本要求，也是中国共产党为人类谋幸福使命的具体体现。认识上的不足，往往是工作进展不平衡、存在畏难情绪等问题的原因。

二是在健全防止返贫监测和帮扶机制方面。这套机制是确保不发生规模性返贫的重要保障。存在的问题和挑战主要是：全面性需要进一步加强，确保覆盖所有的监测和帮扶对象，并且适应监测对象具有的动态性、流动性、突发性、典型性等要求；精准性需要进一步加强，核心措施是及时开展涉及相关部门的各种数据比对，提高精准帮扶效率，形成各相关部门帮扶合力。监测对象同时存在多重风险，需要提高协同程度，确保帮扶的精准性、有效性。另外，这套机制的运行需要考虑成本的合理性。

三是在巩固提升“三保障”和饮水安全成果方面。主要表现在对发展性、风险性和可持续性方面的认识存在的问题。发展性是指“三保障”和饮水安全保障成果的巩固不是静止不动的，而是随着发展水平相应提高的。风险性是指各地存在的风险是不一样的，调整应对措施需要充分评估带来的风险。可持续性是指各类巩固拓展举措要避免短期化，要从可持续发展的角度，设计、出台相应政策，确保脱贫成果巩固拓展，顺应事业发展规律。

四是在推动乡村产业发展提质增效方面。以下几个方面需要特别关注：怎么确保粮食的安全？——这是乡村产业发展的基础；怎么推动一二三产业融合发展？——各地有很多成功的经验，但也有不少失败教训；怎么能够保持特色？——就是要更加凸显生态优势；如何加大市场培育产业、培育品牌的力度？——目前不少地方还是主要靠着政府培育产业发展，只有政府市场有机结合促进产业发展、市场驱动培育区域性品牌，产业发展的可持续才能实现；如何促进新型集体经济发展？——这是乡村产业发展质量、效果的标志性指标，也是面临的新挑战。

五是在加强易地搬迁后续扶持方面。首先，对易地搬迁后续扶持工作的艰巨性、长期性、系统性、稳定性认识不足。一个农户从生活比较困难的山区搬到城镇或附近——生产生活条件都比较好的地方，全方位地适应需要时间，这就决定了搬迁后的适应过程是长期的。其次，一个农户搬迁到另一个地方，融入新的社区涉及经济、文化、社会、管理、心理等多个方面，是一个系统工程。再次，搬迁后要稳得住。如果新搬到的地方稳不下来，就会带来各种新的风险，要稳得住，就要突出搬迁后续扶持的稳定性导向。

六是在统筹推进乡村建设方面。具体体现在公共服务、基础设施、美丽乡村建设等方面都存在诸多问题和不足。比如，对乡村演变分化的规律把握不够，从而对乡村建设可能产生的影响没有充分的认识，对各种挑战缺乏足够的预判。再比如，对农村的稳定对于乡村建设效果的决定性意义认识不足，乡村建设本身还没有充分体现农村稳定的目标取向。还有一些地方的农村，其文化建设并没有被一体化地纳入乡村建设，与物质富裕与精神富裕同步的要求不相适应。

七是在强化体制机制和政策衔接方面。突出表现在：组织领导、扶贫项目资产管理使用、城乡融合发展等方面都普遍存在短板弱项，政府、市场、社会如何实现联动还存在很大空间，把乡村治理体系和治理能力现代化摆在国家治理体系和治理能力现代化的大局中推进也面临不少问题和挑战。

五、新征程上的乡村振兴道路

乡村振兴是实现中华民族伟大复兴的一项重大任务。习近平总书记在党的二十大报告中强调：“从现在起，中国共产党的中心任务就是团结带领全国各族人民全面建成社会主义现代化强国、实现第二个百年奋斗目标，以中国式现代化全面推进中华民族伟大复兴。”迈上全面建设社会主义现代化国家新征程，在建设农业强国进程中，需重点从以下方面丰富发展中国特色社会主义乡村振兴道路。

（一）进一步加强党对“三农”工作的全面领导

坚持党领导“三农”工作原则不动摇。压实各级党委的政治责任，五级书记抓乡村振兴，层层落实农业农村优先发展的方针，以更大力度推动乡村振兴。建设一支政治过硬、适应新时代要求、具有领导农业强国建设能力的“三农”干部队伍。强化系统观念，树牢群众观点。建立健全上下贯通、一抓到底的巩固拓展脱贫攻坚成果、全面推进乡村振兴工作体系，确保中央决策部署、政策措施落地见效。

（二）进一步优化全面推进乡村振兴战略实施的工作机制

巩固拓展脱贫攻坚成果、全面推进乡村振兴是一项复杂的系统工程，涉及多个方面、多个层级，需要统筹协调、合力推进。关键是要进一步优化贯彻落实党中央、国务院决策部署的工作机制。一是优化战略实施协同推进机制。中央和国家机关有关部门共同建立乡村振兴战略实施协调推进机制，有关部门成立了由主要负责同志任组长的乡村振兴工作领导小组，加强组织协调，压实工作责任，逐年推进、逐项落实。二是优化规划衔接联动推进机制。乡村振兴，规划先行。各地各部门要在总结《乡村振兴战略规划（2018—2022 年）》实施的基础上，对标对表中央新决策新部署新要求，分行业分领域细化落实乡村振兴目标任务。三是优化协调政策落实高效推进机制。强化多元投入，逐步提高土地出让收入用于农业农村比例，加强金融支持，设立政府投资的乡村振兴基金。四是优化动员社会力量合力推进机制。构建政府、市场、社会协同推进的乡村振兴参与机制，深入实施“万企兴万村”等行动，发动社会力量更广泛参与。注重宣传引导，评选地方典型范例，讲好乡村振兴故事。五是优化评估考核激励推进机制。坚持结果导向，加强评估，加强考核，强化考核结果运用，有力推动乡村振兴责任落实、政策落实和工作落实。

（三）进一步牢牢守住不发生规模性返贫和粮食安全两条底线

持续巩固拓展脱贫攻坚成果，坚决守住不发生规模性返贫的底线。把增加脱贫群众收入作为根本措施，把促进脱贫县加快发展作为主攻方向，不断缩小收入差距、发展差距，确保兜底保障水平稳步提高，确保“三保障”和饮水安全保障质量持续巩固提升。保持主要帮扶政策总体稳定，完善和落实防止返贫监测帮扶机制，完善产业联农带农机制，加大对乡村重点帮扶县和易地扶贫搬迁集中安置区等重点区域的支持力度，深入推进东西部协作、中央单位定点帮扶工作、驻村帮扶工作。全方位夯实粮食安全根基。全面落实粮食安全党政同责，严格粮食安全责任制考核，优化布局，健全种粮农民收益保障机制，保护农民种粮积极性；落实耕地保护硬措施，加快发展设施农业，加快实施农业生物育种重大科技项目；加快推动农业全面机械化、高度设施化、装备智能化，持续加强农业科技支撑。通过建立现代农业产业体系、生产体系和经营体系，实现一二三产业融合发展，健全粮食生产主产区利益补偿机制。树立大食物观，构建多元化食物供给体系。牢牢把住粮食安全主动权，坚决守住粮食安全底线。

（四）进一步统筹推进乡村发展、乡村建设和乡村治理

一是加快发展乡村产业。顺应产业发展规律，立足当地特色资源，拓展乡村多种功能，推动乡村产业发展壮大。大力发展县域富民产业，加强县域商业体系建设，加快发展壮大县域经济，实现县域经济发展与全面推进乡村振兴良性互动。二是加强社会主义精神文明建设。加强农村思想道德建设，弘扬和践行社会主义核心价值观，开展形式多样的群众文化活动，普及科学知识，推进农村移风易俗；注重农村青少年教育问题和精神文化生活。三是加强农村生态文明建设。健全草原森林河流湖泊休养生息制度，巩固退牧还草、退耕还林成果，开展大规模国土绿化行动，加强生物多样性保护。四是深化农村改革。稳慎推进农村宅基地改革，完成农村集体产权制度改革阶段性任务，完善农业支持保护制度，深化供销合作社综合改革。五是实施乡村建设行动。遵循城乡发展建设规律，先规划后建设。合理确定村庄布局分类，注重保护传统村落和乡村特色风貌。建立健全乡村建设实施机制，大力推进数字乡村建设。六是加强和改进乡村治理。加快构建党组织领导的乡村治理体系。推动县乡村三级治理体系建设，加强乡村基层组织建设，建立健全党领导下自治、法治、德治相结合的乡村治理体系。

（五）进一步建立健全城乡融合发展体制机制和政策体系

深入贯彻落实习近平总书记关于城乡融合发展的重要论述，协同推进新型城镇化战略和乡村振兴战略，落实《中共中央　国务院关于建立健全城乡融合发展体制机制和政策体系的意见》，不断完善符合我国国情的城乡融合发展体制机制，推动城乡要素平等交换和公共资源均衡配置。健全农业转移人口市民化和城市人才入乡发展机制。完善城市反哺农村的投入机制，不断加大农林水利领域的资金投入，持续加大金融支

持力度。加快推进城乡基础设施一体化和基本公共服务均等化。进一步健全城乡基本公共服务普惠共享机制。持续深化农村土地制度改革，激发农村资源要素活力，释放改革红利。把县域作为城乡融合发展的重要切入点，推进空间布局、产业发展、基础设施等县域统筹，把城乡关系摆布好处理好，一体设计、一并推进。强化基础设施和公共事业县乡村统筹，加快形成县乡村功能衔接互补的建管格局，推动公共资源在县域内实现优化配置。继续强化以工补农、以城带乡，加快形成工农互促、城乡互补、协调发展、共同繁荣的新型工农城乡关系。

案例

湖北省宣恩县扎实写好易地扶贫搬迁“后半篇文章”

湖北省宣恩县是国家级脱贫县和革命老区。为解决“一方水土养不好一方人”的问题，宣恩县在充分尊重搬迁群众意愿的基础上，按照“靠近县城和集镇、靠近中心村、靠近景区、靠近工业园区、靠近福利院”五个靠近原则，实施易地扶贫搬迁。共建成56个集中安置点，安置9135户32200人，搬迁人口占脱贫总人口的35.59%。为帮助易地搬迁群众尽快融入安置点

湖北宣恩县长潭河侗族乡大坨村易地扶贫安置点

新的生产生活，宣恩县率先试行易地扶贫搬迁安置点社区治理体制机制建设，不断完善配套公共服务和产业就业项目设施，激发群众内生动力，创新安置点服务方式、社区管理方式、安置点增收方式和防返贫监测体制，全力破解“稳得住”“能融入”“如何富”三大难题，让易地搬迁群众不仅住有所居，而且业有所扶、幼有所育、学有所教、病有所医、老有所养。宣恩县扎实写好易地扶贫搬迁“后半篇文章”，搬迁群众生活条件、就业条件和幸福感得到全面提升。宣恩县在建设搬迁集中安置点的基础上，注重加强易地扶贫搬迁安置点社区治理体制机制建设，注重完善配套公共服务和产业就业项目设施，注重激发群众内生动力实现自我管理，有效巩固拓展脱贫攻坚成果，有力筑牢乡村振兴基础。

第十章

怎么看抓党建促乡村振兴的理论与实践

导读

党的二十大把“抓党建促乡村振兴”作为“增强党组织政治功能和组织功能”的重要举措。抓党建促乡村振兴是由中国共产党的宗旨使命所决定的，是全面推进乡村振兴的政治保障，是推进乡村治理体系和治理能力现代化的根本途径。习近平总书记关于抓党建促乡村振兴的重要论述为抓党建促乡村振兴工作提供了根本遵循。在巩固拓展脱贫攻坚成果同乡村振兴的有效衔接、全面推进乡村振兴、扎实推动共同富裕的进程中，做好抓党建促乡村振兴工作，需要围绕强化理论武装、强化班子建设、强化基层基础、强化人才支撑、强化完善治理、强化责任落实等六个方面精准发力。本章以兰考县为例，总结了县域把加强党对乡村振兴的全面领导、抓党建促乡村振兴落到实处的做法和经验，对于做好抓党建促乡村振兴工作具有一定参考价值。

党的二十大报告指出：“全面建设社会主义现代化国家、全面推进中华民族伟大复兴，关键在党。”明确要求“抓党建促乡村振兴”。党的十九大报告强调：“党政军民学，东西南北中，党是领导一切的。”在2020年底的中央农村工作会议上，习近平总书记指出：“各级党委要扛起政治责任，落实农业农村优先发展的方针，以更大力度推动乡村振兴。”① 在陕西省延安市、河南省安阳市考察时，习近平总书记强调：“全面建设社会主义现代化国家，最艰巨最繁重的任务仍然在农村。要全面学习贯彻党的二十大精神，坚持农业农村优先发展，发扬延安精神和红旗渠精神，巩固拓展脱贫攻坚成果，全面推进乡村振兴，为实现农业农村现代化而不懈奋斗”②。本章以习近平新时代中国特色社会主义思想和党的二十大精神为指引，全面阐述抓党建促乡村振兴的理论逻辑，充分汲取党领导脱贫攻坚的历史经验，深刻把握抓党建促乡村振兴的科学指引，系统阐明抓党建促乡村振兴的发展方向和着力点。

一、抓党建促乡村振兴的理论逻辑

中国共产党自成立之日起，就把为中国人民谋幸福、为中华民族谋复兴作为初心使命，领导脱贫攻坚、巩固脱贫攻坚成果、全面推进乡村振兴，都是中国共产党初心使命的生动体现。

（一）抓党建促乡村振兴是由中国共产党的宗旨使命所决定的

在新民主主义革命时期，党团结带领广大农民“打土豪、分田地”，实行“耕者有其田”，帮助穷苦人翻身得解放，赢得了最广大人民广泛支持和拥护，夺取了中国革命胜利，建立了新中国，为摆脱贫困、促进农村发展创造了根本政治条件。新中国成立后，党团结带领人民完成社

① 《习近平在中央农村工作会议上强调：坚持把解决好“三农”问题作为全党工作重中之重，促进农业高质高效乡村宜居宜业农民富裕富足》，《人民日报》，2020年12月30日01版。

② 《习近平在陕西延安和河南安阳考察时强调：全面推进乡村振兴，为实现农业农村现代化而不懈奋斗》，《人民日报》，2022年10月29日01版。

会主义革命，确立社会主义基本制度，推进社会主义建设，为摆脱贫困、改善广大农民的生活打下了坚实基础。改革开放以来，党团结带领人民推动农村改革开放，实施了大规模、有计划、有组织的扶贫开发，着力解放和发展社会生产力、保障和改善民生，农村的减贫与发展取得了前所未有的伟大成就。新时代十年，党中央带领全国人民实施脱贫攻坚，党的十九大提出实施乡村振兴战略，脱贫攻坚取得全面胜利，乡村振兴实现良好开局，为全面建设社会主义现代化国家奠定了基础。尽管我国乡村发展成就巨大，但是城乡发展的不平衡依然突出，乡村人口相对于城市人口在发展机会、生活环境、社会保障等方面有较大差距，依然是现代化进程中的突出短板。习近平总书记指出："如果在现代化进程中把农村4亿多人落下，到头来'一边是繁荣的城市、一边是凋敝的农村'，这不符合我们党的执政宗旨，也不符合社会主义的本质要求。"实施乡村振兴战略就是要通过持续推进农业农村现代化，带领广大农村人口同城市人口一起在社会主义现代化道路上逐步实现共同富裕。这体现了中国共产党一切为了人民，将人民群众的切身利益作为自己工作出发点落脚点的政治要求。

（二）抓党建促乡村振兴是全面推进乡村振兴的政治保障

第一，抓党建促乡村振兴是实现共同富裕，维护好农村发展公平公正的保障。党坚持发展为了人民、发展依靠人民、发展成果由人民共享，共享发展成果是实现社会公平正义和逐步共同富裕的根本途径。第二，抓党建促乡村振兴在解决绝对贫困的基础上进一步提升农村发展水平，缩小城乡之间以及农村内部的差距，确保农村发展的根本方向。第三，抓党建促乡村振兴，以党的组织力提升村庄的组织化水平和发展能力，从而降低农民走向市场的成本。第四，抓党建促乡村振兴通过把党建引领机制嵌入到社会资源的动员与配置中，使资源与村庄以及区域的需求精准对接，进一步协调资源、促进区域协同，加快乡村发展。第五，抓党建促乡村振兴是我国政治制度优势的充分彰显，是党对农村工作全面领导的实现载体。党建引领调动政府、市场、社会资源，协调各方关系，为农村发展提供了动力，保证了发展方向。

（三）抓党建促乡村振兴是推进乡村治理体系和治理能力现代化的根本途径

通过强化组织领导的工作机制，把党的领导落实到推动乡村振兴的全过程。把乡村振兴与基层党组织建设紧密结合，让基层党组织成为实施农业农村发展新战略、全面推进乡村振兴、团结动员群众加快发展的坚强战斗堡垒，把党的领导的制度优势转化为治理效能，促进村庄发展能力和村庄治理能力的提升。完善和创新各级党委领导下的乡村振兴政策体系，完善跨区域的资源整合机制和协调机制，健全乡村人才培养机制，强化人才服务乡村激励机制，发挥县委书记的“一线总指挥”作用。发挥好基层党组织的战斗堡垒作用，解决在产业振兴、社区服务、社区文化传承、生态文明建设过程中党员参与动力与参与机制问题，盘活村庄资源。坚持党的群众路线，发挥好农民的主体性，让广大农民成为乡村振兴的真正主体，确保乡村振兴的可持续动力，让村庄的内外资源转化为村庄发展的源源不断的动力。

二、抓党建促脱贫攻坚的历史经验

脱贫攻坚取得全面胜利最根本的原因就在于习近平总书记亲自指挥，在于中国共产党的集中统一领导。党领导脱贫攻坚的历程和成就，蕴含着我们党治国理政的重大理论成果和宝贵实践经验。

（一）坚持党中央对脱贫攻坚的集中统一领导

党中央把脱贫攻坚纳入“五位一体”总体布局、“四个全面”战略布局，摆在治国理政的重要位置，统筹谋划，强力推进，为打赢脱贫攻坚战提供了政治保障。

（二）强化中央统筹、省负总责、市县抓落实的工作机制

形成了一级抓一级、层层抓落实、层层压实责任的强大合力和全党动员促攻坚的局面，真正做到了分工明确、责任清晰、任务到人、考核到位，为打赢脱贫攻坚战提供了坚强的组织保证。

（三）实行脱贫攻坚一把手负责制

各级党政主要负责同志切实把脱贫攻坚作为重大政治任务来抓，坚决贯彻落实党中央关于脱贫攻坚的决策部署，五级书记抓扶贫，全面落实一把手负责制，每一个层级都要把脱贫攻坚作为重点工作。

（四）抓好以村党组织为核心的村级组织配套建设

把党组织建设和脱贫攻坚有机结合起来，并始终贯穿脱贫攻坚进程。着力抓好农村基层党组织建设，提升领导和服务脱贫攻坚工作的能力，为筑牢基层党组织战斗堡垒、打赢脱贫攻坚战夯实组织基础。

（五）集中精锐力量投向脱贫攻坚主战场

全国累计选派 25.5 万个驻村工作队、300 多万名第一书记和驻村干部，同近 200 万名乡镇干部和数百万村干部一道奋战在扶贫一线，为打赢脱贫攻坚战作出了重大贡献。

（六）把全面从严治党落实到全过程各环节

较真碰硬，真扶贫扶真贫，把全面从严治党落到实处，坚持不懈反对和克服形式主义、官僚主义。落实脱贫攻坚主体责任，确保一切工作

落实到为贫困群众解决实际困难上。

三、抓党建促乡村振兴的根本遵循

习近平总书记关于抓党建促乡村振兴的重要论述为抓党建促乡村振兴提供了根本遵循和行动指南。

（一）确保党的领导的根本方向

习近平总书记指出，办好农村的事情，实现乡村振兴，关键在党。必须提高党把方向、谋大局、定政策、促改革的能力和定力，确保党始终总揽全局、协调各方，提高新时代党全面领导农村工作能力和水平。[①]这就要求充分发挥党的领导和社会主义制度的政治优势，全面加强党对“三农”工作的集中统一领导，把乡村振兴战略作为新时代“三农”工作总抓手，加强干部队伍配备，着力提升省市县乡村各级机构的能力和各级干部、驻村帮扶工作队、农户的能力。

（二）完善党的领导的体制机制

习近平总书记指出，各级党委和政府要坚持工业农业一起抓、坚持城市农村一起抓，并把农业农村优先发展的要求落到实处，在干部配备上优先考虑，在要素配置上优先满足，在资金投入上优先保障，在公共服务上优先安排。要健全党委全面统一领导、政府负责、党委农村工作部门统筹协调的农村工作领导体制。[②]这就要把农业农村优先发展的要求落到实处，体现在干部配备、要素配置、公共财政投入、公共服务等方面的优先考量。不断完善党的领导的体制机制，各级党委和政府要坚

① 中共中央党史和文献研究院编：《习近平关于“三农”工作论述摘编》，中央文献出版社，2019年版，第190页。

② 中共中央党史和文献研究院编：《习近平关于“三农”工作论述摘编》，中央文献出版社，2019年版，第191页。

持工业农业一起抓、城市农村一起抓，完善城乡融合发展体制机制，促进城乡要素流动，不断激发乡村振兴的内在活力。

（三）建立乡村振兴战略实施领导责任制

习近平总书记指出，要建立实施乡村振兴战略领导责任制，实行中央统筹、省负总责、市县抓落实的工作机制。党委和政府一把手是第一责任人，五级书记抓乡村振兴。①这就要求完善工作机制、强化资源要素支持和制度供给，落实好五级书记抓乡村振兴的责任制，确保中央关于乡村振兴的决策部署贯彻落实到位。

（四）强化各级党委和政府的责任

习近平总书记指出，要加强党对“三农”工作的全面领导。各级党委要扛起政治责任，落实农业农村优先发展的方针，以更大力度推动乡村振兴。县委书记要把主要精力放在“三农”工作上，当好乡村振兴的“一线总指挥”。要选优配强乡镇领导班子、村“两委”成员特别是村党支部书记。②这就要求各级党委和政府把政治责任扛在肩上，层层压实责任，确保各项政策落地见效。

（五）落实各级相关部门责任

习近平总书记指出，要结合机构改革，理顺涉农部门的职责分工。各部门要结合自身职能定位，明确工作思路，细化政策举措，主动对表、积极作为。③这就要求涉农部门要结合自身的职能定位，明确工作思路，细化政策落实。中央各部门要各司其职、各尽其责，主动对表，积极探索，

---

① 中共中央党史和文献研究院编：《习近平关于“三农”工作论述摘编》，中央文献出版社，2019年版，第192页。

② 《习近平在中央农村工作会议上强调：坚持把解决好“三农”问题作为全党工作重中之重，促进农业高质高效乡村宜居宜业农民富裕富足》，《人民日报》，2020年12月30日01版。

③ 中共中央党史和文献研究院编：《习近平关于“三农”工作论述摘编》，中央文献出版社，2019年版，第192页。

贯彻好落实好中央的部署决策。

（六）加强基层党组织建设

习近平总书记指出，乡村振兴不是坐享其成，等不来、也送不来，要靠广大农民奋斗。村党支部要成为帮助农民致富、维护农村稳定、推进乡村振兴的坚强战斗堡垒。[①]这就要求切实加强基层党组织建设，发挥党组织战斗堡垒和党员先锋模范作用，激发和调动农民群众积极性主动性，加快实现农业农村现代化。

四、抓党建促乡村振兴的发展方向及工作重点

在习近平总书记关于抓党建促乡村振兴的重要论述指引下，在巩固拓展脱贫攻坚成果同乡村振兴的有效衔接、全面推进乡村振兴、扎实推动共同富裕的进程中，做好新时代新征程抓党建促乡村振兴工作，需要从以下方面精准发力。

（一）强化理论武装

以习近平新时代中国特色社会主义思想武装头脑指导实践推动工作，当前就是要学习宣传贯彻党的二十大精神，弘扬伟大建党精神和脱贫攻坚精神，全面推进乡村振兴。组织农村基层党组织以群众喜闻乐见的方式开展广泛深入宣传，使习近平新时代中国特色社会主义思想和党的惠农政策进入千家万户，引导广大群众树立主人翁意识，增强内生发展动力，积极投身宜居宜业和美乡村建设，切实提高干部群众培训的精准性有效性，促进农村党员群众能力提升。

（二）强化班子建设

① 中共中央党史和文献研究院编：《习近平关于“三农”工作论述摘编》，中央文献出版社，2019 年版，第 193 页。

选优配强县级领导班子是基础，县委书记当好乡村振兴“一线总指挥”。增强乡镇领导班子的整体功能，配好党政正职，加强乡镇工作力量。完善激励机制，注意保护干部的积极性、主动性。注意改善乡镇干部工作和生活条件，大力表彰宣传先进典型，激励干部在乡村振兴中奋勇争先、建功立业。

（三）强化基层基础

选优配强村“两委”班子，特别是抓住村党支部书记，这是确保政策落得实、落得好的关键。用好第一书记或工作队，努力把基层党组织建设成带领群众走向振兴的坚强战斗堡垒。加强村“两委”建设和创业致富带头人培育，选准村党支部书记和致富带头人。在县域统筹、集聚发展、政策扶持、改革创新方面着力发展村集体经济。

（四）强化人才支撑

推动城镇的人才下乡，继续选派好科技特派员，探索市场激励的途径。加强本土人才的回引，积极回引优秀人才到本土发展。推动乡镇党委和村党组织深入摸清农民群众培训需求，精准对接有关培训项目，重点组织党员骨干、种养大户、家庭农场经营者参加培训。加强各类人才培训培育、创业致富带头人培训、参与乡村振兴各类人才培训等，统筹推进乡村振兴各类人才队伍建设。加快乡村人才振兴制度建设和政策创新。

（五）强化完善治理

坚持党对乡村治理体系的领导，强化乡镇和村党组织的领导地位，实行党务、村务、财务公开和群众监督。不断完善健全党组织领导下的自治、法治、德治相融合的乡村治理体系，助力乡村社会的善治。发挥基层党组织在防范化解农村社会矛盾中的重要作用，坚持和发展新时代“枫桥经验”，为乡村振兴创造安全稳定的社会环境。

（六）强化责任落实

建立实施乡村振兴战略领导责任制，健全中央统筹、省负总责、市县乡抓落实的农村工作体制，层层落实五级书记抓乡村振兴责任，强化领导责任、部门责任、各级责任。弘扬脱贫攻坚精神，同基层干部群众一道谋发展、理思路、出实招，着力解决群众急难愁盼问题。总结推广脱贫攻坚战中积累的行之有效的经验做法，运用到全面推进乡村振兴中。

五、加强党对乡村振兴全面领导的县域实践

加强党对乡村振兴的全面领导，核心是要强化党建引领，加强农村基层党组织建设，充分发挥党组织战斗堡垒和党员先锋模范作用。基于对兰考县新时代十年脱贫攻坚、全面小康、巩固拓展脱贫攻坚成果、全面推进乡村振兴实践的长期观察、研究，本节以兰考县为例，展现县一级如何落实抓党建促乡村振兴。

兰考县，是焦裕禄精神发祥地，同时也是河南省开封市唯一的原国家扶贫开发工作重点县。全县下辖 13 个乡镇、3 个街道、454 个行政村（社区），总面积 1116 平方公里，总人口 87 万。2002 年被确定为国家扶贫开发工作重点县，2011 年被确定为大别山连片特困地区重点县，2014 年建档立卡时，全县有贫困村 115 个，贫困人口 23275 户 77350 人，贫困发生率 10%。2014 年兰考县被确定为习近平总书记第二批群众路线教育实践活动联系点，2014 年 3 月和 5 月习近平总书记两次亲临兰考指导县域治理和减贫发展，兰考县委县政府向总书记立下了“三年脱贫、七年小康”的军令状。新时代十年，兰考牢记习近平总书记的教导和嘱托，

坚持习近平新时代中国特色社会主义思想指引，特别是坚持以习近平总书记关于“三农”重要论述和关于兰考工作重要指示作为谋划减贫、发展和治理的根本遵循，在2017年成功实现整县脱贫。2020年全面建成小康社会之后，该县全力推进巩固拓展脱贫攻坚成果同乡村振兴有效衔接，探索拓展全面推进乡村振兴的路径，县域经济和乡村振兴成效明显，城乡融合发展迈出坚实步伐。

党的十八大以来，兰考以脱贫攻坚（乡村振兴）统揽经济社会发展全局，将贯彻实践“三起来”县域治理思想与脱贫攻坚和乡村振兴紧密结合，成为全国率先脱贫摘帽的县，并以稳定脱贫奔小康统揽经济社会发展全局，探索出“一条主线统揽全局、两个重点夯实基础、三个落实稳定脱贫、四个强化提升本领、五个衔接深入推进”的“12345”工作思路和方法。2021年起接续推进巩固拓展脱贫攻坚成果、提升脱贫质量，做好脱贫攻坚同乡村振兴有效衔接，全面推进乡村振兴。兰考将率先探路、作出示范作为“联系点”的政治责任扛在肩上，初步形成了“以坚持习近平新时代中国特色社会主义思想引领为主线，坚守不发生规模性返贫和粮食安全两条底线，抓好县域经济高质量发展带动乡村发展、统筹城乡科学推进乡村建设、县乡村联动系统提升乡村治理三项重点工作，完善党建引领再加强、县域改革再深化、精神力量永传承三大保障机制”的“1233”县域乡村振兴模式。其中加强党对乡村振兴的全面领导发挥了根本性作用。

（一）完善党建引领乡村振兴制度体系

加强党的全面领导，核心是要强化党建引领，加强农村基层党组织建设，充分发挥党组织战斗堡垒和党员先锋模范作用。脱贫攻坚期间，兰考坚持抓党建促脱贫，将脱贫攻坚作为县域工作的头等大事和第一民生工程，通过提升政治站位、完善党建引领发展体制机制、增强基层党组织凝聚力战斗力、不断改进干部作风提升工作能力，为脱贫攻坚提供了坚强的思想保障和组织保障。进入全面乡村振兴阶段，兰考紧扣“把联系点建成示范点”的新目标，全面加强党的建设，进一步巩固和加强党建引领县域经济社会发展全局、引领乡村全面振兴的制度体系。

坚持思想引领。实施乡村振兴战略是党的十九大面向第二个百年奋斗目标作出的重大战略部署，是新时代中国特色社会主义现代化国家建设的重要板块。全面、完整、准确认识乡村振兴战略的科学内涵，掌握科学推进乡村振兴战略的实践路径，要坚持习近平新时代中国特色社会主义思想的指引，特别是要善于从习近平总书记的相关重要论述中找思路、找方法。做好县一级工作，尤其如此。回望“三年脱贫、七年小康”的奋斗历程，兰考最深刻的体悟在于，过去几年之所以能够实现经济社会发展水平跨越式提升和干部群众精神面貌的巨大改变，最根本的经验就是毫不动摇地坚持习近平新时代中国特色社会主义思想引领，将“把联系点建成示范点”的使命扛在肩上。在全面推进乡村振兴阶段，兰考迎来很多新的机遇，也面临不少新的挑战，把握好发展方向，解决好发展中的问题，就要始终坚持思想引领，将其作为“第一粒扣子”系紧系好。一是坚持思想引领的认识。兰考县委、县政府坚持通过深入学习习近平新时代中国特色社会主义思想，在读原著、悟原理中，搞懂弄通乡村振兴战略的科学内涵，把握县域乡村振兴的原理和方法。通过县委班子带头学，全县干部一起学，兰考县深刻领悟到习近平总书记关于县域治理“三起来”的重要论述对于乡村振兴具有根本性指导意义，为解决好县域乡村振兴抓什么、怎么抓的问题提供了科学指引。二是坚持思想引领的实践。就是将习近平总书记关于“三农”工作重要论述、关于县域治理重要论述，特别是对兰考工作“三起来”的谆谆教导落实落细。按照“三起来”的路径和方法，全面深化县域改革，建立健全县域城乡融合发展体制机制和政策体系，统筹推进县域经济发展与乡村振兴、县域新型城镇化与乡村振兴，打造城乡发展共同体，实现城乡互促、互补、共同繁荣。通过规划机制、激励机制、督查问责机制等将习近平新时代中国特色社会主义思想在县域发展实践中落实落地。

加强组织保障。党的基层组织是党全部工作和战斗力的基础，是实施乡村振兴战略的“主心骨”。推动乡村振兴的力量源泉是基层党组织，基层党组织的作用和能力，直接决定着乡村振兴各项工作的进展与成效。实践表明，兰考坚持党建引领，夯实责任、建强队伍、激发活力，为实现稳定脱贫奔小康提供了坚强的组织保证。在乡村振兴推进过程中，兰考抓住党组织建设与乡村振兴工作的契合点，多措并举加强基层党组织建设，凝聚基层党组织力量，切实将党组织的政治优势、组织优势和领导优势，转化为乡村振兴的发展优势，转化为推进乡村振兴的内生动力，带领广大干部群众积极投身乡村振兴建设。按照“七项标准”对全县所有行政村党群服务中心进行改造提升，增强服务职能，让村室成为村里最热闹、群众最愿去的地方，党组织的凝聚力、战斗力、号召力不断增强，党组织战斗堡垒作用得到充分发挥。

建强干部队伍。“推动乡村全面振兴，关键靠人。”党员干部是新时代实现乡村全面振兴的攻坚力量，要建设一支政治过硬、本领过硬、作风过硬的乡村振兴党员干部队伍，就要在选拔、培养、管理上下功夫，为乡村振兴提供有力保障。兰考县深入学习贯彻习近平总书记“四个不摘”重要指示精神，在深化结对帮扶、巩固脱贫成果上持续发力，不断优化队伍、打破壁垒、深化改革，想方设法调动“人”的因素，着力建设一支堪当乡村振兴重任的干部队伍。一是建强驻村帮扶干部队伍。按照“三有三强”标准，从机关企事业单位选派科级干部和优秀党员干部组成驻村工作队，按照脱贫村和软弱涣散村一对一、其他村一联二或一联三原则，实现驻村帮扶全覆盖；鼓励引导退出领导岗位的科技干部下乡担任村（社区）第一书记；聚焦帮扶能力提升开展“靶向培训”，帮助驻村干部发现、解决问题，理清发展思路，有效提升乡村干部工作和治理能力。二是激发村党支部书记内生动力。制定“三破三解”激励村党支部书记担当作为六条措施，开展“四星党支部书记”评选，通过打破村党支部书记入口、待遇、晋升三个“天花板”，激励其拼搏创新、全身心投入到乡村振兴工作，推进巩固拓展脱贫攻坚成果同乡村振兴有效衔接。

完善体制机制。在治国理政的实践中，党组织处在统揽全局协调各方的地位，这既是中国特色社会主义制度的重要特点，也是巨大优势。与脱贫攻坚具有一致性的是，乡村振兴也是系统工程，只有坚持党建引领，才能凝聚共识、汇聚力量、协调各方，从而系统有序推进各项改革发展任务。兰考在脱贫攻坚期间，坚持把打赢脱贫攻坚战作为县委、县政府工作的头等大事和第一民生工程，党政双主官任组长，县乡村三级书记一起抓。实践中，以脱贫攻坚统揽经济社会发展全局，不断加强基层党组织建设，通过下派第一书记和驻村工作队，将攻坚任务责任明确到人，在攻坚一线战场上培养干部、磨炼干部、提拔干部。这些做法，为打赢脱贫攻坚战提供了有效保障，成为县域经济社会发展中攻坚克难的有效经验。在乡村振兴阶段，兰考继续坚持“党委政府同负责、四大班子齐上阵”的工作机制，坚持以乡村振兴统揽经济社会发展全局；把乡村振兴作为相关行业部门、各乡镇的首要任务来部署和推进；继续实施县乡村三级书记一起抓乡村振兴工作机制，抓手更具体、体制更完善；强化驻村帮扶机制，持续做好第一书记和驻村工作队选派，健全“支部联支部、干部联到户”的“一联二驻村”帮扶工作机制（脱贫村选派一个工作队，同时联帮两个行政村），实现全县所有行政村全覆盖；深入贯彻落实《中国共产党农村工作条例》，切实配强基层党委班子，建章立制规范基层权力运行，在提升村干部经济待遇、拓展成长空间、建立荣誉体系等的同时，着力增强村级组织、村干部发动和带领村民推进乡村振兴的能力。

监督、执纪、问责。监督、执纪、问责是党章规定的纪委的职责定位，凝结着党对党的建设规律的深刻把握和党的十八大以来全面从严治党的宝贵经验。习近平总书记从党和国家事业全局出发，把党章赋予纪委的主要任务和工作凝练为监督、执纪、问责。其中，监督是基本职责、第一职责，重在发现问题；执纪是核心职能，重在查处问题；问责是重要职责，重在压实责任。监督、执纪、问责，彼此联系、相互贯通，有机统一于全面从严治党的生动实践。兰考结合县域实际，将督查工作与纪检监察工作有机结合，构筑了督促检查推动工作落实、纪检监察强化责任追究的双重督查问责机制。例如针对在各级督导检查中出现问题被追责的驻村工作队，取消所在党支部、村（社区）党支部年度评优评先和“四面红旗村（社区）”评选资格；与派出单位和乡镇（街道）年度目标管理考核挂钩，被县级、市级、省级有关部门追究责任的，取消驻村工作队个人当年评优评先资格。通过不断加大监督、执纪、问责力度，党员干部的纪律意识和责任意识不断得以强化，在全县营造出风清气正的干事创业浓厚氛围。

加强作风建设。焦裕禄书记曾以出色的工作能力、优良的工作作风铸就了人民心中好党员、好干部、好书记的形象。作风是党的生命，关系党的形象，关系人心向背。在全面实现乡村振兴征程中，深学、细照、笃行焦裕禄精神，有利于从中汲取加强党员干部能力作风建设的营养。一是把“亲民爱民”作为根本。坚持以人民为中心的发展思想，通过发展富民产业、改善人居环境、实现“两不愁三保障”、完善公共服务体系等工作，让群众腰包鼓起来、生活幸福起来，拉近了群众与党委政府之间的关系，夯实了执政基础。在乡村振兴和共同富裕进程中，兰考持续将亲民爱民放在首位，将为群众谋幸福作为一切工作的出发点和落脚点。二是把“以上率下”作为规矩。县委在抓决策落实过程中，不是单向部署工作，而是坚持上下同心，一道研究一道成长。坚持四大班子齐上阵，领导干部以身作则、带头示范，形成“领导领着干、干部抢着干、群众比着干”的浓厚氛围，带动各项工作齐头并进，充分发挥基层党组织战斗堡垒作用和党员干部先锋模范作用，不断凝聚起推动乡村全面振兴、实现共同富裕的强大力量。三是把“拼搏创新”作为动力。兰考不等不靠，传承弘扬焦裕禄书记的“三股劲”，坚持以改革创新破解工作中的体制机制障碍和发展瓶颈，攻克了一批“啃骨头”“拔钉子”的难事。在乡村振兴和共同富裕进程中，兰考全面贯彻新发展理念，聚焦影响县域治理的突出矛盾、聚焦影响高质量发展的突出障碍、聚焦人民群众反映强烈的突出问题，发扬脱贫攻坚精神，进一步解放思想、大胆创新，激发发展动力，厚植发展优势。

（二）党建引领建设人民满意政府

兰考始终把人民的需要作为县域发展和县域治理的出发点和落脚点，把建设人民满意的服务型政府作为导向，把亲民爱民放在首位，紧扣民生改善和群众诉求，融合廉政政府、法治政府、服务型政府建设思想理念，以党风廉政建设为基石，不断深化各项涉民工作改革，全面提升了政府治理能力和服务水平，增强了政府公信力，增进了干群关系。

*加强党风廉政建设。*兰考县一如既往加强党风廉政建设不放松，通过“拆墙连心”工程、廉政文化广场建设、党史学习教育等实践，打

造清风兰考，让焦裕禄精神长期沁润兰考干群心灵，也让兰考干群关系走得更近。一是实施“拆墙连心”工程。兰考县以建立亲民爱民型政府为导向，推动党委政府及各部门办公区全部拆除围墙大门，把各个单位里的绿化、车位等场地让给群众，成为大家共享的资源，拉近了干群距离，增进了干群关系，也走进了群众心里。二是打造廉政文化广场。将廉洁文化元素与广场的美化、绿化、亮化建设结合起来，让廉政文化广场成为兰考县倡导廉洁文化新风尚的“活课堂”，让党员群众在潜移默化中接受廉洁文化洗礼，在耳濡目染中崇廉尚贤。三是多措并举提升党史学习教育实效。兰考县多措并举，及时跟进学习习近平总书记最新重要讲话和重要指示批示精神，深入挖掘红色资源，推动焦裕禄精神入基层，创新方式确保党史学习教育“声”入人心，焦裕禄精神沁润人心，为广大党员、干部和人民群众提供思想引领与精神滋养。

提升便民服务水平。建设群众满意政府就要坚持以人为本、坚持百姓需求导向，问需于民、问计于民。为了不断扎实开展好便民服务工作，兰考县本着让群众多发声、少跑腿的原则，不断深化便民服务体制改革，提升便民服务水平。一是整合群工部、司法局、公安局、法院、国土局等部门资源，探索建立县乡村三级社情民意服务平台，实行县级干部社情民意服务中心全日坐班服务制度，让群众话有处说、理有处讲、事有处办；二是建成以县行政服务中心为龙头、16 个乡镇（街道）党政综合服务中心为主体、463 个村党群服务中心为补充的三级便民服务体系，用便民的硬件条件和暖人的物理空间筑牢服务基层阵地。推动政务服务“一张网”向基层延伸，以“标准化”理念“零距离”服务党员群众，实现基层政务服务全方位、无死角覆盖。在政务服务大厅新增设“办不成事”窗口，为群众解决办事过程中存在的“疑难杂症”，提升为基层办实事、解难事的工作能力。

创新网格化服务管理。网格化服务管理是推进社会治理精细化、智能化的重要抓手。兰考县坚持顶层谋划、科学设计，大胆探索网格化管理体制机制改革，创新网格服务管理方式方法。一是建立“一中心四平台”网格化治理体系，将党建、综治、信访、卫健、市场、应急、宗教等部门资源整合为一个“一中心四平台”基层社会治理网格；二是推行“一网服务、一员多能、一线治理”的“三个一”网格服务管理模式，依托村（社区）党群服务中心设立基层社会治理网格服务工作站，优化网格队伍力量，统一整合政法、公安、计生、市场监管、宗教等部门条线协辅人员组成全科网格员。依托“全科网格”和“全要素网格”的构建，形成立体化网格体系，提供“组团式服务”，初步形成“党建引领、网格为基、技术支撑、资源下沉、双向报到”的“互联网+社会治理”的县域社会治理“兰考模式”，将服务管理延伸至治理网络末梢，实现了服务群众“零距离”、社会治理“零阻碍”。通过网格化治理体系建设，政府各项工作落实的渠道更加畅通，群众各种需求能够得到更及时的传递和回应。

加强服务型法治政府建设。兰考着眼于提高人民群众满意度，深化执法改革，借助数字化法治建设推动服务型行政执法建设，健全社会矛盾纠纷预防化解体系，让人民群众在每一个执法行为中都能看到风清气正、从每一个执法决定中都能感受到公平正义，把矛盾化解在基层末梢。一是推进依法行政和服务型行政执法建设。推进服务型行政执法建设是落实依法行政的具体要求，是践行为人民服务宗旨，建设服务型、法治型政府的重要内容，也是提升政府服务水平和执法水平的重要举措。兰考牢固树立执法为民、服务发展的理念，把推进服务型行政执法建设作为行政执法体制改革重点，创新思路，深化放管服改革，推行政务服务“一件事一次办”改革，不断扩充“一件事一次办”事项目录清单，

建设线下政务服务大厅、线上大数据中心和网上政务服务平台“三位一体”的改革体系，积极构建管理、执法、服务三位一体的服务型行政执法模式，形成了特色鲜明的政务服务改革“兰考方案”，将政务服务落得更实、更细，营商环境进一步优化。二是完善社会矛盾纠纷多元预防调处化解机制。兰考县依托县乡村三级综治中心设立云上调解室，打造县级综治平台，推动“人民调解、行政调解、司法调解”三调联动，群众有事找政府，实现“大事不出县、小事不出村”，最终实现“零上访、零事故、零案件”，全面提升基层矛盾纠纷化解能力。三是构建特殊人群服务管理综合体系。实现对重点特殊人群在管理中体现服务，在服务中实施管理。

（三）党建引领基层治理体系现代化

基层治理是国家治理体系的基础，国家治理现代化离不开基层治理现代化。乡村治理是县域治理的重要内容，促进乡风文明、治理有效是乡村振兴的重要目标，也是老百姓对美好生活向往的一部分。统筹推进乡镇（街道）和城乡社区治理是实现国家治理体系和治理能力现代化的基础工程，也是创新基层治理的重点民生工程，是推进乡村振兴建设的重要举措。兰考坚持党建引领，坚持以人民为中心，以焦裕禄精神为价值引领，以改革创新为破解手段，将服务型政府建设贯穿始终，系统推进乡镇服务能力提升、促进乡村“三治融合”，不断推进基层治理体系与治理能力现代化，建立人人有责、人人尽责、人人享有的基层治理共同体。

筑牢基层党组织战斗堡垒。为保障和发挥党组织对乡村治理的有效引领，兰考县坚持基层党组织阵地建设与人才队伍建设“一起抓”“一体抓”。一是聚焦党建阵地建设，筑牢组织堡垒。二是灵活选人育人，建强基层党员队伍。通过一系列举措，兰考县把农村党群服务中心和农村党组织建设成党领导乡村治理的鲜明阵地和坚强堡垒，打造了一支有理想、有担当、有能力的乡村治理人才队伍，为乡村振兴提供了基础的组织保障和人才保障。

提升乡镇服务能力。兰考坚持问题导向，通过改革为乡镇赋能，让乡镇看得见、管得着、能管好，切实增强乡镇服务能力，为人民群众提供更加精准有效的服务，稳步推进“民呼我应”的改革。一是扩大乡镇政府服务管理权限。通过实施“减县强乡”改革，重点扩大乡镇政府在农业发展、农村经营管理、安全生产、规划建设管理、环境保护、公共安全、防灾减灾、扶贫济困等方面的服务管理权限，将编制、管理、考核等资源和权限下沉乡镇。同时，深入推进城乡综合执法体制改革，通过推进权限下放、人员下沉、重心下移，真正实现了“一支队伍管执法”，基层执法水平和服务效能明显增强，乡镇政府服务管理权限得以扩充，服务能力得以同步提升。二是优化乡镇公共服务资源配置。推进城乡医共体、教共体建设等一系列扎实举措，推动优质的教育、暖心的养老、完善的医疗、健全的保障等一系列民心工程逐步惠及乡镇、农村，不断提升城乡公共服务设施、公共服务供给均等化程度。

推动乡村“三治融合”。基层治理是国家治理的基石，没有乡村有效治理，就没有乡村的全面振兴。兰考在脱贫摘帽后，着眼于乡村振兴的治理有效目标，以筑牢党组织堡垒、建强基层队伍为引领，以自治为核心赋予乡村治理主体自治空间，以法治为保障促进乡村治理规范化，以德治为基础推动乡风文明建设，积极探索构建自治、法治、德治相结合的现代乡村基层治理体系，走中国特色社会主义乡村善治之路，建设充满活力、和谐有序的乡村社会，为乡村振兴提供制度基础和重要保障。一是完善自治制度，提升自治能力。深入开展基层民主协商和“四议两公开”有效衔接，把基层民主自治真正落到实处。组建“党建+有事好商量”协商议事会，形成上下衔接、左右联动，共商产业发展、共抓人居环境整治、共育文明乡风、共同服务群众、共建美好家园的生动局面；优化“有事好商量”协商议事机制，实现村民自我管理、自我教育、自我服务，助力构建共建共治共享的基层社会治理新格局。二是强化法治基础，提升“法”治水平。以“平安建设”工作为重要抓手，以村格警务、街面巡防、智慧村居为重点，全面构建立体化、智能化社会治安防控体系，为推进群防群治、预防打击犯罪和服务保障民生提供了有力基础支撑。推进“法律明白人”和“法治带头人”实现村社全覆盖，以创建“民主法治示范村”为载体，开展“法律下乡”活动，将法治宣传教育与矛盾纠纷排查化解有机结合，推动法律服务和法治宣传向乡村延伸。三是涵养文明乡风，激发“德”治活力。不断加大移风易俗力度，切实将村规民约工作作为加强农村基层治理的重要内容，建立红白理事会，指导村（社区）修改完善村规民约，倡导新时代文明新风。

案例

宁夏回族自治区固原市实施“两个带头人”工程创造党建引领乡村人才振兴的样板

实施“两个带头人”工程是宁夏固原市在全面打赢脱贫攻坚战期间形成的创新做法，旨在解决农村党员干部文化偏低、能力偏低、群众公认度偏低的“三低”难题和村里无干部可选的窘境。经过多年努力，形成“在村党组织领导下，群众跟着带头人走，带头人跟着产业走，产业跟着市场走”的产业发展格局，为全面推进乡村振兴培育了“领航人”。

主要做法是：第一，“选”准打基础，配强带头人队伍。

养蜂致富带头人陈泽恩为养殖户现场讲解养殖技术

通过精英化选优村党支部书记、全覆盖选派第一书记和“四个一批”选准致富带头人，选优村党组织“领头雁”、选准乡村振兴“排头兵”。第二，“育”实强素质，提升带头人本领。通过强化教育培训、强化保障激励、优化培育环境等举措坚持把育实带头人作为提升带头人自身素质和带动能力的重要措施来抓。第三，“融”好促提升，推动带头人转化。努力把村党组织书记和农村党员培育成致富带头人，注重将致富带头人培养成村党组织带头人，畅通“两个带头人”相互融合转化渠道，为选拔村党支部书记提供源头活水。第四，“用”活出实效，发挥带头人作用。通过引导群众“富脑袋”，带动群众“富口袋”，发挥带头人示范引领作用，促进先进更先进、先进带后进、后进赶先进，使广大群众在理念、自信、胆量方面转变提升，集众智、汇众力、带众贫。

固原市“两个带头人”工程，在基层党建和产业发展二者之间找到了结合点，以产业为纽带、为载体，把基层党组织政治力量、村民群众力量、能人市场主体力量这三种力量凝聚到产业链上，取得了党组织与群众的联系显著加强、村集体经济得以壮大、群众脱贫增收有效带动的成效，成为加强党建引领、促进乡村人才振兴的样板。

后 记

当代中国正经历着我国历史上最为广泛而深刻的社会变革，也正在进行着历史上最为宏大而独特的实践创新。全面推进乡村振兴、加快农业农村现代化、建设农业强国，承载着中华民族的千年梦想和中国共产党的不变初心，是回应人民日益增长的美好生活需要和不平衡不充分发展之间矛盾的客观要求。在全面推进乡村振兴中坚持以人民为中心的发展思想，贯彻落实好新发展理念，既是推进和拓展中国式现代化的生动实践，也是构建人类文明新形态的有益探索。

在习近平新时代中国特色社会主义思想特别是中国特色反贫困理论指引下，以习近平同志为核心的党中央带领全国人民，坚持精准扶贫、尽锐出战，打赢了人类历史上规模最大的脱贫攻坚战。全国 832 个贫困县全部摘帽，近 1 亿农村贫困人口实现脱贫，960 多万贫困人口实现易地搬迁，历史性地解决了绝对贫困问题，实现了第一个百年奋斗目标，并开启了向第二个百年奋斗目标迈进的新征程。党中央作出将“三农”工作重心历史性转向全面推进乡村振兴的决策，中共中央、国务院印发《关于实现巩固拓展脱贫攻坚成果同乡村振兴有效衔接的意见》，党的十九届五中全会、党的二十大对全面推进乡村振兴进行了战略部署，近六年的中央一号文件均以全面推进乡村振兴为主要目标。

过去两年，各地各部门坚决落实中央关于实现巩固脱贫攻坚成果同乡村振兴有效衔接的要求，牢牢守住不发生规模性返贫底线，脱贫攻坚成果全面提升，乡村振兴实现良好开局。但是，在实地调研中，我常常发现，不少干部群众对于为什么要全面推进乡村振兴，怎样全面推进乡村振兴，需要怎样的乡村振兴等有关问题的认识还存在不少盲区、误区。比如，存在认识不够全面的问题：对“拓展”缺乏足够认知，对“振兴”缺乏充分认识，对从脱贫攻坚到乡村振兴的历史必然、脱贫攻坚成果对乡村振兴的基础性作用等也缺乏足够的认识。比如，存在理论支撑不足的问题：不少干部对于习近平总书记关于“三农”工作重要论述的思想体系理解还不够深入、透彻，对于中央关于乡村振兴的顶层设计背后的理论逻辑缺乏系统认识，推动共同富裕整体性没有完全呈现，大局观也还没有根据实际需要得到凸显。比如，存在缺乏战略谋划的问题：主要是还存在为规划而规划的现象，规划中对现阶段及未来发展中诸多变量因素，例如对新发展阶段、新发展理念、新发展格局、高质量发展“三新一高”战略要求以及科技水平、疫情影响、生活方式、思想变化等因素考虑不足。部分干部没有准确把握全面推进乡村振兴的艰巨性、长期性、战略性，也就难以完全做到立足当前、面向长远进行谋划，难以体现出足够的历史耐心。比如，存在系统观念坚持不够的问题：乡村振兴是一项复杂的系统工程，需要统筹振兴与发展安全，需要防范风险，需要“五位一体”推进“五大振兴”，需要城乡融合发展，但实践中，不少地方在政策设计、战略规划、工作推进中没有很好地坚持和呈现系统观念。从学术研究维度看，关于巩固拓展脱贫攻坚成果同乡村振兴有效衔接、全面推进乡村振兴的现有研究也存在一些局限。比如，多数研究从实践角度出发，对于从脱贫攻坚到全面推进乡村振兴历史性转移的客观必然性、规律性研究略显不足。又比如，研究视角更关注某一微观领域，从宏观视角出发，着眼于巩固、拓展、衔接、振兴的整体，研究这一历史性系统工程的逻辑体系、现实困境、战略目标、路径与机制等方面的成果也略显不足。再比如，整体性系统性研究偏弱，实证研究略显滞后，等等。为了回应上述问题，在深入学习领会习近平总书记关于乡村振兴的重要论述的基础上，基于大量实地调研，我用半年多的时间，以习近平新时代中国特色社会主义思想、党的二十大精神为指引，学习领会习近平总书记在2022年中央农村工作会议上的重要讲话精神，从十个方面阐述了全面推进乡村振兴的基本理论和实践问题，形成了《全面推进乡村振兴：十个怎么看》一书。

这是一本通俗理论读物。我始终认为，没有理论上的清醒，就不会有政治上的坚定，也不会有行动上的自觉。坚决贯彻落实中央有关决策部署，关键和基础是要解决好理论认识问题。因此，本书将理论与实践相结合，以通俗易懂的语言解读全面推进乡村振兴的有关问题，旨在帮助读者特别是广大乡村振兴干部更系统地读懂中央关于全面推进乡村振兴决策部署的理论意蕴和实践要求，从而进一步提高大家落实全面推进乡村振兴各项政策措施的自觉性、主动性、创造性和有效性，把理论武装转化成为扎扎实实的工作成效。

在本书出版之际，特别感谢湖南人民出版社特别是周熠老师的热心、真诚鼓励和精心编辑，感谢我的家人、朋友、同事一如既往的关心和支持，感谢为本书案例提供素材的有关乡村振兴部门的同事们。期待本书能够引起更多读者关注乡村振兴、支持乡村振兴、投身乡村振兴。

不足之处难免，敬请批评指正。

黄承伟

2023年3月13日，北京

本作品中文简体版权由湖南人民出版社所有。
未经许可，不得翻印。

图书在版编目（CIP）数据

全面推进乡村振兴：十个怎么看 / 黄承伟著. -- 长沙：湖南人民出版社，2023. 9
ISBN 978-7-5561-3250-8

Ⅰ.①全… Ⅱ.①黄… Ⅲ.①农村—社会主义建设—研究—中国 Ⅳ.①F320.3

中国国家版本馆CIP数据核字（2023）第091066号

QUANMIAN TUIJIN XIANGCUN ZHENXING
SHI GE ZENME KAN

全面推进乡村振兴：十个怎么看

著　　者　黄承伟
责任编辑　周　熠　欧家作
装帧设计　侯越越
责任印制　肖　晖
责任校对　蔡娟娟

出版发行　湖南人民出版社［http://www.hnppp.com］
地　　址　长沙市营盘东路3号
邮　　编　410005
经　　销　湖南省新华书店

印　　刷　湖南天闻新华印务有限公司
版　　次　2023年9月第1版
印　　次　2023年9月第1次印刷
开　　本　710 mm × 1000 mm　1/16
印　　张　16.5
字　　数　212千字
书　　号　ISBN 978-7-5561-3250-8
定　　价　42.00 元

营销电话：0731-82221529　（如发现印装质量问题请与出版社调换）